雲山蒼蒼

Biography of
Ren Jiyu

任继愈传

郭梅 何霄 著

团结出版社
UNITY PRESS

©团结出版社，2025 年

图书在版编目（ＣＩＰ）数据

云山苍苍：任继愈传 / 郭梅，何霄著. -- 北京：
团结出版社，2025.7. -- ISBN 978-7-5234-1754-6

Ⅰ. K825.1

中国国家版本馆 CIP 数据核字第 20259XY675 号

责任编辑：赵真一
封面设计：阳洪燕

出　　版：团结出版社
　　　　　（北京市东城区东皇城根南街 84 号　邮编：100006）
电　　话：(0⁻0) 65228880　65244790 （出版社）
　　　　　(0⁻0) 65238766　85113874　65133603（发行部）
　　　　　(0⁻0) 65133603（邮购）
网　　址：http://www.tjpress.com
电子邮箱：zb65244790@vip.163.com
经　　销：全国新华书店
印　　装：三河市东方印刷有限公司

开　　本：170mm×240mm　　16 开
印　　张：26.25　　　　　　　字　　数：317 千字
版　　次：2025 年 7 月 第 1 版　　印　　次：2025 年 7 月 第 1 次印刷

书　　号：978-7-5234-1754-6
定　　价：78.00 元

目　录

"浓荫匝地焉"
语感从何而来？

问渠那得清如许，为有源头活水来。

——朱熹《观书有感》

后生才锐者，最易坏。若有之，父兄当以为忧，不可以为喜也。切须常加简束，令熟读经学，训之以宽厚恭谨，勿令与浮薄者游处。如此十许年，志趣自成。

——《陆游家训》

先生对文言文的语感很好。一次作文中，先生写道："吾乡多树，每值夏日，浓荫匝地焉，以待行人憩。"老师（曹景黄老师）认为"焉"字用得很好，有文言文的语感，是学懂了的表现。

——李申《任继愈传》

一个冲龄的孩子似懂非懂地学习，他应当没曾奢望自己会成为博学的通儒、文化的巨擘和文化高峰。那么，他是如何一步步将学问之路走成通衢大道的呢？

曹景黄老师说，小小的任继愈笔下有"文言文的语感"。语感是水到渠成的思维流露和语言表达，那么任继愈先生"浓荫匝地焉"这种妙手偶得的文言文语感从何而来呢？

让我们看看这段小文章，盼能见微知著。

"匝"有两种释义。

"匝"若解释为"遍地，满，遍"，那么可试想此句描绘的场景：烈日流金，蝉鸣不绝，绿树林列，深重的绿荫将人包裹于广大的阴凉之中，"匝"使视觉倏忽通感为触觉。

"匝"若解释为"如烟雾般弥漫笼罩"，那么可试想此句描绘的场景：骄阳似火，烈日炎炎，日光刺目，树荫在如炙热气的烘烤倒逼之下，蒸腾出丝丝缕缕的绿雾，触觉顿时通感为视觉。

再来看"焉"。

"焉"在这个语境中释为"于此，于彼"为佳，那么可试想此句中描绘的场景：酷暑炎炎，若张火伞，行人陡见浓荫，急急奔来，像钻入洞天福地——那种清凉惬意令人十分舒畅爽快。

无论做何种设想，短短十几个字，树荫之浓、之重、之密、之绿已跃然纸上。难怪曹景黄老师赞许地说"有文言文的语感，是学懂了的表现"。

语感是在长期规范的语言运用和语言训练中养成的感觉，是主体对客体产生的敏锐直觉感受，这是一种对语言形式、语言意义进行瞬间再创造的能力，是一种经验色彩很浓的素养，非一朝一夕仓促可获得，必要得益于大量阅读、深度感受和长期训练。

换言之，养成如此优秀、一挥而就的语感与任继愈先生所受的有形教育、无形熏陶必有千丝万缕的关联。

中国人谈起自己的教育，大约会用到"家学渊源""幼承庭训""师出名门"等词，这是像任继愈先生这样根植于传统教育的读书人的共同经验。

（一）茂硕之家

七世任士凭，字可依，号思亭。幼失严亲，性喜读书，十四岁游泮，十八岁魁嘉靖癸卯乡荐，二十二岁登嘉靖丁未进士，选翰林院庶吉士。……遇覃恩诏授承德郎文选司主事，升本部员外郎、郎中、历升光禄寺少卿、提督翰林院四驿馆通政司通政，顺天府府尹、巡抚江西兵部右侍郎兼都察院右佥都御使。……隆庆间，奉旨起南京刑部右侍郎，卒于官。钦赐谕祭敕建御葬，崇祀乡贤。

——《任氏族谱》节选

心术不可得罪于天地，言行要留好样与儿孙。

——《增广贤文》

1916 年 4 月 15 日，任继愈先生出生于山东平原县的一个军官之家。当时正值中华民族最危难的时刻，洋务运动、戊戌变法、百日维新、清朝覆灭、军阀混战……知识分子们在风雨飘摇中试图寻找中华民族命运的前路。

山东平原县任氏一族，世代家境殷实，书香盈门，一代哲学大师任继愈先生就是在这样一个翰墨飘香的环境中成长起来的。

1. 山东平原

山东是孔孟之乡、礼仪之邦，深受儒家文化的熏陶，力推"周孔遗风"。山东人秉持"孔颜人格"，知礼节，习节俭，好读书，慕贤良，尊贤能，重信义，轻名利。外观之，山东人豪爽豁达，崇侠尚武，乐善好施，扶贫济困；内体之，山东人宽仁厚德，勤俭朴实，吃苦耐劳，本性忠厚。

齐鲁尚学，笃志壮行；海右崇侠，大气豪迈，这片广阔的土地滋养出无数将才义士和俊才贤达。

钱穆曾说过："若把代表中国正统文化的，譬之于西方的希腊般，则在中国首先要推山东人。自古迄今，山东人比较上最有做中国标准人的资格。他们最强韧、最活跃；大圣人、大文学家、大军事家、大政治家，各种伟大典型的人物都有。"①

此言不虚。

平原县地处黄河下游的鲁西北平原，县辖范围虽小，但历史悠久，建制于西周之初，因地处平原而得名。平原县为上古有穷氏居住之地，西周时，姜太公封邑于此，三国的刘备曾任平原县令，著名的桃园三结义就发生在这里。

平原县有高耸入云、俊秀挺拔的千佛塔，有古朴典雅、蔚为壮观的文昌阁，还有拱腰苍劲、龙鳞凤爪的虬龙槐。一方水土养一方人，任继愈先生出生于钟灵毓秀之所，自然秉承了这方宝地的智者文化和仁者修养。

当然，在生于斯、长于斯的儿童眼中，故乡远没有如此的厚重和深沉，他们眼中的故乡是另一番生动模样。任继愈先生的胞弟任继周回忆与哥哥一起度过的童年，他所记得的是父亲、母亲、哥哥、后院的水井、屋顶的鸽子群、香椿树、丁香花、小树林、槐树下埋葬小猫的墓地，还有他的二哥给小猫坟墓写的墓碑。这样的金色童年，对一个耄耋老人来说，远比金子贵重得多。

---

① 钱穆著：《论中国历史精神》，台湾东大图书股份有限公司，1986年版，第104页。

平原既有厚重的底蕴，又有温馨的细节；既有文化的熏染，又有回忆的星芒，这是任继愈先生一生治学修身的起点，也是他魂牵梦萦的终点。

一个小小的细节便能证明任继愈先生对故土、对平原的深情厚谊：平原县图书馆三楼有一间窗明几净的馆室，里面左图右史，珍籍林立，7000多册藏书均由任继愈先生捐赠。其中《全上古三代秦汉三国六朝文》《中国佛教经典》《西学基本经典》极具价值，《钦定全唐文》更是乾隆版古籍，任继愈先生在中华人民共和国成立前不惜重金买下，珍而重之宝藏60余年，最终将之献于故乡。

任继愈先生表示："把藏书捐给故乡，这样心里能够踏实些。"显然，这种厚重的"踏实感"便是任继愈先生沉甸甸的怀土之情。

2. 任氏先祖

在平原县域北一里处有一个北任村，明嘉靖和隆庆年间，这里走出了一位南京刑部右侍郎任士凭，他是任氏家族的七代孙。

任士凭生于明嘉靖五年（1526），卒于隆庆五年（1571），载于平原县乡贤榜。《任氏族谱》中记录任士凭幼失严亲，性喜读书，22岁登嘉靖丁未进士，选翰林院庶吉士，为官24年，仕途通达，为官严明。

二十四载宦海沉浮，若庸庸碌碌，明史中就会失去任氏子孙那生动的一笔了：

任士凭为官清正，历任顺天府尹等职，修其身，禁科派，静爱民，忤时气，抑贵戚，力正言，卒官，赐祭葬。

打击正一道、罢黜张真人，是让任士凭清名远播的第一件大事。

据传，张道陵为张良八世孙，于云锦山结庐炼丹，三年后神丹成，龙虎现。明前期，诸帝崇道，张道陵及其后嗣得无上荣宠，被封为张天师。

明中后期，第46代天师张元吉嗣教，恃宠骄恣；嘉靖中，49代天师张永绪奉诏"聘定国公徐延德女为配"，一时权势滔天；后龙虎山道士应诏入京，留居南京朝天宫，主祀祠事，掌握了宗教和政治的权柄。

时任顺天府尹的任士凭对道教真人横行乡里、抢夺民女、诈人财物、私设牢狱、杀害无辜的罪行恨之入骨，他上书朝廷，请求对他们"削黜治罪"，初不果。后明穆宗主政，张永绪去世且无嗣，任士凭建言削去张真人的封号，朝廷准其所奏，革去张永绪大真人封号，由正二品降为五品，银印换成铜印，这一敕令沉重打击了正一道的嚣张气焰，百姓无不交口称颂。

复查宁王叛乱，还王守仁清白，是让任士凭功勋卓著的第二件大事。

赣南巡抚王守仁平乱案是明史二十四大悬案之一，任士凭尊重事实，孜孜不辍、凿凿有据地断明此案，可见其治世的能力与魄力。

王守仁，明代最著名的思想家、教育家，提督赣南军务，他主动举兵平息宁王朱宸濠叛乱，但因江彬进谗，未得叙功，只授"南京兵部尚书"虚衔，封爵的旨意上写明"不予铁券，岁禄亦不给"。忧恨之下，王守仁拒不上任，请辞归家。

嘉靖四十五年（1566），任士凭任兵部右侍郎，复查此案。一年后的隆庆元年（1567）十月，他上呈《江西奏复封爵咨》，详报吏部实情：宁王朱宸濠阴谋不轨，王守仁闻知叛乱，使疑兵计和反间计，并督率知府伍文定调集军民兵员，发讨贼檄文，公布宁王罪状，课各地勤王，一时间，豪杰响应，军民思奋，逆党知畏，王守仁势如破竹，一举擒拿朱宸濠。

任士凭认为，王守仁见事而为，对朝廷无限忠诚，对叛贼义愤填膺，不顾个人荣辱，是为义举。在历数了王守仁的功劳之后，任士凭认为王守仁之功可"较之开国元勋"，而且其"奠安社稷"应得到公正的嘉奖。

任士凭的奏请得到皇帝的批复，诏赠王守仁新建侯，谥文成。这桩扯了50年皮的公案终于尘埃落定。相信王守仁在天之灵定会深深感谢这位清正不阿的好官。

从以上两件事中，我们可略窥任士凭之一身正气。先祖之风至任继愈先生时虽只能"遥想当年"，但家风是宗族传承的脊梁，任士凭的"清正"流淌在血脉中、流淌在历史沿革中，潜移默化地影响后人。作为任氏子孙的任继愈先生确实担得起"不坠家风"之望。

（二）幼承庭训

陈亢问于伯鱼曰："子亦有异闻乎？"对曰："未也。"

尝独立，鲤趋而过庭，曰："学诗乎？"对曰："未也。""不学诗，无以言。"鲤退而学诗。他日又独立，鲤趋而过庭，曰："学礼乎？"对曰："未也。""不学礼，无以立。"鲤退而学礼。

陈亢退而喜曰："问一得三，闻诗、闻礼，又闻君子之远其子也。"

——《论语·季氏》

须知孺子可教，勿谓童子何知。

——《增广贤文》

"庭"是堂阶前的院子，"训，说教也"。古谓"庭训"，通常指父母双亲的耳提面命。父母言传身教，敦品励学，子女才能进德修业。

每个顽童听过最多的"训"自然来自父母。沉默寡言的父亲和恭谨受命的孩子是中国传统文化中的典型形象，父子有亲，形成了庭训文化。这些"训"虽非系统的教育，但涵盖了父母对子女成长、求学、修身、励志等方方面面的教诲，包含治家、风骨、慕贤、勤学、处事、养性、崇德等内容。言者拳拳，字里行间满含劝勉慈爱之意；听者敦敦，眉眼耳目皆是受教恭敬之心。

1. 其父其子

任继愈先生的父亲任箫亭本是大家士族子弟，后成为抗战时的旅长，再到半隐的农夫，称得上是一个狂狷不羁、豪侠任行的传奇典型。

平原城北的"北任"是当地大族，书香煊赫，世家茂硕，人才辈出，在当地备受尊崇。

对于父亲任箫亭从大家族中割裂脱离出来，任继愈先生记忆犹新，且感喟深刻："封建家庭的突出特点就是封建家长制，子女要绝对服从家长，婚姻不能自主，等等。我的父亲在这个封建大家庭里很受气，于是就离开这个家，考上了保定军官学校，这也是我们世代书香的任家出的第一个行伍之士。"①

任箫亭若循规蹈矩、安分守己，自可承荫于家族的庇护和供养，但这个书生气甚重的世家子弟却不愿因循守旧。时代风云际会，新思潮波澜涌动，任箫亭不满于大家族的陈腐桎梏，更渴望冲出藩篱一展抱负，于是他毅然诀别世家大族，欲闯出一番属于自己的新天地。

就读于保定军官学校的任箫亭与张治中、傅作义、顾祝同等国民党高级将领均为同窗旧友。在20余年军旅生涯中，他亲身体验和见证过战争的惨烈并一度官至少将。但国民党内部派系林立，尔虞我诈，任箫亭身上始终流着祖辈"清正"的血脉，为人清高耿介，很难存身，后来便决绝地辞去军职，终未能一路青云。

许是养家糊口的职责所在，许是东山高卧的归隐所系，许是闲云野鹤的志趣所向，这个身经百战的国民党少将最终选择了归农自足、租地营生的生活。

脱离官场，也许生活会沉重艰难些，但远离波谲云诡，且能有一口温饱的饭食、一方自由的天地、一个温馨的家庭，对于不图荣华富贵、坚守

---

① 何南著：《一代大师任继愈》，时代文艺出版社，2010年6月版，第4页。

人格尊严的任箫亭来说，已是万幸。

无心插柳柳成荫，任父年轻时的叛逆无意间为孩子们创造了一个"新世界"，使得任继愈先生兄弟三人得以脱离令人窒息的封建大家族，在自由的沃野上肆意奔驰，忘情呼吸，为孩子们的童年保留了最可贵的纯真。

任继愈先生的四弟任继周说过，父亲好读书，喜文墨，个人修养非常高。辞官后虽生活非常困顿，却从未见他郁闷、暴躁。可以想见，这个指挥过千军万马的将军背着一个帆布褡裢挨家挨户去送羊奶，需要怎样的隐忍和气度，但任箫亭却心态平和地做到了！

可以说，任箫亭虽不是传统意义上的"严父"，但他对孩子影响巨大。任继愈先生曾在给三弟任继亮的信中这样谈及对父亲的敬重，"他身上表现出中华文化中有所不为的人生方向，行为底线。再困难也不做自己认为不应做的事。生活困顿但形象高大"。

年近耄耋时，任氏三兄弟回忆起父亲仍动容不已。任箫亭离家从军，归农立身，淡泊安然，他身上"纵横计不就，慷慨志犹存"的意气，以及"腹中贮书一万卷，不肯低头在草莽"的清正给孩子非常可贵的言传身教，这比任何语言都要浑厚凝重。

有父如此，任继愈先生的童年和少年时光比其他孩子不知幸运几许！

2. 慈母心肠

母亲是孩子的第一任老师，母子血脉相连的天性使得母亲的"庭训"具有更深厚的感情根基。

1897 年 11 月 15 日，梁启超在《倡设女子学堂启》中开篇写道："上可相夫，下可教子，近可宜家，远可善种，妇道既昌，千室良善，岂不然哉，岂不然哉！"他又道："故天下之大本二：曰正人心，广人才。而二者之本，必自蒙养始。蒙养之本，必自母教始，母教之本，必自妇学始。故妇学实天下存亡强弱之大原也。"

山东女人经过漫长的传统文化熏陶，特别吃苦耐劳、温柔贤惠、忍辱负重。她们或才华横溢、博学多识；或品德高尚、深明大义；或心胸豁达、足智善辩；或性格内敛、有礼有节。历史上著名的孔母和孟母，就是其中的典型。

与父亲的文武皆长相比，任继愈先生的母亲宋国芳温婉贤淑，是传统道德标尺下无可挑剔的贤妻良母，她就像春夜细碎温柔的雨丝，悄无声息地滋润着先生清澈而童稚的心灵。

宋国芳出生于平原县的乡绅家庭，虽目不识丁，但生性刚强，慈爱细腻，具有超越时代的眼界和格局，对最终塑造任继愈先生的人生观、世界观起了决定性作用。

任继愈先生两三岁时，随同父母生活在任氏大家族里。一天，另一家生活比较富裕的小孩津津有味地吃着大枣，小任继愈眼巴巴地看着那孩子翕动的嘴巴。那小孩很得意，故意将吃剩的枣核丢在地上，让小任继愈去拣。正当小任继愈蹲身准备将枣核捡起放到嘴里时，任母及时伸手拿掉枣核，抱起他悄散离开。

大家族的人情冷暖让宋国芳决心演绎现实版的"孟母择邻"——任氏夫妻在鲁南自立门户。

独立门户后，任父在外从军，年轻的母亲独自承担起家庭重担，其中艰难可想而知，但宋国芳用她深沉博大的母爱，呵护着几个孩子。

有一次，小任继愈得了重病，医生开了汤药。母亲给他喂药时，他的脚不小心把碗踢翻，汤药泼了一地，母亲连忙趴到地上吮吸汤药，再通过乳汁喂给他。这件事让任继愈先生铭记终生，直到90岁高龄还常常忆起，每每谈及便泪盈于眶。

慈母的爱是如此深沉，很多小细节令任继愈先生终生难忘。初中时，为交伙食费，他跟母亲要钱，母亲从贴身的衣袋里拿出一枚银圆，本该冰冷的银圆交到先生手中时带着温热，给他永难遗忘的触感，他曾深情地回忆起当时的场景，因为"银圆还是热的，带着母亲的体温"。

家庭负担沉重时，母亲精打细算，竭力抚育幼子；父亲因军职升迁离家日远，母亲又独立承担起孩子的教育和生活。常年为家务操劳，母亲难得开怀大笑，但对子女，她从无倦怠之色，在孩子心中，她便如冬日暖阳，炽爱拂面而来。她用智慧和坚韧，铺就孩子的成长之路。

宋国芳不仅是慈母，还极其克勤克俭。在任继周的印象中，母亲是一个很能干的农村妇女，很有毅力，特别注意节约。在宋国芳眼里没有什么困难的事，她遇见困难的时候也不会垂头丧气，总能处理得很好。

宋国芳很少出门，外边的事，比如买地、种地都由任箫亭的舅舅帮忙照料。她最常做的活计就是纺线，然后把纺成的线拿到集市上卖钱贴补家用。纺线是个工夫活儿，常常是兄弟几人夜间一觉醒来，还能听到"嗡嗡"的纺车声，这声音刻印在孩子们的记忆中，让他们不辍于学，勤奋终身。

任母的节俭也给兄弟三人留下了深刻的印象。任继亮曾回忆：在一家人跟父亲躲避战乱时，父亲离着近了，回家的机会多了些。只有在父亲回来的时候，母亲才做炒菜，平时只吃煮菠菜，把一口铁锅煮成了绿色。任继周小时候跟着母亲上街看见有卖包子或麻花什么的，嘴馋了，告诉母亲肚子饿了，母亲说饿了就回家做饭，从不给买。她对孩子要求非常严格，孩子们自己的衣服自己洗，洗不干净就要重洗，拧不干往那一挂也不行，必须重新拧干。

任母的深明大义是一般妇女所不具备的，她对丈夫的一切都发自内心地支持，不管是脱离大家族还是在外从军，宋国芳总是默默地承受生活的煎熬，操持繁重的家务，竭尽所能抚养子女长大。

母亲是孩子的第一教育者，慈母爱子，则为之计久远。宋国芳最可贵的是她对孩子教育的重视。换言之，正是因为宋国芳有深重的耕读情结，才长远地影响了任继愈兄弟三人，让他们最终成长为各领域颇有建树的杰出人才。

宋国芳是个非常严格的母亲，她深信读书能让孩子一生受益无穷，不读书则无以自立于世，于是她将三个孩子都送去学堂读书，孩子们需购买报刊和书籍，她从不犹豫，只要列出书目就给钱。

任家离开"北任"后曾经营产业，任母做主在城里中学对面路南买下一处大宅院——选准这个地方，主要是为了孩子们上学方便，这和孟母择居学宫有异曲同工之妙。

1937年，七七事变爆发，危难来临，宋国芳毫不犹豫地舍弃百亩良田和房产，携子随夫辗转多地。颠沛流离中，每到一处，任母的第一件事就是送孩子进学校！

值得强调的是，宋国芳不仅耳提面命让孩子们刻苦学习，她自己也跟着孩子们识字学文化。作为旧时代的妇女，宋国芳深尝没有文化的苦处，她知道三个儿子早晚会远走高飞，到那时想他们，连念信写信也办不到怎么行？于是，这个不服输的妇女刻苦习字，到任继周外出求学时，宋国芳已会写信，虽每次信上的字都大如核桃，黑乎乎地铺满一纸，但她学习不辍，成为那个时代少有的识文断字的女性。

母亲对于孩子既有先天亲子之爱，也有后天的谆谆教诲，这种坚韧的爱贯穿了孩子们的一生。

可以说，任继愈先生日后之所以能成为一代哲学大家，都仰赖于慈父慈母时时训诫，处处教诲，常常垂范。良好的家庭教育给了先生深思、慎思、精思、细思的学者品格。

这，是任继愈先生之幸，是中国哲学之幸，更是中华文化传承之幸。

（三）师出名门

得天下英才而教育之。教，是上施下效；育，是养使作善。

——《孟子·尽心上》

善之本在教，教之本在师。

——李觏

我最忘不了的，是我小学的老师——小学老师最无私，学生的成就越大，他越开心。

——何南著:《一代大师任继愈》

中国传统教育内容繁复，体系森严，要求苛刻，读书人要经过很多"百里挑一"才能成为国家的柱石栋梁。幼童时，百里挑一，成为能够接受教育的幸运儿；而后，百里挑一，千辛万苦从读书人中考出来成为"生员"；成年后，百里挑一，从生员考中举人；及第后，百里挑一，顺利踏上仕途：其成才率之低可见一斑。

正是因为经受书海如积、学海如涯的教育，士子们才能进业修德，立命固邦，成为博学明理的谦谦君子。

韩愈曾说"古之学者必有师。师者，所以传道授业解惑也。"这是至理名言，任何时代都适用。任继愈先生晚年时依然惦念自己的恩师，将自己的卓越成就归功于恩师的春风化雨。在《白首之心》里，他说"老师身体力行的'做人要正直，不要逢迎，不讲违心的话，不显示自己，尊重别人'的人生信条让我受用一生"。

此言既是谦逊，又是感恩，满含慕儒之情。

1. 蒙以养正

启蒙教育对每个人而言都至关重要——年轻的生命像一部刚开始构思的小说，时间的经纬编织成了纷繁错杂的锦绣，有时明丽绚烂，有时沉郁单调。启蒙老师会在只言片语的序章中透露出某些具有暗示性和前瞻性的话语，任继愈先生的启蒙老师们便为他的传奇人生写下了重要的序言。

任继愈先生说自己"与济南结下情缘"，是因为他的小学生活是在济南度过的。在就读于省立第一模范小学前，先生因家庭和时局影响，陆续更换过几个塾师，但让他有深刻记忆的，是小学阶段那些博学多识、风骨凛然的老师们。

省立第一模范小学坐落于济南旧城贡院墙根街，这条文化街的中段路之西有一个高台子大门，原为清末开科取士的济南贡院，亦是孔庙的旧址，乃文脉之所在。

当时，省立第一模范小学只收男生，老师们学养深厚，在山东很有名气。"小学采取级任制，即一个老师接手一个班，从低年级一直跟到毕业，这种制度的好处是容易加强级任老师的责任心，也容易培养老师和同学的情感，对于学生学业和品德的成长，都有好处。"①

任继愈先生初小时的级任老师是曹景黄先生。

曹老师是山东新泰人，专门教授语文课，他知识渊博，讲课有自己的一套，从不照本宣科，且极其诙谐幽默，讲到任何知识都能让孩子惊艳。

曹老师善讲典籍，人人熟读的《论语》被他讲得别有风味：

---

① 李申著：《任继愈传》，河北人民出版社，2016年9月版，第9页。

他讲"臧文仲居蔡，山节藻棁"时，讲臧文仲的僭越：臧文仲世袭司寇，历经鲁国四公，本该严守礼法，却僭越于行，私藏国之大龟①，且龟室还擅用天子宗庙的山形斗拱和水藻梁柱（山节藻棁）为饰。对此，孔子大摇其头，叹其"无礼"。

曹老师在讲课时，还故意戏谑道："'蔡'字为龟，而曹老师就是蔡家庄人，那就约等于曹老师是乌龟庄人。"学生闻之皆忍俊不禁，记诵终身——这样的老师，谁能不爱呢？

曹老师善讲道理，枯燥无味的《孟子》被他讲得深入浅出：

讲《孟子·滕文公章句下》"胁肩谄笑，病于夏畦"时，曹老师不仅将"胁肩谄笑"那种耸起肩头、故作恭敬、逢迎谄媚的丑态具象化，而且为了使"理"深入人心，更是大胆将之和社会现实结合在一起——"胁肩谄笑"就是可耻的巴结讨好，就是"巧言令色"，就是"未同而言，观其色赧赧然"的丑陋面貌。说穿了，这种比种田还辛苦的谄媚即为虚伪，而虚伪乃是罪恶之源。

在这样振聋发聩的教育下，幼小的任继愈懂得了趋善求治。曹先生的教诲穿过悠悠的时光，时时回响于先生心中，使他一生都俭朴自制，专攻学术，绝不趋炎附势、追逐虚名浮利。

曹老师不但让学生理智俱明，而且不让学生做书屋里的冬烘先生，昏庸浅陋、愚昧落后为他所弃绝。当时的中国社会已开现代文明之风，但骨子里却还保持着根深蒂固的封建思想和伦常观念，这些都无情蚕食着新文化运动本不牢固的基石，但曹老师却敢于在课上向学生传播性启蒙知识，引导学生树立健康的"性"观念。

---

① 据《汉书·食货志》记载，祭祀的大龟乃国君所有，用于占卜，他人无资格私养。

任继愈先生在《追忆》中这样记述："曹老师在涉及酗酒荒淫的文章时，还附带地讲授一些相关的性知识，比如告诫学生婚后性生活要有节制，否则会伤害身体一类的话。这对于七十年前的中国来讲，可以说是相当开明和大胆的。"①

资本主义带来工业文明的同时不可避免也带来弊端，例如金钱至上的观念、混乱的两性关系等，这些野蛮的元素严重破坏了中国传统社会的正常伦理秩序。在大部分中国人希冀向资本主义文明高歌猛进时，曹老师却敢于毫不避讳地谈论随之而来的消极影响，不得不说他的启蒙教育具有深远的前瞻性。

直到白发苍苍，任继愈先生一直保持高洁质朴的人格和孜孜以求的精神，他曾深情地说道："我最忘不了的，是我的小学老师——小学老师最无私，学生的成就越大，他越开心。"②

到了高小阶段，任继愈先生的级任老师换成了夏育轩。任继愈在《高小老师夏育轩》一文中曾细细描画了这个"济南小有名气的话剧创作家"，原话是"夏育轩老师记得掌故多"。

譬如，夏育轩老师讲起过《坚瓠集》中朱棣的掌故：

乞儿皇帝朱元璋出巡观猎，备受宠爱的皇长孙朱允炆和无缘帝位的皇子朱棣陪伴左右。骏马疾驰，扬尾飞蹄，朱元璋随口占出上联"风吹马尾千条线"，自幼受到良好教育的朱允炆不假思索对出下联"雨打羊毛一片毡"。"风吹"对"雨打"，"马尾"对"羊毛"，"千条线"对"一片毡"，无论是词性、平仄、结构、意义都对得十分工整。

万不承想，心怀不甘的朱棣对出"日照龙鳞万点金"——龙鳞如金耀

---

① 何南著：《一代大师任继愈》，时代文艺出版社，2010年6月版，第8页。
② 何南著：《一代大师任继愈》，时代文艺出版社，2010年6月版，第9页。

眼，万点夺目，朱棣的想法，不言而喻。朱元璋听毕，默然无语。

故事虽小，夏老师却能鉴往知来，看出建文帝的软弱无能，又窥察出明成祖的野心勃勃。

在这种既能"知解"，又会"体用"的教育下，任继愈先生形成了慎思明辨的思维习惯，他曾回忆说，有一次刚讲过《桃花源记》，夏育轩老师就让同学们虚构一个理想乐园，写一篇《重游桃花源记》。

既然重游，当然要有独见之得。

谁不爱桃花源的"落英缤纷"，谁不奇"仿佛若有光"的山洞，谁不喜"黄发垂髫怡然自乐"的田园牧歌？但青年时期的任继愈先生却反弹琵琶，从繁华中看见荒芜，在欢乐中看到幻灭——大约是书斋外的连年战乱，大约是不断的迁徙流离，大约是父亲的落寞归农，让少年任继愈比一般孩子更理性地认识到人们心中的"桃花源"离现实太远，这样独立美好的理想国不可能长久存在：

武陵渔人告太守，说如此后，南阳刘子骥问津无门，待到重游时变成另一幅景象，"我把重游所见写成良田荒芜，美池干涸，鸡犬无声，老少叹息的一片荒凉景象。夏老师看了说：'文字写得好，命意也深刻，荒凉结局缺富贵气，可能与你的富（福）泽有关，深深表示惋惜之意。'"[①]

显然，夏老师这种"惋惜"是对贪婪愚昧的不屑，是看见理想国破灭的怅然，也是对悲剧命运的不忍。

就这样，在循循善诱、德才兼备的老师们的引领下，少年任继愈逐渐成长为一个学识丰富、善于思考、见解独到的年轻人。

---

① 　任继愈著：《念日企新》，人民日报出版社，2011 年 1 月版，第 18 页。

2. 沂水春风

初中时，任继愈先生从"孔庙"搬到了"书院"，在由景颜书院改成的平原县立初级中学、也就是后来的平原一中就读。

任继愈先生对平原一中有很深的感情，即便是到了晚年，提到曾经生活学习过的地方仍有不能割舍的深情。受教之日，被爱浸润，被知识熏陶，被老师感染，被学问震撼，这种滋养让先生终身不忘。

这大约可以从一件小事管窥一二：

1988年，平原一中改建。宽敞明亮的教学楼代替了低矮昏暗的平房，实验楼、办公楼相继建成，学校面貌焕然一新。时任校长把平原一中的校容校貌拍成影集，专程赴京拜访任继愈先生，并赠送影集。校长说明来意后，先生欣然挥毫题字。母校将他的题字制成了黑底金字的校牌，给平原一中增添了熠熠光彩。

这种对母校的深情厚谊来源于任继愈先生对家乡的热爱。谈起家乡时，先生说："1928年，济南被日军侵占。我不能在济南升中学，便回到老家平原县中学读初中……当时，平原县里只有初中，且已办了两届，我是第三届入学的，称中三班，每年只招收一个班，约为四十人。平原县是个穷县，农产品有小麦、棉、花生。有马颊河经县境流入渤海。因沿津浦铁路，风气尚不闭塞。"

短短几句话，涵盖了大时代的滚滚烽烟：

1928年2月，军阀蒋、桂、冯、阎联合组成国民革命军，北伐征讨张作霖，争夺东北。为竭力阻挠北伐，为打破中国有可能实现的统一，为阻止英、美势力向北发展，日本以保护侨民为名，派兵进驻济南、青岛及胶济铁路沿线，用武力和铁骑阻止国民革命军北伐的步伐。

5月1日，济南克复，日军狼奔豕突闯入中国政府所设的山东交涉署，代表国民党政府和国家主权的公使蔡公时竟被残忍割去耳鼻，然后枪杀，其他交涉署成员也全部遇难，这是世界外交史上闻所未闻的野蛮暴行。

一面是狼子野心的日本侵略者残忍焚杀 1.7 万余名中国民众，一面是蒋介石政府的一味妥协不予抵抗，这种丧权辱国的形势激起全中国人民极大的愤慨。

任继愈先生就在这种岌岌可危的时局下，在日本侵略者加紧侵华的铁蹄中，回到平原求学。此时外部的世界波谲云诡，皇帝退位又复辟，军阀合纵又混战，盗匪祸民又猖獗，日寇紧逼又凶残，你方唱罢我登场，狼烟四起，山河破败，这个坐在书斋中的少年人岂能无视拂过窗棂的飘摇风雨！

庆幸的是，任继愈先生的初中时代享受了暂时的安稳，他还幸运地邂逅了几个对他的人生产生重大影响的良师——

教国文的任斡忱老师和任继愈先生是平原老乡，相同的生活背景使师生之间产生与生俱来的亲切感。当时，任斡忱还是北大中文系的三年级学生，由于家境不好难以负担学费，无奈选择休学任教，待凑够学费再回北大完成学业。

任斡忱先生讲课不光讲知识和义理，更重要的是还讲理解和思考。

他讲鲍照的《芜城赋》，既讲广陵兴盛，漕河萦回，行人摩肩，里坊密布，繁殖财货，超秦越周；也讲广陵衰败，野葛满道，毒蛇短狐，离离荒草，沙石惊飞，高楼崩塌。南北朝期间的历史变迁、王朝兴替固然可悲可叹，但个体生命的渺小变幻，美好终被毁灭的结局，更令人动容。

试想，坐在教室里、耳闻天下事的少年怎能不为此震悚呢？

他讲《报仁少卿书》，既讲案情脉络，个人含恨，心情激愤，斩将夺旗，世情冷暖；也讲浩然之志，人间沧桑，太史清白，秉笔直书，补正阙失。没有什么比心灵创伤更为可悲，其为不死，必有不死的缘由，文王拘而演《周易》，仲尼厄而作《春秋》，退隐著书、以史抒冤的理想激励着司马迁，让他终能"究天人之际，通古今之变，成一家之言"。

司马迁自述："修身者，智之符也；爱施者，仁之端也；取予者，义之表也；耻辱者，勇之决也；立名者，行之极也。士有此五者，然后可以托于世，列于君子之林矣。"自修其身、乐于施舍、取予得当，这智慧的表征、仁德开始、正义发端，也是师长的教诲，最终成为任继愈先生君子的高标。

将文章讲毕合拢的那一刻，清风掠过校园，绿草茵茵，长风振林，少年遐想古今，司马迁那不屈的灵魂留下的无穷遗憾应已得稍稍慰藉吧！

如果说讲《芜城赋》《报任少卿书》为任继愈先生打开了知识的大门，那么讲北大就是为他照亮了理想的前路。

任幹忱先生将"北大"这个词带入小县城的初中课堂，这给学生们打开了一扇窗——一扇通往无限风光的窗，一扇通往自由民主的窗。任先生在讲课时经常会提及自己在北大学习时的见闻，北大的奇闻轶事就像一颗种子在任继愈先生年轻的心灵中萌芽，并在以后漫长的岁月中不断生长，最终枝繁叶茂，成就理想。

任继愈先生一生不肯逢迎屈膝，为人正直、精于学问、善于探究，究其根源莫不自此而始。

另一位对任继愈先生产生影响的国文老师叫刘海亭，他也是平原人。刘老师授课严谨认真，写得一手漂亮的赵体字。后来，由于职位之争被人诬陷贪污，刘老师诉辩无门，又觉受人侮辱再无脸面见同事、学生，于是愤然离开了学校。

时间荡涤了记忆中太多的细节，可这件事情却在很多年后依旧让任继愈先生难以忘怀，老师落寞的背影在他的心里留下深刻的印记，"人生的险恶也展现在这位刚刚懂事的少年面前"[1]，教会他做人的慎思明辨。

刘海亭老师走后，教授国文的是一位姓涂的老师。涂老师不喜欢古代文学，时常在课堂上谈论鲁迅、郭沫若等新文学旗帜人物的作品，让学生们耳目一新。涂老师文采斐然，俨然一派名士风度，学生十分钦慕。

任继愈先生几十年后回忆时说这个"喜欢讲新文学、多才多艺、在班上朗读自己写的短篇小说和散文"的涂老师是一位才子型的老师。

教授水彩及写生的分别是赵香城、张宁宇两位老师。他们为任继愈先生开启了一个斑斓而又梦幻的美术世界，在他们的带领之下，先生不仅了解了齐白石、徐悲鸿等著名画家，还提高了绘画素养。他的水彩作品线条生动、色彩绚烂，曾被选入县文化馆进行陈列。

美术与文学、哲学看似风马牛不相及，但艺术以其鲜明的形象性和强烈的感染力加深了青年人对周围世界的认知，增强了他们的观察力、想象力和创造力，并能激发出人的审美情趣和思维火花，对一个青年人的精神世界和文化修养起到了培育的作用。

向善，向美，向真，也许就在那时埋下了种子。

有众多一言一行皆学问的老师悉心教导，任继愈先生求学的欲望格外强烈。他从平原一中走出，一直走到北平大学附属高中，又走到北京大学，问学之路真是春风相伴马蹄疾。

3. 玉琢成器

1931 年，任箫亭升任高级军官，稍稍富裕的家境使得任继愈先生能去

---

[1]　李申著：《任继愈传》，河北人民出版社，2016 年 9 月版，第 17 页。

往他所渴慕的北平读书。

"高中的时候，我到了北平。我那个高中是比较特殊的一个中学，只办了四年就停办了，那叫北平大学附属高中。"①

北平大学附属高中的校长宗真甫高瞻远瞩，有成大事者的魄力。

宗真甫（1898—1974），河北沙河县人，1917 年考入北大。这个热血青年积极参加五四运动，后赴法国里昂大学学习，因从事革命活动被法国当局驱逐，后辗转至比利时和莫斯科学习，终身从事教育工作。

《墨学与抗建》是宗真甫唯一传世的著作，书中可见他对墨学研究之透彻及哲学造诣之深厚，堪称大家之作。

抗战军兴，宗真甫身在里昂，报国无门，蓬勃的报国热情无法释放，他想到了自己所膺服的墨子，激昂的文字倾泻于笔端，他认为，"以救国不在形式，端在尽其所能。予以研究哲学者之资格，能发挥一种学说，以激励国人，提高抗战意志，帮助精神动员，也算贡献了个人力量"②。"我们既是全面抗战，便应将人力物力完全施展出来。人力之中，精神力量尤为重要。……举凡历史上之道德理论英勇义行，无不发挥他固有的大力，以增添抗敌之勇气。唯墨家一派，仁义智勇，才德兼备，摩顶放踵，旷世寡俦，乃竟无人特为提倡，以励士气，坐令此宝贵之教训，湮没不彰，而吾民族道德上之沉疴，亦竟难根本改造，你说可惜也不！"③

墨家的"仁义智勇"激励着宗真甫一样的爱国青年，促使更多有志之士走上抗战的道路。1939 年，宗真甫回国，完成了《墨学的抗战建国论》，

---

① 何南著：《一代大师任继愈》，时代文艺出版社，2010 年 6 月版，第 17 页。
② 转引自郑林华著：《被遗忘的墨学专家宗真甫》.［2018-5-6］.https://www.chinawriter.com.cn/n1/2018/0516/c404063-29992652.html
③ 转引自郑林华著：《被遗忘的墨学专家宗真甫》.［2018-5-6］.https://www.chinawriter.com.cn/n1/2018/0516/c404063-29992652.html

为哲学研究和全面抗战擂鼓助威。

任继愈先生暮年回忆道："我们的主任宗真甫先生是一个教育家，他制定的北平大学附属高中的规模，有远大眼光，也有魅力。他没有把教育的力量放在升学，放在死读书上，而放在全方位为青少年打好文化基础上，使他们成为全面发展的人。体育、美育与德育、智育并重，十分可贵……抗战时期，我在昆明读研究生，听说他从法国回来参加抗战，他拿出关于《墨子》的一篇著作，我们在北平大学附属高中毕业的同学互相传看。他的著作很有见地，强调墨子哲学反对侵略的思想，不但有反对侵略的思想，还有打败侵略者的具体措施。墨子是二千多年前反侵略、维护正义的好榜样。"[1]

宗真甫是留法学生，所以他的办学风格借鉴了法国大学的一些做法：北平大学附属高中录取各地学生，有教无类；教材不作统一规定，教师根据自己的所学所长选编教材；除常规课程之外，还有各类选修课，以供学生博学约取；学校不只抓学生的文化课程，而是让学生德智体美全面发展……

在这样宽松民主的学校氛围中，在这样自由奋进的文化沃土里，莘莘学子，包括任继愈先生，如入芝兰之室，如赏鸾吟凤唱。

"国文老师刘伯敔先生毕业于北京大学哲学系。他不用教育部编审的中学国文教科书，自选教材，从《左传》《国语》到孟、荀、老、庄及宋、元等的文章。他讲的语文课像文学史，又像哲学史。从他选的教材中，我读过张煦、胡适、梁启超、唐兰、冯友兰等人关于老子年代的讨论，对我

---

[1] 转引自郑林华著：《被遗忘的墨学专家宗真甫》．[2018-5-6].https://www.chinawriter.com.cn/n1/2018/0516/c404063-29992652.html

后来入北京大学哲学系可能产生了某些潜在的影响。"①

刘伯敳、张希之、任今才等教员才辨出众、博学多思,几乎都是从北京大学中文系或哲学系毕业的。老师们的教学高屋建瓴,教会了任继愈先生用勤奋去学习知识,用逻辑去看待问题,用理性去思考人生。先生用超乎年龄的智慧广泛涉猎孟、荀、老、庄等中国传统哲学著作,并博取梁启超、胡适、冯友兰等学问大家的思想,不经意间,这个年轻人和哲学越靠越近。

这,也许就是任继愈先生和北大、和哲学冥冥之中注定的缘分吧。

除了在文学、哲学方面的熏陶,北平大学附属高中还为任继愈先生埋下了马克思主义辩证法的种子。

教员鲁涤平是党义课教师,但这个思想进步、敢说敢为的老师却最不屑这虚伪、教条、可笑的"党义"。

鲁涤平老师早年留学日本,同当时思想最进步的青年学子一样,他喜欢钻研马克思主义辩证法,并善于结合时局发表观点。他上课从不照本宣科,空谈理论,而喜欢引入时事来发表自己的见解,把道理讲得深入浅出。当时的社会将学生关在书斋里,借"两耳不闻窗外事"以蒙蔽学生,鲁老师冒天下之大不韪,敢于针砭时弊,实属进步之举。在他的引导下,党义课形同虚设,同学们私下组织读书会,还有同学甚至进一步接触共产党,参加革命活动。

因为有这样善于引导学生讲真话、多思考、善辨伪、勤钻研的老师,性格温和稳重的任继愈先生对那些冠冕堂皇的主义产生了抵触,这也许就是未来几十年后,先生接受马克思主义,开拓性地运用马克思主义的立

① 任继愈著:《念旧企新》,人民日报出版社,2011年1月版,第25页。

场、观点和方法去从事佛教研究的缘由。

遗憾的是，北平大学附属高中办学时间极短。附高存续期间是日军加紧侵略华北的时期，柳条湖事件、沈阳北大营事件等持续发酵，日本帝国主义的狼子野心昭然若揭，他们肆无忌惮的侵略和暴行激起中国人民一浪又一浪的反抗高潮，学生运动如火如荼。

北平大学附属高中因学生积极参加各种游行活动，被国民党政府借口北平各大院校筹措办学资金不齐，宣布停办。其间虽经学生抗议集会等"护校运动"，但终无果。

北平大学附属高中培养了很多人才。民主自由的治学氛围、积极奋发的求学精神、独立思考的学习方式，使得这所短暂的高中人才辈出，培养出哲学家任继愈、作家马识途、历史学家赵俪生等人才。

教育的闭环从来不仅是知识的传授，而是终身的发展，这也许是教育的终极意义之所在。可以说，高中三年的积累和沉潜使任继愈先生在学识和眼界上都达到了同龄人不可企及的高度，让他能化鲲鹏展翅，扶摇直上九万里，去到更宽更广的世界中。

（四）转益多师

富家不用买良田，书中自有千钟粟。安居不用架高屋，书中自有黄金屋。出门莫恨无人随，书中车马多如簇。娶妻莫恨无良媒，书中自有颜如玉。男儿欲遂平生志，六经勤向窗前读！

——宋真宗《勤学》

读书之乐何处寻，数点梅花天地心。

——朱熹

书读得越多，眼界越宽，而所得也越多。我读书很杂，经史子集、诸子百家、诗词歌赋都喜欢翻翻读读。读书，以我为主，学习古文，但不迷信古人。读，是吸取营养往肚子里添东西，含英咀华，其乐无穷。

——臧克家

父亲从军，家计艰难，一家老小的生计全系于母亲一身，从小就体贴懂事的任继愈先生从不拿自己无尽的困惑去打扰忙碌的母亲，可越来越多难以排解的疑问常常叫他犯难。聪明如他很快找到了一个可靠的新朋友——书籍。在那浸润着墨香、凝固着岁月的书页里，任继愈先生擎着照亮蒙昧与无知的火把，昂首阔步地朝生命更高更远的境界中迈去。

1. 笃学好古

在漫长的封建时代里，学习的主要任务是熟读四书五经，传统文化经典被奉为圭臬。2500年前，孔子创立儒家学说之初，儒家不过百家中之一家，经秦始皇"焚书坑儒"后短暂沉寂；汉代，汉武帝采纳董仲舒"罢黜百家，独尊儒术"的建议，儒家学说成为立身治学、科举进仕的青云之梯，历朝历代无论采用荐举制、察举制，还是征辟制，招纳人才都需熟读儒家经典；隋唐后，开科取士，广选贤才，四书五经更是必考科目，所以，中国传统文化典籍不仅是历代文化和思想的记录总结，也是构成中国传统文化的基本框架。在学习的初始阶段，多读传统文化典籍对一个孩子的成长终身有益。

任继愈先生9岁之前接受的都是塾师教育，后入读山东省立第一模范小学，此时虽距离清政府取消经科已二十余年，但先生在机缘巧合中熟读了四书五经。

尊孔读经是北洋政府在教育和文化领域推崇孔子和儒家经典的政策，是复古主义教育的一部分——"尊孔，崇儒，专经，复古，由来已经很久了。皇帝和大臣们，向来总要取其一端"，鲁迅先生在其《十四年的"读经"》中说了大实话。

蔡元培先生也说："经学是与帝王制度相配套的观点形态，其核心是'三纲五常'，其顶端矗立的是专制帝王。帝制被推翻了，难道还要尊孔读经？"①

当时，对于"尊孔读经"争议迭出。

军阀张宗昌积极响应北洋政府"尊孔读经"的文化政策，诚意聘请清朝过气状元王寿彭出任山东教育厅厅长，整顿山东教育。

张宗昌为奉系军阀头目，长期盘踞山东。他虽是筑路工人、淘金矿

---

① 刘泽华著：《关于国学"学理""意义"若干论点的请教与质疑》.［2010-5-9］.https://www.aisixiang.com/data/33520.html

头、悍匪军阀出身，但很愿意标榜自己是圣人之乡的父母官，平生最喜附庸风雅，所以不遗余力地推进"尊孔读经"。

1926年，或许是有感于张宗昌的"礼贤下士"，王寿彭到职视事，当即发表了"读圣贤书、做圣贤事"的训词，然后积极推动尊孔读经活动。

虽然，张宗昌、王寿彭的目的功利且迂腐，但客观上来说，尊孔读经、阅读文化传统中的典范性文本，是对历史和文化的致敬，这种韦编三绝式的苦读能让学生更好地经受传统文化濡养，将岁月洗练和淘漉后沉淀下来的文化精华引为己用，这是积极有益的。

在如火如荼的读经活动中，任继愈先生在小学阶段即读完四书，为以后研究中国哲学打下了最扎实的根基。

除了尊孔读经，老师的引导也是任继愈先生少时读书的动力。

年少的任继愈先生非常敬仰曹景黄老师，在老师的带领下，他很早就读遍了四书五经、《古文观止》以及《红楼梦》《三国演义》等古典小说，打下了扎实的文化功底，这不仅让他写出文字练达、浑然天成的好文句，而且在今后从事哲学研究时能将这些学养融会贯通、信手拈来。这是刻在血脉里的文化基因，是真正的八斗之才。

任继愈先生升入高小，夏育轩老师担起级任老师之责，他是一个热血的文学青年，也是小有名气的话剧作家。他为了打开孩子们的视野，订阅了适合儿童阅读的《儿童世界》，也为孩子们准备了《水浒传》《镜花缘》等古代小说名著。这又是另一种阅读体验和心灵感受。

古典小说不仅能让学生涵养静气、收获智慧、丰富阅历，而且在欣赏典雅语言的同时，美感和意境亦滋润人心，从而让他们深入地了解中国历史、文化和社会，提升语言能力和思维容量。

读书既能了解社会百态、锻炼世事洞明皆学问的能力，也能提高艺术品位和审美情趣、熏陶温润儒雅的气质。阅读文化典籍、徜徉于古典小说的海洋，对于整日坐在书斋里、身处动荡时事中的少年任继愈来说实属大幸。

2. 徜徉书海

随着山东局势的日益吃紧，任继愈先生的初中学业无奈辗转到济南才得以完成。大明湖潋滟妖娆，美丽不可方物，但异乡美景带来的愉悦很快为浓烈的思念之情所吞噬，父母之爱的缺失无法弥补，于是，任继愈先生再次找回了儿时陪伴自己成长的好朋友——书籍。

中学阶段，任继愈先生更加博览群书，尤爱读二十四史，特别是《史记》，还有《四部丛刊》。

《二十四史》是中国古代各朝撰写的二十四部史书的总称，是统一用《史记》一样的纪传体写作的"正史"，其中包括《史记》《汉书》等。这些史书几乎可以涵盖中华五千年文明——它上起于传说中的黄帝，下止于明朝崇祯十七年，计3213卷，约4000万字。读史能识荣辱、知兴衰、鉴古今、明得失，对了解历史、学习文化、提高认知、启发思维的作用不可估量。

任继愈先生在初中阶段就能这样海量地读史读经，了解中国古代政治、思想、宗教、哲学、文化等方面的知识，获益之巨可以想见。先生读史书既是因为热爱，更是因为仰服。他对二十四史之鼻祖——《史记》的作者司马迁的为人和为文怀有深深的敬佩，他同情司马迁的命运，也特别敬重司马迁的为人——超越个人恩怨、忠实地记录历史、歌颂汉家盛世，在任继愈先生看来，这是中国士大夫的优良传统，也是近代许多有良知的知识分子共有的品质。先生在治学中、立身处事中，似乎很有司马迁及所有铁骨铮铮士大夫的影子。

远离父母，独自求学，任继愈先生将自己全部托付给了书籍这个忠诚的朋友。在浩瀚的书海里，个人的喜怒哀乐、悲欢离合都变得微不足道，世事无常的变迁、不可阻挡的历史、世界风云的变幻，那些或近在咫尺或遥不可及的昨天与今天都令他着迷。

徜徉于浩渺的书海，任继愈先生开始阅读当时颇有争议的新文学作家鲁迅、郭沫若、郁达夫、冰心等的现代文学作品。那个客观而理智的年轻人偏爱鲁迅，迅翁的特立独行与深邃睿智深深吸引着他的目光：

我觉得他看问题比较深刻，透过表面现象，一针见血，有这么一个好处。我觉得鲁迅的文辞也很美，有力量，有功夫……我喜欢鲁迅的文章，还喜欢鲁迅写的字。[①]

鲁迅用严峻的目光、严峻的语言、严峻的要求来剖析中国传统文化。鲁迅对中华民族有深厚的爱，爱之也深，责之也切。……《呐喊》起作用，今天还在起作用，更加使我们认识到除旧布新的紧迫性。《呐喊》值得再读……[②]

在读了鲁迅先生的文章近 80 年后，任继愈先生还是对他佩服得五体投地，甚至从文化性和民族性上归因其伟大之处。先生看到一般读者对"精神胜利法"予以嘲笑，但这些毛病其实人人都有，这是中华传统文化长期带来的胎记；先生看"今天的阿 Q 们"自我感觉良好，意识到中国革命战斗未有穷期，提高人民素质的任务仍须尽力；先生看到宋以后，儒教成为主流，遵照程朱学派的《四书集注》作八股文，以此猎取功名、做官为宦，才使民族衰败下来。这种种看法都与鲁迅先生相互印证。

①　何南著：《一代大师任继愈》，时代文艺出版社，2010 年 6 月版，第 16 页。
②　何南著：《一代大师任继愈》，时代文艺出版社，2010 年 6 月版，第 108 页。

任继愈先亠读鲁迅和读司马迁一样，既折服于文字，感慨于时事，更敬重于人品：鲁迅先生性格刚强，从不畏缩，在遇到不公和不平时敢于作金刚怒目之姿；鲁迅先生勇于反抗，面对敌人的迫害和他人的针锋相对从不惧怕，总是奋戟相向；鲁迅先生正气凛然，具有最孤傲炽烈的民族气节，毛主席赞之曰"向着敌人冲锋陷阵的最正确、最勇敢、最坚决、最忠实、最热忱的空前的民族英雄。鲁迅的方向，就是中华民族新文化的方向"。[①] 鲁迅先生的文字竭力为民请命、舍身求法，竭力振作"中国的脊梁"，一生韧战不息，为中国人的自由、解放而奉献所有！这样一个"中国现代作家群中唯一的思想家型作家""没有丝毫的奴颜和媚骨"的人，如同一棵参天大树，熏陶了任继愈先生的人格。

3. 朝经暮史

任继愈先生对饱读诗书、博学渊识之识从不自夸，对囊萤映雪、凿壁借光之勤也从无自矜，他对于自己的斐然成就总是谦虚地归因于老师的教诲。他在多年后曾深情回忆刘伯敔老师教学生读"《左传》《国语》、孟、荀、老、庄"，显然，在一个青年人思维最急速发展的时期，与先圣前贤对话，是对学问与知识的巨大洗礼，这些典籍为他未来为人处世制定了一贯的准则：

《左传》中有个人的德行修养之方，"太上有立德，其次有立功，其次有立言"，亦有治国的策略，"临患不忘国，忠也"。这部微言大义、使"乱臣贼子惧"的书让任继愈先生以小见大地了解春秋各国内政外交的全貌，其寓褒贬于字里行间的"春秋笔法"更是学史悟哲的宝藏。以古鉴

① 转引自《中国共产党宣传工作简史学习》.［2022-6-2］. https://www.thepaper.cn/newsDetail_forward_18403179

今，先生一生立德、立功、立言和忠于国家的思想从未动摇更改。

《国语》中儒、道思想兼具，深宏雅奥，意味深远，书中除丰满的人物、艺术化的叙事、隽永的文学性外，更让任继愈先生着迷的是"兴和衰"的主题探讨——《国语》在记录编纂史实之时，能有意识地去探讨兴衰治乱的原因，"原始察终，见盛观衰"，用变化的、辩证的思想去看待世界、研究学问，也是任继愈先生的研究方法。

《荀子》不仅涉及政治、经济、文化等多个领域，还论人性、谈教化、劝学习、议王道。通过研读《荀子》，任继愈先生建立起对中国社会全面、完整的认识，并建构起更合理且有现实意义的理论体系，这是先生研究中国哲学和宗教的坚实基础。

《老子》蕴含的道家哲学充满辩证法，从探讨宇宙天地、自然规律的变化入手，以人为本，关注民生，"道大，天大，地大，人亦大"的观点在千年之后依旧是超前的民主萌芽。精读《老子》让任继愈先生对宇宙万物、自然天地、社会人生及其运动规律建立起基本概念，真正涉足且徜徉到哲学的领域之中。

《庄子》警诫人们，人不是万物的尺度，不是世界的中心，而是自然的一员，只有超越自我、舍弃欲望、追求自由才能自在逍遥。任继愈先生一生弃名绝利、清净平和，从不追名逐利，而是注重内心的满足、精神的丰满，这应该是在《庄子》的引导下找到的生命真义。

黑格尔曾感慨"世界的哲学故乡在中国"，任继愈先生青少年时期所读之书，无异于为这个正在寻求新出路的学子指引出一条学习哲学的道路，这是一次航标式的指引，在如烟似海的书中，这个年轻人与哲学碰撞，寻觅到了生命前进的新方向。

除了知识的丰盈、理想的树立，读史读经也让任继愈先生的社会责任感油然而生，家国天下的使命召唤着他，让他毅然决然投入为处在动荡飘摇乱世的弱势群体寻觅理论出路的事业中。

春雨润物细无声，书籍和阅读如同滋养心灵的甘露，从始至终滋养着这个青年人的灵魂，使他丰富，使他博学，使他明志。任继愈先生一层层夯实学问的底子，一点点精进研究的实践，在追求理想的康庄大道上昂扬奋发地前行。

二

那段文化苦旅
为何会被铭记?

击鼓其镗，踊跃用兵。土国城漕，我独南行。

——《击鼓》先秦佚名

稽之往史，我民族若不能立足于中原，偏安江表，称曰南渡。南渡之人，未能有北返者：晋人南渡，其例一也；宋人南渡，其例二也·明人南渡，其例三也。"风景不殊"，晋人之深悲；"还我河山"，宋人之虚愿。吾人为第四次之南渡，乃能于不十年间，收恢复之全功。庾信不哀江南，杜甫喜收蓟北。此其可纪念者四也。

——国立西南联合大学纪念碑碑文

身处烽火年代，任继愈先生的中国哲学研究之路艰难万千。

陈寅恪先生哀叹南渡残生，梦中回望江北，见父老唏嘘落泪，"人亡学废"之危亡时刻到来，青年学子当如何抉择？

曾几何时，儒家"不为良相，当为良医"的济世情怀影响着任继愈先生——范文正公微时奋力读书，誓为宰辅，以活天下之生民；但范公同时也说，时不我与，就读黄帝医书，究医家奥旨，亦可治人。

面对世间的苦难，任继愈先生一度渴望成为悬壶济世的医者，他钻研中医知识，精习针灸针法——但那是在邂逅哲学之前，当先生遭遇哲学，便注定一生为之痴迷。因为只有面对哲学，先生才能体会那高山流水般和谐的生命共振。

抱着热爱和向往，1934 年夏，任继愈先生考入北京大学哲学系——这是任幹忱、刘伯敩老师描绘的"兼容并包"的知识沃土，这是风雨飘摇中青年人寻求的世外桃源，这是囊括大典、云集大家的巍巍学府，这是自由民主生长的理想之国。

在风华正茂的年纪进入根深叶茂的北大，任继愈先生师从汤用彤、熊十力、贺麟、钱穆、吴泌、刘文典、闻一多、冯友兰、吴晗等多位大师，其幸运无可言喻。因为他们既是春秋诸子，百家争鸣；也是魏晋名士，遗风流长。大师们浓墨重彩地谱写了中国文化史上难得一现的盛况，他们如同璀璨的星辰，为任继愈先生照亮治学的坦途。

在北大，任继愈先生用扎实的国学根基、先进的西学方法，兼容并蓄地学习钻研。自由的治学环境、独立的思想精神，使这个年轻人如鲲化鸟，直上青云。

但是，北大并非遗世子立的桃花源——1937 年，七七事变爆发，北大被迫南迁长沙，成立"临时大学"，后又迁往昆明。从长沙到昆明，闻一多、李继侗、袁复礼等先生及其他师生 240 人徒步前行，跋山涉水，历时两个月，行程 1600 多公里，进行了一场漫长艰苦的文化之旅，史称"湘黔滇旅行团"。任继愈先生身在其中，苦在其中，亦乐在其中。

青年诗人穆旦为这些学子写下了心声：

走不尽的山峦和起伏，河流和草原，

数不尽的密密的村庄，鸡鸣和狗吠，

接连在原是荒凉的亚洲的土地上

…………

我要以一切拥抱你，你，

我到处看见的人民呵，

在耻辱里生活的人民，佝偻的人民

我要以带血的手和你们一一拥抱。

因为一个民族已经起来。

国破山河在，城春草木深。国运艰难、外寇凌辱没有让如任继愈先生这般的青年学子彷徨畏惧，他们以青春的姿态来践行真知，追求理想。越是危亡，越能催生出知识分子的傲骨和气节，这一趟旅程不仅让任继愈先生看到中国社会深重的苦难，更让他生出了深挚而悲苦的文化使命感，他前行的步伐越发坚定执着！

（一）文化苦旅

子畏于匡，曰："文王既没，文不在兹乎？天之将丧斯文也，后死者不得与于斯文也；天之未丧斯文也，匡人其如予何？"

——《论语·子罕篇》

孟、月公校长钧鉴：寇氛未已，坚决抗战，为民族复兴大业计，迁文化于后方，储材备用，实为当今之第一急务。在师岳不过奉张主席文白兄命，率领贵校学生旅行团步行到滇开课而已，虽云跋涉辛苦，为民族为国家服务，与数百青年同行三千里，自觉精神上痛快与光荣。

——黄师岳

西方侵略国家挟其船坚炮利的余威，给中国的经济生活以破坏，连带引起社会生活、政治生活以至家庭生活的变革。

——任继愈

1934 年，任继愈先生以骄人的成绩考入北大哲学系，在那一刻，命运仿佛为 18 岁的他拨开了迷雾。但北大不是象牙塔，隆隆炮火和金戈铁马终于撞破这个庄严的学府，将莘莘学子、亿万生灵、传统文化和中国国运一起推向那万劫不复的深渊……

在北大哲学系，任继愈先生收获了成熟的世界观与人生观，在那里，他对世界的观照和悲悯从个体命运上升到了家国存亡的高度。

1. 文不在兹

理想之于人类，如同羽翼之于飞鸟，氧气之于生命。在北大，任继愈先生在属于自己的哲学王国里日以继夜、情难自抑地耕耘着、播种着，耐心且执着。对于年轻人来说，哲学始终不是一个好"饭碗"，直到今时今日，哲学专业的就业前景恐怕也不容乐观。为此，任继愈先生也曾迷惘过、困惑过，他身边有不少同学"弃暗投明"，另谋出路，这使得原本就极其冷清的哲学系更加萧条。

可这个世界为什么总是如此可爱？！

那是因为总有痴人坚守理想和信仰，恰如任继愈先生忠诚于哲学。先生回忆这段往事时，虽只有只言片语，却难掩其骄傲之情，因为当时进哲学系的一共有十几个人，最后剩下三人，而"我便是其中之一"。

年轻的任继愈先生在真理面前如同一位披甲的勇士，踟蹰艰难地奋戟直行，但更艰难的是"华北之大，放不下一张安静的书桌"。

日本是对中国危害最大、最丧心病狂的侵略者，弹丸岛国，野心勃勃。自明治维新始，日本走上资本主义道路，对外疯狂侵略扩张，确定了以中国为中心的"大陆政策"，以无耻铁血的策略和狰狞凶残的进犯将中国拖入战争的深渊：

1894 年，甲午战争爆发，北洋水师全军覆没，清政府签订丧权辱国的《马关条约》；1928 年，日军增兵山东，残杀万余名中国军民，制造"济南惨案"；1931 年，日军发动九一八事变，东北全境沦陷，日本以鲸吞蚕食的方式对中国进行侵略；1933 年 2 月 21 日，日军荒谬地宣称长城以北的地区皆属伪满洲国，热河战役爆发；1935 年，日本妄图控制华北地区，相继炮制了"察东事件""河北事件""张北事件""秦土协定"等，统称"华北事变"；1937 年 7 月 7 日，日军借口士兵失踪，要求进入北平宛平县搜查，遭中国驻军严词拒绝，卢沟桥事变致使抗战全面爆发……"泽国江山入战图，生民何计乐樵苏"。中国文化界的有识之士早就看穿了日寇的侵华本质，知识分子以忧患心和责任感展开了一场旷日持久的文化和国运的自救运动。

1937 年 7 月 7 日，七七事变在举世瞩目和震惊扼腕中爆发。日军的侵华战争是人类历史上最惨绝人寰的杀戮，不仅使中国人民遭受巨大痛苦，而且令全世界一切正义之士为之震颤。闹剧粗糙且又拙劣，借口无礼又浅薄，但法西斯的意图昭然若揭。美丽的国土经受野蛮的践踏，纯净的象牙塔又如何能独善其身？

日寇侵占北平，清华园成了日军饲养军马的槽厩，图书、仪器、标本被洗劫一空；北京大学的红楼成了日军的北平宪兵司令部，魑魅横行；南开大学遭到日军轰炸，校园尽数被焚。日军指挥官在记者会上公然宣称："我们要摧毁南开大学，这是一个反日基地。中国所有的大学都是反日基地。"

随着清华、北大被占领，南开化为残垣，中国高等教育步入生死存亡之境。

东三省沦陷，时任清华校长的梅贻琦先生深知"与日本一战"不可避免。他清醒而敏捷，提前转移清华设备与物资，将预备建校的工程款放到长沙去盖楼，为后来战时教学转移提供了可能性，并从此肩负起北大、清华、南开三大名校的存亡之责。

北大奉教育部之命南迁，先奔赴湖南衡山脚下，加入长沙临时大学。蒋梦麟将长沙联大称为"由混杂水手操纵的危舟"。随着战争的升级和日军的步步紧逼，南京失守后，北大又奉命迁往云南蒙自县，归入由北平国立北京大学、国立清华大学和天津私立南开大学三校联合办学的国立西南联合大学。

西南联大（包括其前身长沙临时大学）成立于 1937 年 8 月，抗战胜利后一年，即 1946 年终结使命，宣告解散，前后共存续八年零十一个月，联大保藏菁华，作育英才，"内树学术自由之规模，外来民主堡垒之称号"，为中华文脉赓续做出了巨大的贡献。

西南联大以"刚毅坚卓"为校训，"刚毅"即"无欲"，保持坚定独立的主体性，刻苦自励，追求真理；"坚卓"即"坚定"，勤奋学习，不慕名利，以铮铮铁骨傲世。"刚毅坚卓"的精神既是西南联大的精神，也是全体中华民族的信念！

2. 守土有责

任继愈先生年轻时并非手不能提、肩不能挑的怯懦书生，他是由儒家思想滋养而成、生长于乱世的、儒侠并举的热血青年，是"一二·九"运动的亲历者。

九一八事变后，日本帝国主义屡次挑衅得逞，开始肆无忌惮地侵华，不仅在东北推行殖民地化统治，贯彻亲日卖国文化策略，还将侵略的魔爪一步步伸向华北。

面对穷凶极恶的日寇，南京国民政府消极抵抗，接受屈辱的"何梅协定"和"秦土协定"，双手送出国土主权，民族危机日益严重，战争局势危如累卵。

1935 年，日本侵略者阴险策划华北五省"防共自治运动"，扶植傀儡政权，公然蔑视中国国家主权，激起北平青年学子极大的愤慨。

12 月 9 日，北平尚处严冬，但寒冷的天气无法遏制青年学生的爱国热情，北平大中学生数千人举行了声势浩大的抗日救国示威游行，"反对华北自治""停止内战，一致抗日"等怒吼山呼海啸般从学生们的胸膛中喷薄而出，掀起了全国抗日救亡的新高潮，队伍中的任继愈更加坚定了先贤和圣哲的责任感、使命感。

如果"文王既没，文不在兹"，那就要鼓足"天生德于予"的仁者无畏的勇气；如果"道之不行，已知之矣"，那就要各守其分，延续文脉；如不想"欲洁其身，而乱大伦"，那就应该相时而动，做天下治平的先锋；如见日寇"有勇无义为之盗"，那就要知其不可而为之，舍生取义。

年轻时的任继愈先生是儒家思想的坚定奉行者。孔子创立的儒家学说以及在此基础上发展起来的儒家思想对中华文化产生了深刻影响，使得先生和其他青年学子知道自己所学所用必须和这个积贫积弱的祖国联结在一起，必须为苦难深重的人民谋福利。哲学不是故纸堆里的学问，不是文字的堆砌，而是经世致用的重器。为此，任继愈先生积极投入到救亡活动中去。

1937 年，驻丰台日军在卢沟桥附近进行挑衅，冯玉祥国民军旧部 29 军 37 师积极构筑城防工事抗敌。29 军军事素质良好，抗日热情高涨，他们动员北平大中学校的青年进行军事训练，枕戈待旦，摩拳擦掌欲与日军进行殊死搏斗。

任继愈先生积极参加军事训练，努力学习军事知识，欲以自己年轻的热血、昂扬的斗志将日军阻于北平城下。

7 月 7 日凌晨，何基沣将日军昨晚在宛平寻衅、双方军队对峙、战争一触即发之情形告知受训学生，并请同学们安心受训。学生们早有心理准备，七七事变发生后，军训总队大队长、中队长、班长陆续调回部队参战。白天，任继愈先生和同学们能看到日军飞机机身上的太阳旗；深夜，青年们被隆隆炮声惊醒，念及国家存亡，不能安枕。

"卢沟桥就是我们光荣的坟墓，守土有责，我们绝不放弃阵地！"吉星文慷慨泣血，可是他有心杀贼，无力回天，奉命愤然从卢沟桥撤退；宛平失陷，佟麟阁、赵登禹壮烈殉国；北大历劫，任继愈先生钟爱的校园一夜之间失去宁静，被日军野蛮占领，书籍和文明尽丧火海。

"昔日弦歌地，今为妖魔窟"，文明被野蛮占据，善良被血腥掩盖，和平被扫荡摧残，任继愈先生和悲愤难耐的同学们接到通知，奔赴长沙临时大学。这，不仅是个人的选择，也是中华文化的选择。

在披星戴月的旅途中，任继愈先生的胞弟任继周回忆说，在一路向南的长途跋涉中，哥哥一直在看抗倭名将戚继光的《纪效新书》。

戚继光于"嘉靖三十九年，创鸳鸯阵，著《纪效新书》"，紧密结合东南沿海的地形，分析倭寇敌情，论述练兵的必要性和抗倭的重要性，这是他在长期抗倭斗争中总结的军事、战术思想的精华，也是最早对日本侵略的防备和预警。

虽昔日之倭寇不全等同于今日之日寇，但其狼子野心一致，其侵略本质一致，其无恶不作的滔天罪行一致。任继愈先生手捧《纪效新书》一路南下，那种以天下为己任的济世情怀可见一斑。

3. 征途漫漫

"中华民族发展至今，有两个追求是独特的：一是重'统一'，一是重'气节'。"任继愈先生和制作《西南联大启示录》的张曼菱谈起过这段永志难忘的文化苦旅。

凡时局动荡、朝代变迁，执节不屈的气节便会成为中国人最看重的情操，深受儒家精神熏陶的知识分子一贯有澎湃的血性——

"孔曰成仁，孟曰取义，惟其义尽，所以仁至。读圣贤书，所学何事？

而今而后，庶几无愧！"在中国历史上，如文天祥般的英雄不胜枚举。书生亦有剑胆琴心，在皇皇中华历史长河中，以死报国的儒生不计其数，长沙临大的热血青年也掀起了投笔从戎的热潮。

民族危亡时刻，"青年学生该往何处去"的争论如火如荼，大学生们自觉深受国家最优待遇和最好教育，理当冒着硝烟冲锋陷阵，用生命去抗敌。长沙临大积极支持学生的爱国热情，并在学生服役期间保留学籍。何懋勋、黄维、缪弘、曾仪、吴若冲等青年学子捐躯沙场，以年轻的生命谱写了热血之歌。

但抗战是一场长期的战争，是不是所有的青年学生都要血染沙场，与敌死战呢？

日本飞机盘旋轰炸，对长沙临大、对中国知识分子中的精英跟踪追歼，大有要让中华文明亡国灭种之意。

梅贻琦说："一个民族，他生存的最根本价值是什么？我们都是教书的，我们的责任，是要去塑造一个民族的灵魂，难道这不比打仗更艰巨吗？"① 这场争论最后由钱穆作了归结：为国家保住"读书的种子"，用上前线的精神来读书，日后新生的中国建设所需要的专业人才才不至于后继无人！

这些话拨云见日，打消了学生心中的困惑，坚定了他们刻苦学习、以知识报国的决心，最终，820 名学生决定随学校迁往云南昆明。

1938 年 1 月 20 日，长沙临大师生分三批踏上漫漫征途，西迁昆明，21 岁的任继愈先生报名参加了其中最为艰苦的"湘黔滇旅行团"。

---

① 寻晓燕：《抗战大迁移，清华北大南开三所名牌大学的长沙岁月》．［2015-9-10］．https://mp.weixin.qq.com/s?__biz=MzA5NzI4NjczMw==&mid=209066376&idx=4&sn=96457e5ff9b0bbd648c926e005109a6c&chksm=192196aa2e561fbc4a85556ad918770179c8642179b93c8fa8411bf6232fd004cc48994fef47&scene=27

"必须有一支人马代表着这个学校，从还存在着的国土上走过去"，任继愈先生在回顾自己参加这趟文化苦旅的初衷时，这样沉痛地叙述。

"闻一多等选择了步行，任继愈选择了步行。在采访中，我发现很多有志向有刚性的学长都选择了步行，也许是步行练就了他们后来的刚性和志向，也许他们本来就有些与众不同。"[①] 为西南联大做回忆录的张曼菱分析了其中的原因，这和任继愈先生的说法不谋而合。

就这样，由闻一多[②]、袁复礼[③]等教授带队，任继愈先生和240多名同学穿着军装，披着棉大衣，绑着裹腿行军奔波，他们怀揣憧憬，开始了这段不凡的征程。

长途跋涉的艰辛可想而知，任继愈先生和同学们的脚很快磨出了水泡，走在起伏不平的路上，疼痛难忍，但他们仍然昂首阔步、意气风发。从长沙到昆明，全程3000多里，历时60余天。这趟旅程强化了任继愈先生的心智，打磨了他的意志。师生们戏称自己为"湘黔滇旅行团"，革命乐观主义精神里洋溢着青春的活力与生机。

西行的道路艰苦漫长，一路险山恶水，一路饥寒交迫，一路土匪肆虐，一路颠沛流离，任继愈先生和同学们历经长沙、益阳、常德、芷江、贵阳、镇宁、丰彝，最后抵达昆明，全体师生以坚毅果敢之精神，披荆斩棘，所向无敌。

除了收获毅力和勇气，任继愈先生益发觉得临大"迁移之举本身即教育"，他有机会真正走到苦难深重的民众之中，走到民不聊生的现实之中，走到马革裹尸的战争之中。先生一路走，一路感慨："当年国弱，而'民

① 张曼菱：《任继愈：中华民族发展至今有两个独特追求，一是重"统一"，一是重"气节"》．[2017-05-03]．https://www.sohu.com/a/138059518_740503
② 闻一多（1899—1946），字友三，新月派代表诗人，爱国诗人、学者。
③ 袁复礼（1893—1987），地质学家、地质教育家。

气'依然不可被征服，是当时鼓舞和支撑师生们的一个精神源泉。"

步行团走过贵州，学生们见到许多百姓背盐为生，在那坚毅负重的形象中他们看到了民族的脊梁。面对此情此景，任继愈先生说："我看到中国的民气始终不衰，穷困是穷困，志不穷，人穷志不穷。所以骂人当汉奸是最重的一个词，比骂他祖宗什么的都还重。"[①]

对于当时的社会现实，先生深有感触："我们中国有一个很好的传统——就是从上到下不愿当亡国奴。老乡们也是这样。小日本非把它打跑不可。当时的生活很困难，很痛苦，但是日本人来，他就不能忍受。打日本，他们是很积极的。有志气，民族志气。那时候，我就感受到中华民族的文化是渗透在穷乡僻壤里头，不光是在上层。"

当时的中国社会，普通老百姓中文盲很多，而且越是走到百姓中间，任继愈先生就越能看清他们的穷困和痛苦。可是即便生活在深重的苦难中，老百姓们也不愿做亡国奴，先生此时真正感受到了勃发在中华民族中间的力量。可以说，通过这次艰苦的文化之旅，先生对苦难深重的中华民族产生了深刻的理解与信心，他开始注意中华民族根源性的问题：民族精神到底何在？

在行途中，在深思中，任继愈先生终于寻到了属于自己的人生真义——永存初心，勇往直前，研究属于中国人自己的哲学！

4. 力学坚行

湘黔滇之旅中，任继愈先生始终以饱满的热情去贴近生活，观察百姓，思考生活，感悟哲理。作为年轻的"不速之客"中的一员，他的面庞

---

① 张曼菱：《任继愈：中华民族发展至今有两个独特追求，一是重"统一"，一是重"气节"》.〔2017-5-3〕.https://www.sohu.com/a/138059518_740503

被太阳晒黑，衣冠不整，绑腿和草鞋上沾满泥水，但他的心灵在丰盈，这位哲学大家的学术道路，也因这趟文化苦旅得以奠定坚实的基础。

一路砥砺前行，湘黔滇旅行团时而借道域外，时而徒步边陲，时而翻山越岭，时而涉水泥泞，他们带着文化的火种移师昆明。任继愈先生在行途中既慨叹于山河壮丽、异域边风，更深刻地凝望了中华民族的苦难和中国人民的坚韧。

在湘西，年轻的心灵被乡村的恬淡与宁静深深感染，但这样的美好瞬间仅是湘西农村的一个侧面，偏僻的乡村充斥着混乱、蒙昧与贫困，强烈的悲哀攫获了任继愈先生的心，他不禁发出了这样的感慨："中华民族这么一个苦难的民族！抗战的重担就压在农民的身上，而农民又这么个状况！我就觉得值得研究中国的文化问题，那个时候我就开始转向中国哲学史。"[①]

风餐露宿、跋山涉水的苦旅不能打倒哲人的意志，而这人世间的困苦却叫他无法忽视。正如英国伟大哲学家罗素一样，对于人类苦难的悲悯支配着任继愈先生的灵魂，促使他为同胞的命运而努力发声。

是什么造就了中国农民的现状？在对中国文化根源提问与释疑的过程中，任继愈先生的思想逐渐明朗，他认为，作为一个中国哲学史的研究者，不了解中国的农民，不懂得他们的思想感情，就不能理解中国社会；不懂得中国的农民、中国的农村，就不可能懂得中国的历史。从此，先生开始思考如何将自己的人生归宿与眼前的农村、社会现实关联起来，思考怎样从意识形态的深层中找到苦难现实的根源。后来，他这样写道："最底层的人民承受着战争的苦难，却依然坚贞不屈。中华民族有非常坚定的信

---

① 何南著：《一代大师任继愈》，时代文艺出版社，2010 年 6 月版，第 25 页。

仰，有很强的凝聚力。是什么样的力量在支持她？"①任继愈先生深信探究高深的学问，不能离开哺育自己的这块灾难深重的土地，要有补于人类的发展和社会的进步。

自此，任继愈先生从西洋哲学研究转向中国传统文化与传统哲学研究，并且从未停止过孜孜不倦、勇往直前的脚步。他曾这样亲述自己的理想转变之道："这次旅行，才亲眼一睹了中国农村的贫穷和败落，使我彻底改变了自己的人生理想和态度，使我开始思考如何将自己的人生归宿与眼前的农村现实发生关系、思考怎样从意识形态的深层根本地找到其中的根源。这样，我决定用一生的时间，去探究中国的传统文化与传统哲学。应该说在做这个决定的时候，自己的心情是相当庄重严肃的。不仅有了确切的方向和目标，而且有了使命感。"②

有人说西南联大是集体的苏武，是南方阳光下的义勇军，那次刻骨铭心的旅行对任继愈先生而言意义非凡，这一刻他决定调转航向，研究这片多灾多难的土地，研究这些坚韧可爱的人民，对祖国忠诚的热爱筑起他学术的最初根基，中国哲学史一代大家在此刻扬帆启航。

5. 弦歌不辍

任继愈先生存有一张到达昆明时的照片：一个穿着棉布军服的青年人端正肃立，手上拿着军帽，英气勃勃，眼神里充满坚定，又有展望——

彼时的昆明四季如春，是短暂偏安的世外桃源。任继愈先生喜爱这个"接地气"的城市，他曾说："我很喜欢云南人这个民风，非常朴实，这个

---

① 陈桔：《任先生"三不"规矩，音犹在耳》，[N].钱江晚报，2009-7-14。
② 王浩禹：《西南联大教育救国的历史考察》.[2024-5-7].https://news.qq.com/rain/a/20240507
A02S0N00

非常可贵。"

张曼菱的父亲是西南联大的亲历者，他说："我们昆明地处边陲，生活很安逸的，有钱人家的太太小姐珠光宝气，花枝招展，对于国事没太多人关心，可是，这群北方人来了之后不一样了。"① 过惯了小日子的昆明人猛然惊醒，人还要这么活着！旋即，锦衣深藏，钟鼎入库，敬斯文、理战事成了昆明的新风尚。

"我父亲见过潘光旦先生打篮球。一个残疾人拄拐打球干什么？就是一种骨气，正常人做的我也能做。还有闻一多、刘文典他们向市民做演讲，聊时局、聊文学、聊历史，以前老百姓对这些不感兴趣，现在感兴趣了。他们明白这个国家是每个人的，必须爱这个国家。"②

跨越千山万水，一路风尘苦旅，长沙临大所有师生终于抵达昆明。刚到昆明的联大校舍不足，任继愈先生所在的文法学院暂时设立在离昆明较远的蒙自县，先生在那里完成了大学最后一年的学业。

学校简陋到无以复加——临时搭建的茅草房代替了红砖灰瓦的现代化建筑，教室没有窗户更没有玻璃，雨天时铁皮屋顶铛铛作响，杂草丛生的土坝略略打理就成了运动场，但这一切抵挡不住学生们的学习热情。

2006年2月，任继愈先生在接受《中华读书报》记者陈洁的采访时说："西南联大生活很苦，做学问有一定困难。清华还抢救了一部分书运到云南，北大完全没有，一把火烧光了，不过当时滇黔铁路是通的，国外的书和杂志都能看到，普通的书也能买到。昆明在当时是个国际大都市。有好书大家也抄。另外，我们这一辈人小时候都要背书，脑子里记了很多东

① 王炬：《西南联大：民族精神与心灵的整合 ——专访西南联大研究者张曼菱》．［2017-11-8］．https://web.shobserver.com/staticsg/res/html/web/newsDetail.html?id=70395
② 王炬：《西南联大：民族精神与心灵的整合 ——专访西南联大研究者张曼菱》．［2017-11-8］．https://web.shobserver.com/staticsg/res/html/web/newsDetail.html?id=70395

西。所以做学问还行。"①

在西南联大学习的任继愈先生有一群堪称博学鸿儒的老师。这"一大群读书人",有的面黄肌瘦,有的衣衫褴褛,有的留着大胡子以示对抗战的支持。他们虽形容憔悴,但却焚膏继晷地进行着研究,学术的硕果竞相成熟。冯友兰的《中国哲学史》、金岳霖的《论道》以及汤用彤的《汉魏两晋南北朝佛教史》等都完成于此时。

大师云集,群星璀璨。任继愈先生回忆说,西南联大在人文社会学科方面是全国领先的。

闻一多先生研究《诗经》和《楚辞》,文献考证功力深厚,而且还利用西南地区民族民俗的活化石使自己的研究别开生面。

罗常培先生利用西南地区的特殊条件,开辟少数民族语言研究新领域,1949 年后成立的民族语言研究所大多数学者都是罗常培的学生。

贺霖先生创立"西洋哲学编译会",造就不少哲学翻译人才。商务印书馆出版的西洋哲学名著就是由联大青年学者完成。

"海纳百川,心系天下,百家争鸣,不断创新",一派繁荣的联大仿佛是"五四"高潮乐章的重现,这很容易让人联想起中国历史上那个群星耀眼、百家争鸣的时代。

在颠沛流离的岁月里,物质仅是肉体得以栖息的凭靠,真正可以疗治心灵创口的却是人类真挚而细腻的情感,联大就是青年学子精神憩息的港湾。

长沙临大"迁徙",使中华文化的传统精神走出象牙塔,知识分子的气节与社会的民气相遭遇、相激励,任继愈先生灵魂深处长出坚实的信

---

① 陈洁:《任继愈:为"官"终究为学问》,[N].中华读书报,2006-2-15。

念，这种信念一直伴随他在西南联大学习工作了八年时光。

任继愈先生曾说过，西南联大的求学经历是他个人学术生涯中最为关键的时期之一。那个时候他还年轻，满怀着朝气和理想。虽然生活环境和学术环境都相当艰苦，但先生甘之如饴。

西南联大的师生们都专心致志地投身学术，日以继夜，勤耕不辍。危亡的国事不但没有消磨他们的学习、研究热情，反而催生出一种只争朝夕的紧迫感——上课没有教材，三餐半饥半饱，与敌机躲猫猫，但一切都阻止不了任继愈先生如饥似渴地学习：

> 院中有几棵高树，巢居两只猫头鹰。每到深夜，哀鸣不止。屋后时有一两只野狼白天窥视，深夜蹲坐对月嚎叫，就是在这样的环境里，他们（任继愈先生和室友王永兴先生）刻苦读书，一年365天，天天如此，夜夜如此，没有假期。[①]

那时，联大师生大都住在一幢三层楼的宿舍里，来自天南地北、五湖四海的他们因共同的理想而唇齿相依。任继愈先生作为研究生与几位北大教授一同住在靛花巷的宿舍里，大家朝夕相处，没有辈分等级的隔阂，只有浓浓关怀之情，这使先生的学术研究在动荡的岁月中依旧取得长足进步。

总之，西南联大赋予任继愈先生用之不尽的精神财富，使他不论身处何地何时，永远都能淡定以待，泰然以处；让他遭遇困境也能坚韧不弃，面对功名却能云淡风轻。先生崇高而又纯净的精神内核里始终闪耀着联大精神的光辉。

---

① 李申著：《任继愈传》，河北人民出版社，2016年9月版，第47页。

（二）西南联大

我国家以世界之古国，居东亚之天府，本应绍汉唐之遗烈，作并世之先进，将来建国完成，必于世界历史居独特之地位。盖并世列强，虽新而不古；希腊罗马，有古而无今。惟我国家，亘古亘今，亦新亦旧，斯所谓"周虽旧邦，其命维新"者也！旷代之伟业，八年之抗战已开其规模、立其基础。今日之胜利，于我国家有旋乾转坤之功，而联合大学之使命，与抗战相终始。

——冯友兰《国立西南联合大学纪念碑》

民国时期，思想界摆脱桎梏，激烈碰撞，产生耀眼的火花，这种巨大的解放为文化高潮的到来提供了肥沃的土壤。从新文化运动的号角吹响，到1948年，中国文化界三十多年的成就不啻于诸子百家时代。白话文的倡导是发端，"民主""科学"成为推进器，中国社会掀起一股旋风般的思想解放潮流。大乱之后必是大治，新旧思想碰撞造就了一大批璀璨夺目的大师。

西南联大的大师们很多都是博古通今的杰出学者。"清华四导师"之一的陈寅恪，广历各国，以西方史实主义研究的方法解读中国历史，自成一派，奠定了中国历史科学的基础；梁实秋上课，黑板上不写一字，内功却十分深厚，他讲解英文诗歌，不多时便有女生泪下如雨；钱玄同上课却不判卷，北大为他刻了木戳，上写"及格"二字，让人莞尔；陈垣讲课，纵横古今，将二十四史从头讲起，如同"一架特制的显微镜"……

战争和炮火、南渡和困苦没能抑制这些优秀的知识分子对文化薪火相传的热情。越艰难，越热爱；越危急，越勤勉；越压迫，越反抗——

在西南联大期间，这些大师的鸿篇巨制争相问世，百家争鸣之下，思想界得以极大繁荣：闻一多完成了《神话与诗》《周易义证纂》《楚辞校补》《唐诗杂论》，朱自清完成了《经典常谈》《新诗杂谈》《诗言志辨》，汤用彤完成了《汉魏两晋南北朝佛教史》，贺麟完成了《近代唯心论简释》，冯友兰完成了《贞元六书》，金岳霖完成了《论道》，钱穆完成了《国史大纲》，刘文典完成了《三余札记》，许维遹完成了《管子集释》《韩诗外传集释》《国语校诂》《尚书义证》，浦江清完成了《花蕊夫人宫词考》，罗庸完成了《鸭池十讲》……

这些大师们的杰出成就源自特殊时代的思想碰撞，也源自风云际会间的独立之人格、创新之环境、自由之氛围，更源自他们对中华民族的责任与担当。他们不约而同怀抱着一种"深挚而悲苦的文化使命感"——"每当社会动乱、国家存亡之际，就会有一批这样的学者，自觉把保存文化当作自己的责任"。"对中国传统文化了解得越深刻，这种深挚而悲苦也就愈加强烈。"[①]

蔡元培在《北京大学月刊》发刊词上说，大学有其神圣的使命："一曰尽吾校同人所能尽之责任"，让大学成为共同研究学术之机关；"二曰破学生专己守残之陋见"，让师生有以祛其褊狭之意见；"三曰释校外学者之怀疑"，使大学成为"囊括大典，网罗众家"之学府。

正如《礼记》所赞的"万物并育""道并行"那般，西南联大群星璀璨，各美其美。小德如川，滋润心灵；大德如天，化育万物。这，就是西

---

① 李申著:《任继愈传》，河北人民出版社，2016年9月版，第33页。

南联大的意义所在。

任继愈先生在西南联大期间师从名师大儒，他们承古但不复古，继往更创新，人人都具有鲜明的个性和特色。先生在向这些前辈学者学习时如饥似渴，学业日进日精。

1. 驰骋中西

汤用彤先生，字锡予，祖籍湖北省黄梅县，1917 年，清华学堂毕业后留学美国，在哥伦比亚大学、哈佛大学深造。作为中国著名哲学家、佛学家、教育家，汤用彤先生撰写了《汉魏两晋南北朝佛教史》《印度哲学史略》《魏晋玄学论稿》等学术著作，是近代中国学术史上学贯中西、接通华梵、博古通今的国学大师之一，与陈寅恪、吴宓并称"哈佛三杰"。

任继愈先生甫入北大，便师从汤用彤先生学习《哲学概论》，先是作为学生，后又作为助手，师生朝夕相处长达 30 年之久，任继愈先生对于这位严师慈父极为敬重景仰。给任继愈先生留下印象最深的，是汤用彤先生于学问用力至深，到了鞠躬尽瘁死而后已的地步。

汤用彤先生大学时期熟读西方哲学史，从 20 世纪 20 年代起研究中国佛教史，同时研究印度哲学史和梵文。他在大学里讲授的课程主要有：中国佛教史、魏晋玄学、印度哲学史、欧洲大陆理性主义、英国经验主义等等。汤先生上课只讲自己有精深见解、别人不讲的内容。他备课极其认真，讲课提纲时时重新拟写，严谨勤奋到了不眠不休的地步。即便到了晚年，疾病缠身，他讲学依然不知疲倦，如朱熹般"虽疾病支离，至诸生问辨则若沉疴之去体，一日不讲学则惕然常以为忧"。[1] 这种精益求精、学无

---

① 　任继愈著：《念旧企新·汤用彤先生和他的治学方法》，人民日报出版社，2011 年 1 月版，第58 页。

止境的精神是任继愈先生一生致力秉承和追求的。

其次，汤用彤先生在文化研究领域独辟蹊径，成就斐然，他的治学方法对任继愈先生影响至伟。

汤用彤先生于传统文化的经史子集无一不通，于西方哲学涉猎广泛，几乎精熟掌握所有哲学流派的思想和理论。在广博的知识海洋中，他主张明其大义，进而求其大同，用"历史比较法"进行中西、古今的大研究。"由于他对西方近代资产阶级唯心主义哲学有较深的理解，他就有条件利用西方近代资产阶级的一些思想方法对佛教思想进行分析比较，比起那些只用封建的含混不清的叙述、用佛经解佛经的中世纪办法提高了一个阶段。"[1]

汤用彤先生在治学中还极其重视对发展认识论的运用，汤先生认为历史变迁常具继续性，既要注意其变迁之迹，又要注意治学的眼光与方法之更新。"如果没有新的眼光与方法，也不能产生组织完备的新时代哲学体系"，任继愈先生一直铭记汤先生这句振聋发聩的话语，最终找到了用马克思主义研究宗教问题的"新的眼光与方法"。

汤先生的治学之态和治学之法几乎陪伴任继愈先生哲学研究之始终，直至 50 年后，任继愈先生自己亦成为中国哲学之中流砥柱，他依然心有感念，写下《汤用彤先生和他的治学方法》，用以怀念汤先生那种"驰骋自如""游刃有余"的治学之法。

再次，汤先生热忱的爱国之情打动着任继愈先生，让他能清晰地看到一个知识分子立该有、也必须肩负起的"深挚而悲苦的文化使命感"。

汤用彤先生治学埋头学海，书生意气甚重，青年时曾说："国亡之后

---

[1] 任继愈：《悼念汤用彤先生》，[J]．历史研究，1964 年第 3 期。

不必死，而有二事可为：其小者，则以武力图恢复；其大者，则肆力学问……使中国之形式虽亡，而中国之精神、之灵魂永久长存宇宙，则中国不幸后之大幸也。"[1] 从字里行间可看出，青年汤用彤已有将五千年之中国文化弘扬于世的雄心壮志。

九一八事变后，民族危机日趋严重，汤用彤先生写下"时当丧乱，犹孜孜于自学。结庐仙境，缅怀往哲，真自愧无地也"的感喟；抗日战争时期，国民党专制独裁加剧，汤先生同情学生革命行动，积极参加悼念牺牲烈士的追悼会；晚年，汤先生化用杜甫的诗句"虽将迟暮供多病，还必涓埃答圣民"，用以表达自己的拳拳爱国心。

汤用彤先生将民族文化的传承和弘扬作为最高目标，一生致力于"昌明国故，融会新知"。而任继愈先生为承续和发扬中华文化鞠躬尽瘁，这种以学术爱国的精神，发端于汤用彤先生。

值得一提的是，汤用彤先生为人质朴，平日里不苟言笑，却十分端方和气，为人有海纳百川之气度。

钱穆与傅斯年有隙，却都与汤先生交好；熊十力和吕澂于佛学研究意见相左，却均与汤先生相得；汤先生虽参与学衡派，却与胡适不伤和气，钱穆说他是"一纯儒之典型"。虽然汤先生为人少言，衣着土气，但掩盖不住大师的满腹珠玑。

汤用彤先生在北大教书时，傅斯年曾请他兼一个办事处的主任，每月送一份薪金。可当发薪时，汤先生却如数退回说："我已在北大拿钱，不能再另拿一份。"

在这种温润如玉的君子人格熏陶下，任继愈先生亦步亦趋，也成为这

---

[1] 周绚隆：《中国文化的殉道者：吴宓与顾亭林》，[N].中华读书报，2011-12-28。

样的谦谦君子、端方儒士。

汤用彤先生虽十分肃穆严谨，但实则温情细腻，在爱徒面前常常扮演慈祥长者的角色。其中最让任继愈先生感激的，便是汤先生特地穿上长衫马褂为他去冯家提亲的事。

1979年，任继愈先生致函汤先生的儿子汤一介，商讨为汤先生撰碑立传，文字质朴，真情拳拳——

　　一介同志：

　　《中国史研究》约我写一篇关于汤先生的文章（小传），已发表过的有陈寅恪、陈垣两先生的传记。你能否把汤先生的生平传略寄一份来，我好作为依据（活动的年月要具体）。汤先生生前曾有过嘱托，希望我为他撰写墓碑，未能办到。现在可以自由讲话了，"四人帮"的极左思潮已不能干扰了。我们搞研究的人，要好好利用有限时光，多为人民做些有益的事。

　　敬礼

　　　　　　　　　　　　　　　　　　　　　　　　　任继愈 [①]

短短一函，既见任继愈先生的严谨细致，又显他的诚心用事，那种可以为恩师"自由讲话"，让恩师的坦白襟怀、八斗之才得以彰显的欢喜跃然纸上，师生之谊终于穿过漫长岁月得以圆满。

---

① 赵建永：《明体达用　固本兴新——从一封新见信函看任继愈的学术传承与创新》．［2024-3-4］.https://baijiahao.baidu.com/s?id=1792580502716730073&wfr=spider&for=pc

2. 昂首天外

熊十力，湖北省黄冈人，中国著名哲学家、思想家。他是新儒家开山祖师，国学大师，著有《新唯识论》《原儒》《佛教名相通释》等书。熊十力先生是以哲学家之立场阐述佛学的第一人，是陆王心学精致化和系统化之集大成者。熊先生的学说影响深远，《大英百科全书》盛赞"熊十力与冯友兰为中国当代哲学之杰出人物"。

熊先生是任继愈先生刻骨铭心感念的恩师，在钩沉往事的《念旧企新》中，先生高度评价熊十力先生的为人与治学。

"为人"在"治学"前，可见熊十力先生特立独行的人格令任继愈先生叹为观止。据称，熊十力曾摸着蒋中正的头说："狗骨龙头，杀人的王侯！"这般稗官野史已无从考证，但1949年后，熊十力先生到北京讲唯心主义哲学，能公开批评林彪"心术不正""怕不得善终"，这是人尽皆知的事实。

熊十力先生自诩"举头天外望，无我这般人"，狂傲恣睢之气仿佛从庄子、嵇康、李白等狂士中一脉继承而来，这种有底气、又有尊严的傲气叫任继愈先生折服，他写道："熊先生为人，不会与人俯仰……他这个讲师在任何教授面前屹然而立"。[1] 连梁漱溟先生见熊十力都要道一句，这是"中国唯一的狂者"。

当然，熊十力先生这股睥睨之气并非狷介，并非跋扈，而是一种骨子里的刚直。他为人率真，喜怒皆形于表，不掩不藏，坦荡从容。熊先生的皇皇巨作《新唯识论》刚刚面世就遭到佛教人士群起而攻之，他的老师欧阳竟无痛斥为"灭弃圣言，唯子真为尤"，同门也对其书进行驳斥，贬斥

---

[1]　任继愈著：《念旧企新·熊十力先生的为人和治学》，人民日报出版社，2011年1月版，第80页。

他的著作"于唯识学几乎全无知晓"。熊十力先生闻言，不畏反喜，他弃中庸平和于不顾，奋起应战，著成《破〈破新唯识论〉》，对所有怨怼之声毫不留情地一一驳斥，当真是奋不顾身，杀敌致果，快意恩仇。

熊十力先生之所以这般刚直气盛，同他的人生观、哲学观有很大的关联。先生在晚清以降那个维护道统的年代，前瞻性地重视"人"和"人性"，他强调维护"人道之尊"，必须破除出世、破除造物主，须得自强不息，积极入世——这和"五四"精神所提倡的自由民主不谋而合。

熊十力先生论述道："天行健，明宇宙大生命常创进而无穷也，新而不竭也。君子以自强不息，明天德在人，而人以自力显发之，以成人之能也。"他认为。只有"（人）辅相万物，备物致用"，才能"与民群共趋于富有日新之盛德大业"。这样的"人"是自由的人，是具有改造勇气的人，是有自觉人本精神的人。熊十力先生以"人道"统摄"天道"，珍视个人价值和意义，高扬活生生的生命力量，这种刚健进取的人生态度在那个时代显得尤为珍贵。所以任继愈先生在回忆恩师时，满怀深情赞他"教书又教人"。

1922 年，受梁漱溟的竭力揄扬与举荐，熊十力被聘为北京大学特约讲师，他和北大、和任继愈先生有了命定的缘分。

熊十力先生于"治学"十分潜心真诚，一旦投入进去便肆意酣畅，忘乎所以，"越名教而自任"；但生活上却毫不讲究，只有一条中装长裤，常常是洗了晾干之施施然外出。

熊先生竭力提倡"孤往精神"，他说："中国学人有一种不良的习惯，对于学术，根本没有抉择一己所愿学的东西。因之，于其所学，无有甘受世间冷落寂寞而沛然自足，不顾天不顾地而埋头苦干的精神于中的生趣。"① 这是对那个趋利避害、侥幸时名的时代和学术界的严峻批评，也是对任继愈先生这样沉浸神圣哲学殿堂学子的真诚褒奖，先生提倡的坐冷板凳精神大概发端于此吧。

熊十力先生一到北大就公然打破班级授课的形式，采取自古相承的书院式教育。熊先生讲课，从来不用教室，课堂就设在自己家里，上下课时间也完全随意，动辄连着上课三四个小时，当中没有休息。讲到精彩、激动之处还常伴着习惯性的小动作，他要么动手比画，声大震屋，要么伸手在学生身上猛施一掌，十分率真可爱，学生们常常被这大力一掌惊住，陋室里笑声朗朗。

这种古代师生朝夕相处、自由随和的学院式教育，力主道德与学问并重，生活与学习一致，任继愈先生非常推崇。1943 年，先生于西南联大初执教鞭，开设"宋明理学"的选修课，他让学生在课堂上自由朗诵语录，随机展开讨论，深入解析讨论，用的就是熊先生的书院式教育。这种传统教育方式对学生的明辨深思、老师的博学广识都有着极高的要求，能起到启发智慧、引导思维的积极作用，经这样教育成长起来的学子会自觉践行"知行合一"之妙理。

熊十力先生有一种近似于布道者的慈悲，他认为一个民族要生存下去，必须要有自己的哲学、自己的文化。为此，他不沉迷于圣贤经典，而是脚踏实地进行研究，并写成《读经示要》等著作，他融汇儒教和佛教这两种思想体系，独创了审慎批判、精思继承的中国化哲学。

因为文化责任感的催促，熊十力先生教育学生时有教无类，从不细问学生的个人家庭情况，也不计学生的程度高低，只要在他的斗室里围坐一

---

① 熊十力著:《十力语要》，上海书店出版社，2007 年版，第 56-57 页。

堂，他便循循善诱，滔滔而授。九一八事变后，随着中日局势日渐吃紧，越来越多的学生加入到了救国图存的队伍之中，熊先生虽不愿参与政治，但对学生运动却绝对支持。先生晚年被红卫兵抄家，焚毁手稿书籍无数，他不为自己个人命运感伤，却向陈毅悲叹道："我的学问无人可传呵！"

这位中国现代新儒家的奠基人高声倡导："吾国人今日所急需者，思想独立，学术独立，精神独立……游乎广天博地之间，将为世界文化开出新生命。"

任继愈先生曾提及熊十力先生北京寓所的那副"道之将驰，文不在兹"的对联，正是从这副对联开始，先生看到了像熊十力先生这样"以保存、传承中国为己任的学者"是何其可贵。正是基于对中华民族文化的挚爱和对文化传承的使命感，熊十力先生养成了义无反顾、百折不回的精神品质，这些精神渗透在他的言行之中，并时时感染着广大学子，任继愈先生的爱国情结很大一部分是在熊十力先生处耳濡目染形成的。

熊先生对祖国的赤诚热爱，任继愈先生看在眼里，烙在心上，他说自己一辈子都忘不了这位恩师，他始终都铭记着熊先生的勉励："做学问就要立志做第一流的学者，要像上战场一样，义无反顾，富贵利禄不能动其心，艰难挫折不能乱其气。"[①]

3. 器识深远

贺麟，四川金堂县人，出生于教育世家，是中国著名哲学家、哲学史家、黑格尔研究家。20 世纪 40 年代，贺麟建立"新心学"思想体系，是当代新儒家"中西汇通"的一代宗师。

---

① 黄晶华：《学界玉柱，携归极乐；先生风骨，长存人间！》，[N].国际金融报，2009-7-1。

贺麟先生长于人文荟萃的四川,幼年早慧,"从小深受儒家熏陶","特别感兴趣的是宋明理学"。上中学时,教他国语的老师是章太炎先生的学生,学问极好。贺先生 18 岁考入北京清华学堂,后赴美、德求学。1931 年,因为老师吴宓说"民生困苦""志士歌哭",这个有志青年便决定回国一展抱负,救国强民。

回国后,贺麟先生受聘于中国顶级学府北大,主讲"哲学问题""西方现代哲学""伦理学"等课程。他讲课的最大特点是"情理交融",深入浅出,语言生动如行云流水,深受学生的欢迎。

九一八事变后,贺先生受吴宓之请,作长篇论文《德国三大伟人处国难时之态度》,宣传爱国主义,鼓舞抗战士气。

1937 年,抗日战争全面爆发,贺麟先生随校迁往长沙,随着战事紧逼,又与汤用彤、钱穆等先生同行南下,执教于西南联大哲学心理系。北平解放前夕,南京方面三次派飞机至北平接请贺先生,但都被他拒绝。1949 年国庆,黑格尔《小逻辑》中译本问世,贺先生以此"作为对新中国的诞生的献礼"。

贺麟先生是博采众长的学术泰斗,治学时不拘一格地将中西、新旧融合在一起,是国内黑格尔译介、研究的开山祖师,被美誉为"东方黑格尔"。他为人温厚,但于学术研究却极具批评精神、创新意识,他从"心学"出发,遨游西方哲学,最后回归辩证唯物论和历史唯物论,可谓功完行满。

贺先生的人格品质是任继愈先生学习的榜样。他曾强调,"贺先生为人忠厚,没有架子,平等待人。几十年来,我没有见过他发过脾气,即使是遇到极不痛快的人和事,也不疾言厉色。他是西方哲学专家,但更具有东方文化熏陶。"①

　　而任继愈先生的学生李申这样评价自己的老师："只有我们这些学生和同事们知道，他对人，特别是对青年，是多么热心，只要你有事求他，如果事情合理，他又有能力去办，总会想方设法给办。"②

　　任继愈先生和贺先生何其相似乃尔！他们对待学生总是和蔼可亲，确是温润如玉的君子。

　　对于贺先生的器识，任继愈先生总是以仰望之姿学习。

　　贺麟先生在解读汪鸾翔先生的《清华中文校歌》时说道："古之君子，所以自拔于人人者，岂有他哉？亦其器识有不可量度而已矣。试之以富贵贫贱而漫焉不加喜戚；临之以大忧大辱，而不易其常，器之谓也。智足以析天下之微茫，明足以破一隅之固，识之谓也。"③

　　贺先生看不起那种"举一而遗二，见寸而昧尺"的愚昧浅识，也反对那种"独沾沾以从事于所谓诗者"的故步自封，更不喜"毁齿而钩研声病，头童而不息"的惺惺作态，在他看来，这些都不是构建学问的正确途径。贺先生赞赏贫贱不能移、威武不能屈的独立精神，要求学生具备寻幽探微、目不窥园的探究精神，这是对于治学和人格的双重要求。

　　桃李无言，下自成蹊，在这样的教育下，贺先生的子弟遍布中国哲学界，黄楠森、陈修斋、张世英、汪子嵩等都是学界巨擘，任继愈先生也是其一。

　　贺先生对任继愈先生的治学助益良多。1934 年，先生怀着最热切的理想考入北大哲学系，在跟随汤用彤先生和郑昕先生学习了哲学概论和逻辑

---

① 任继愈著：《念旧企新·贺麟先生》，人民日报出版社，2011 年 1 月版，第 90 页。
② 李申：《任继愈传》，河北人民出版社，2016 年 9 月版，第 356 页。
③ 贺麟：《〈清华中文校歌之真义〉书后》．［2021-8-11］.https://www.sohu.com/a/482659909_121124028

课后,进一步广泛研读西方哲学史;三年级,开始师从贺麟,学习黑格尔及斯宾诺莎哲学。

贺先生为人颇有古君子之风,谦和温文,从不计较。对于年轻的任继愈先生来说,贺先生是一个博学宽和、古道热肠的师长:他精心指导任继愈先生完成毕业论文《朱子哲学》;在先生毕业后,又请他来做助教。他给任继愈先生开小灶,让他读西方伦理和哲学史的书;他在1949年前夕,做"青年的保姆",保护进步爱国的学生。先生对这一切感怀深远,他说:"在研究哲学的道路上,对我帮助最大,甚至可以说有终身影响的老师中,贺先生是其中一位。"①

对于任继愈先生来说,贺麟先生给他启发最大的是关于"宗教对于文化的重要性"的探讨。在联大时,贺先生和学生们讲宗教对文化的重要性,他说中国文化是礼乐,在西洋文化里,礼乐包容在宗教中,宗教与文化是一回事。可惜,当时任继愈先生年轻,翻开《圣经》只看到圣迹显示、跛子行走等"神奇法术,认为没有什么看头"。

直到任继愈先生对中国传统哲学探索多年,才深刻懂得宗教是人类知识的源头,不了解一个民族的宗教就无法从根本上认识一个民族的文化渊源,也无法探索一个国家的文化之根。这就促使先生深思:欧洲最大的宗教是基督教,那中国的宗教是什么呢?

最后,任继愈先生终于找到了答案,中国的宗教是儒教。西方的礼乐包含于基督教,中国的礼乐包含于儒教。

这就是任继愈先生石破天惊提出"儒教是教"的渊源!

---

① 任继愈著:《念旧企新·贺麟先生》,人民日报出版社,2011年1月版,第88-89页。

4. 群星璀璨

君子自强不息，厚德载物，崇德修业，以期异日出膺大任，足以"挽既倒之狂澜，作中流之砥柱"，这是梁启超先生对青年学生的寄语。在他眼里，年轻人如璞玉，需加"德"与"学"互相琢磨，而西南联大的大先生们就是手握利器的最高明的艺术家。

在联大的大先生中，对任继愈先生影响最大的首推冯友兰先生。

冯友兰，字芝生，河南省南阳人，中国当代著名哲学家、教育家、思想家。1918 年，冯友兰先生毕业于北大哲学系，后赴哥伦比亚大学求学，师从杜威，后执教清华，抗战全面爆发后又在西南联大担任哲学教授兼文学院院长。冯友兰先生著有《中国哲学史》《中国哲学简史》《中国哲学史新编》《贞元六书》等 20 世纪最重要的中国学术经典著作，对中国现当代学界乃至国外学界影响深远，被誉为"现代新儒家"。

冯友兰先生"长髯飘胸，处事豁达，有仙风道骨之气"。他讲课条理清晰，善于化繁为简，极具幽默感。1934 年，北大邀请冯先生作学术报告，他讲了《新三统五德论》，任继愈先生几乎瞬间就被此种用发展观阐明社会变革与学术变革之关系的研究方法所折服，从此成为冯先生的忠实拥趸。

联大期间，三校合一，任继愈先生有幸选了冯友兰先生的《朱子哲学》。"合同异""离坚白"等论述以简驭繁，高度概括地将中国哲学问题讲得明白清楚，他引导任继愈先生站在中国哲学的原点上去深研这个庞大精美的哲学体系。

冯友兰先生得到学生的敬仰不仅因为其学问精深，见识卓著，更是因为他和学生们关系密切，感情深厚，他总是将每一个认识或不认识的学生都护在自己的羽翼之下。20 世纪 30 年代学潮时，冯先生常在国民党军警特务跟踪、监控、逮捕进步学生时尽力掩护，甚至从不问他们的姓名，因为他是学者，而且是始终把自己和祖国人民联系在一起的学者。

1937年，卢沟桥事变爆发，冯友兰先生心系国事，常为中华民族之存亡而忧心，曾写下"公所可游南岳耳，江山半壁太凄凉"的诗句表达忧国忧民之愤！

虽抗战前期失利，国民党军队无法正面挡敌，大有山河破碎之危，但冯先生相信，有着五千年文明的中华民族绝不会灭亡，困厄只是暂时的，抗日战争胜利之日，就是中华民族及其文化复兴之时！

凭此坚定信念，冯友兰先生从1939年到1946年，陆续推出《贞元六书》，构成一个完整的"新理学"哲学思想体系。关于冯先生著书的深意，他在《新原人》自序中曾有明确的表述："'为天地立心，为生民立命，为往圣继绝学，为万世开太平'，此哲学家所应自期许者也。"为此，他更加勤奋地钻研学问，埋首著述，潜心整理中国传统文化。

在有关冯先生的记忆中，有一件事总被任继愈先生反复提及——冯先生拒绝接受美国永久居住证。这样的民族气节显然打动了同样怀着赤子之心的任继愈先生，教会他"无论作为一个普通公民，还是作为一名学者，第一位的是要爱国"。任先生和冯先生亦师亦友，直到多年后，提到这位大师，任继愈先生的字里行间仍然满是深情：

　　　冯先生的文才、诗才，出自天赋；冯先生的勤奋和毅力，应努力去学；冯先生的爱国主义精神，则必须学。

　　　哲人常往，哲理长存。日来月往，悠悠此心。[1]

---

① 何南著：《一代大师任继愈》，时代文艺出版社，2010年6月版，第55页。

在教授和留学生遍地都是的北大，有个神奇的存在——一个高中肄业的老师和陈寅恪先生一样，成为唯二被学生疯狂追捧的人，他就是钱穆先生。他每次上课都"坐立皆满，盛况空前"，济济一堂里，不仅有北大的学生，还有外校的学生，甚至有老师教授们。听课者并用课桌，席地而坐，爬上窗台，如若有人连窗台也挤不上去，便只得倚墙而立……

钱穆，字宾四，江苏无锡人，中国近现代历史学家、思想家、教育家，国学大师，著有《先秦诸子系年》《中国近三百年学术史》《国史大纲》等。

钱穆先生讲课时，穿一件发旧的蓝色长袍，他左手执书，右手握笔，讲课时围着课桌左右踱步，来回不息。他善于演讲，感情激昂，高举双臂，慷慨激昂，妙语连珠，让人陶醉。钱先生讲中西文化异同打了个比方，他说秦汉文化如广室中遍悬的万盏明灯，即便打碎一盏，其余犹亮；而罗马文化犹如巨灯，熄灭了就光芒俱灭。

钱先生是典型的儒者，他脸色红润，精神奕奕，每次讲课时都兴致勃勃，他神情含笑，让学生如沐春风；眼光精射，让学生豁然开朗；态度和蔼，让学生沉醉入迷。

王玉哲在《我和中国上古史》中回忆钱先生道："钱先生讲上古史与别人不同，不是从远古讲起，而是先讲战国，再逆向讲春秋。并且也不是一章一节、面面俱到地讲，而是以学术问题为中心，从发现问题到解决问题，层层剖析，讲得娓娓动听，很能启发人深入思考。"

任继愈先生大一选修钱穆先生的《中国通史》，钱先生的风趣幽默，让他兴味盎然，常常会心领悟。

除了课上得好，钱穆先生的爱国情怀也令任继愈先生肃然起敬："他

（钱穆）是从一个历史学家的角度进行爱国主义教育的好老师。"任继愈曾这样说，"钱穆先生继续整理他的'中国通史讲义'，后来在商务印书馆出版，书名为《国史大纲》，扉页上写着'谨以此书献给前线百万将士'，钱先生爱国主义精神跃然纸上。"[①]

让任继愈先生记忆犹新的是钱先生上《中国通史》的第一节课，他上来便说祖国历史有其独特之处，作为一个中国人，应感到它是可敬可爱的，大家读史、治史应取正确态度，若非如此，中国历史岂能绵延数千载？钱先生说话语音洪亮，感情奔放，让学生们感动万分。那时国难方殷，日军横扫，国民党节节败退，而此时，教室里却响起一个知识分子坚定的声音，激起并强化一众学子的爱国主义热情和民族自信，这是何其可贵。

和钱穆先生一样个性鲜明，甚至恃才傲物的是刘文典先生。

刘文典，原名文聪，祖籍安徽怀宁。现代杰出的文史大师、校勘学大师、庄子研究专家，著有《淮南鸿烈集解》《庄子补正》《三余札记》等。刘文典先生终生从事古籍校勘及古代文学研究，所授课程，从先秦到两汉，从唐、宋、元、明、清到近现代，从希腊、印度、德国到日本，古今中外，无所不包，连陈寅恪先生都要赞他"一匡当世之学风，而示人以准则"。

抗日战争爆发后，刘先生没来得及南下，日本侵略者多次派人请他在日伪政府任职，他都断然拒绝了，表现出一个知识分子凛然的气节。

刘先生让人印象深刻的不只是气节，他"衣着无华，常不修边幅，有

---

①　任继愈著：《念旧企新·钱穆先生》，人民日报出版社，2011 年 1 月版，第 127 页。

时竟将长衫扣错纽扣，头发长了也不理发，除非理发师登门。现实生活中，刘文典潜心学术，于家务俗事一无所能，既清贫又乏生财之道，往往等到无米下锅才发觉囊中羞涩，不得不向知交告贷"。①

刘先生课也上得好，他给学生讲写文章时活泼生动地作比方——他要学生学做"观世音菩萨"："观"就是要多多观察生活，"世"就是要明白社会上的人情世故；"音"是要讲音韵；"菩萨"是要有救苦救难、为广大人民服务的菩萨心肠。

任继愈先生先后旁听了《庄子》和《文选》，他深知人不可貌相，竭力夸赞刘先生，"他为人直率纯真，具有庄子的洒脱"。②

刘先生的'洒脱'源自他的高才广学，学贯中西的他通晓英、德、日多国语言，学问做得很大、很狂。据说刘文典先生讲《圆圆曲》，一句一句，如数家珍；讲曹丕《典论·论文》，旁征博引，精妙绝伦；十五月圆夜讲《月赋》，行上狂放，如数家珍。

刘先生对学问热情如火，但他性格狷介狂放，目下无尘，对鄙夷的人直接青白眼以对。有一次，他竟在课堂上公开讲："陈寅恪才是真正的教授，他该拿四百块钱，我该拿四十块钱，沈从文只该拿四块钱。"再有一次，跑空袭警报，他看到沈从文也在跑，便转身说："我跑是为了保存国粹，学生跑是为了保留下一代希望，可是该死的，你干吗跑啊？"

刘文典先生瞧不起文人，更瞧不起政客：蒋介石到安庆巡访，刘先生正任着安徽大学校长，他拒绝蒋介石到校"训话"，又拒绝学生"迎送如仪"，公然言"大学不是衙门"。蒋介石大怒说："你革命不革命？"刘先生

① 史飞翔：《刘文典：以"发夷声为耻"的民国大师》．［2016-8-13］．https://www.sohu.com/a/110361914_355364
② 任继愈著：《念旧企新·刘文典先生》，河北人民出版社，2016年9月版，第118页。

亦怒道:"我跟中山先生革命的时候,你还不知在哪里!"堂堂民国大总统被他怼得下不来台,老蒋一气之下关了他几天。

虽行止乖张狂浪,但任继愈先生将刘先生视作古代先贤哲人,因为他有一肚子学问,更有高风亮节:"刘文典先生精于考订,哲学、文学修养都很高。他曾赴云南西部滇缅战线慰劳前线将士。刘先生归来,在课堂上说起在宋希濂军部,即席赋诗……他习惯于叼着烟讲话,有些字句听不清,有句云:'春风绝塞吹芳草,落日荒城照大旗。海外忽传收缅北,尖兵已报过泸西。'刘先生讲,杜甫有'落日照大旗'句,这里古典今用,写出了军营气势。他得意地念了两遍,所以记住了。"[1]刘文典先生赞赏杜甫的诗,其实是赞扬抗击日本侵略的爱国主义情怀。

刘文典先生颇有魏晋狂士之风,不过,他也有青眼相加之人——他讲课时,吴宓先生会前去听讲,而且总是坐在最后一排。刘先生闭目讲课,口若悬河,每讲到得意关节处,便抬头张目后望,然后问道:"雨僧(吴宓的字)兄以为如何?"每当这时,吴教授照例起立,恭恭敬敬地一面点头一面回答:"高见甚是,高见甚是。"两位名教授一问一答之状,惹全场暗笑不已。

被刘文典先生点名的吴宓先生在学术界颇有名望,与陈寅恪、汤用彤并称"哈佛三杰",任继愈先生很早便与之神交——初中时期,先生便读过吴宓在《学衡》杂志上的《中国的新与旧》《论新文化运动》等文章,吴先生于新旧文化之中取径独异之论,给少年任继愈留下很深的印象。

吴宓,字雨僧,陕西泾阳人,中国现代著名西洋文学家、国学大师、

---

[1]　张曼菱:《刘文典:众说纷纭之下》.[2021-5-17].https://www.chinawriter.com.cn/GB/n1/2021/0517/c404064-32105245.html

诗人，清华大学国学院创办人之一，著有《吴宓诗集》《文学与人生》等。吴宓先生读书刻苦，在书房用餐，曾发生饼子蘸墨而啖的笑谈；吴先生还有过目不忘之才，回老家在迎祥宫碑前小站片刻，即能一字不漏地默写；吴先生通晓多种语言，开创了世界文学和比较文学的研究先河，奠定了世界文学对比研究的坚实基础。1921 年，吴宓回国，在清华大学开设《中西诗之比较研究》，使比较文学进入中国高等学府的课堂，他还曾用比较文学的方法研究《红楼梦》。进入北大，任继愈先生和吴宓先生有了更深的交往，对于吴先生的真学识、真性情有了进一步了解。任继愈先生曾这样写道："1939 年起，北京大学文科研究所招收研究生，我的导师是汤用彤先生和贺麟先生。汤先生是吴宓先生的多年好友，贺先生也和吴先生很熟。毕业后留在西南联大教书，我有机会与吴宓先生相识。从汤、贺两位先生处得知吴先生的为人，用一个字概括，就是一个'真'字。他对人、对事、治学，不矫饰，不敷衍，他的言与行天然一致。"[1]

联大解散后，任继愈先生路过齐鲁大学一定去看望吴先生，他们复又畅谈中国儒家文化精神。吴先生虽是老师，但将任继愈先生当成朋友般敬重，两个中国文化的传承、创新者志同道合，互为知音。

吴宓先生对《红楼梦》的研究造诣精深，凡听过他红学演讲之人无不如醉似痴，那样子不像听报告，简直是看一出好剧。"心社"聚会时，他对《红楼梦》的章回标题进行了微言大义的探究，认为其对仗工整，文字优美，是第一流的。有意思的是，吴宓还有《红楼》癖，自比"怡红公子"。在西南联大时，他见昆明有牛肉馆名曰"潇湘馆"，认为亵渎了林妹妹，竟去砸馆，直至人家改名才肯了事。

---

[1] 任继愈著:《念旧企新·吴宓先生》，河北人民出版社，2016 年 9 月版，第 93 页。

　　吴宓先生对传统文化怀着极大的虔诚，他在外国留学时听说陈独秀等人提倡新文化运动，打倒孔家店、提倡白话文、全盘否定以孔子为代表的儒学，吴先生气愤至极，专门创办专刊《学衡》，抱着"矢以孤身当百毁"的心态宣扬国学。他的这番热切之见很早便进入青年任继愈先生的耳目之中，并激起共鸣。

　　"文革"后期，全国"批林批孔"，此时敢于公开站出来反对"批孔"的教授只有三个：梁漱溟、吴宓、容庚。吴宓的学生钱钟书认为吴先生很勇敢，却勇敢得不合时宜。他向所谓"新文学运动"宣战的举动与堂·吉诃德跃马横剑冲向风车并无不同，吴先生"是伟人，也是傻瓜"。

　　任继愈先生看到吴先生在"文革""批林批孔"中率直颇为感慨，他认为吴先生一生没有说过假话，没有任何矫饰伪装，在最困难的日子里也没有说过敷衍的话，这是十分难得的！

　　吴先生之所以能"不降志，不辱身"，说真话、坚持信仰，是因为他认为"中国文化极有价值，应当保存并发扬光大"。其实，吴先生的勇气来自矢志不渝的信念——他坚信"吾国文化有可与日月争光之价值"，儒学"有裨于全世界"，"我辈本此信仰，故虽危行言殆，但屹立不动，决不从时俗为转移"。

　　闻一多先生在北大讲《诗经》，任继愈先生曾去旁听，所学几何已无从考证，只说："我记得闻一多讲唐诗和《楚辞》讲得好，每年这门课都很多人修。"① 不过，闻一多先生以生命和热血来爱国，给青年学子上了最神圣庄严的一课。

---

① 任继愈：《西南联大的"读书种子"是怎样开花的》，[N].深圳商报，2007-11-1。

闻一多，本名闻家骅，字友三，湖北浠水县人，中国近代诗人、学者、民主战士，代表作《死水》。1921 年，闻一多考入清华学校，1924 年毕业于科罗拉多大学，后任清华大学国文系教授。1946 年 7 月 15 日，在悼念李公朴的大会上，闻一多先生拍案怒斥国民党政府暗杀李公朴的罪行，当日下午被特务暗杀，时年 47 岁。

学生陆迪利曾这样描述闻一多先生："闻先生人高高大大的，眼睛很有神，远远地走过来，带着一股热量，扑面而来。"[①] 学生们对闻一多先生大多印象深刻，因为他上课的形式非常别致——他常穿黑色长袍阔步走来，上课前先掏出烟盒笑问学生："哪位吸？"学生们只笑不语，他就自己点了一支，在烟雾缭绕中畅然念一句："痛饮酒，熟读《离骚》，方得为真名士！"这才开始讲课。

除了学问，给任继愈先生印象更深的当是闻一多先生的风骨。闻先生体弱，本无须参加湘黔滇之旅，杨振声教授调侃闻先生："一多加入旅行团，应该带一具棺材走。"但闻一多先生却认为将士浴血抗战，许多人献出宝贵的生命，师生们在后方吃些苦怕什么？于是乎，两位老友昆明相遇，闻一多反唇相讥："假使这次我真带了棺材，现在就可以送给你了。"四目相视，哈哈大笑。

闻一多先生不仅以顽强的毅力带领学生前行，而且一路兴致勃勃致力于民歌采集，也认为，屈原能写出那些爱国爱民的诗篇，跟他半生流放、了解民间疾苦密不可分。

沿途，闻一多先生带着年轻学生，采风问俗，调查了苗族的语言、民俗、民谣、神话。学生刘兆吉产生采集山歌的想法，闻一多先生十分爽快

---

① 张曼菱:《负重前行 弘毅致远》.［2022-8-20］.https://baijiahao.baidu.com/s?id=1741609367142283262&wfr=spider&for=pc

地答应做导师并为刘的《西南采风录》写序，文笔慷慨激昂，饱含忧国忧民之情："我们能战，我们渴望一战而以得到一战为至上的愉快！"

湘黔滇之旅漫长艰苦，闻一多先生和学生朝夕相处，他不仅是旅行团的领队，更是学生们前行的航标。有一次，学生们走进一个阴冷黑暗的山洞，突然，一阵雄浑的歌声在山洞里响起，像沉雷在云间滚动，轰隆隆的，那是闻一多先生振奋人心的声音！

正是这样的歌、这样的人、这样的赤子之心，让青年学生团结到闻一多先生周围，完成了湘黔滇之旅。任继愈先生一路跟随，一路感受，闻先生的赤诚刚强给他鼓舞甚多。

可就是这样一个高声歌唱、积极乐观的人，却被罪恶的子弹夺去了生命，联大学生愤慨不已，群情激昂。

1946 年 7 月 11 日早晨 7 点，联大最后一批学生离开昆明。晚上 9 点，"抗战七君子"之一的李公朴先生被国民党特务暗杀于昆明街头。闻一多先生听到消息脸都没洗，赶到医院，李公朴先生已经牺牲。很多人告知闻先生，他就是黑名单上第二号，劝他不要外出。闻先生明知死亡步步紧逼，却在血腥可怖的日子里照常外出讲课、参加各种活动。他选择的是殉道之路，践行"士可杀，不可辱"的信条，达成伟大人格的升华。

7 月 15 日上午，闻一多先生在云南大学致公堂举行的李公朴先生遇刺追思会上，发表了气壮山河的"最后一次讲演"，下午在《民主周刊》记者招待会上，他控诉法西斯的暴行，回家路上，闻先生和长子同时遇难，身中十几枪。

闻一多先生的风骨，乃是一种弘扬正义、抗击暴政的钢筋铁骨，是"多难殷忧新国运"的责任担当，是以生命背负国家民族命运的"有所为"，是"虽千万人，吾往矣"的孤勇。

朝夕授业的先生就这样骤然牺牲，任继愈先生哀愤不已，他在"一二·一"惨案后所书的挽联正好用来纪念闻一多先生：

"挟书者族，偶语者诛，驱四万万人民尽效鹦鹉舌、牛马走，转瞬咸阳成灰，千古共笑秦王计；

杀身以仁，舍身以义，将一重重悲愤化为狮子吼、杜鹃魂，行看中国再建，日月长照烈士心。"[1]

"西山苍苍，东海茫茫，吾校庄严，巍然中央。东西文化，荟萃一堂，大同爰跻，祖国以光。莘莘学子来远方，莘莘学子来远方，春风化雨乐未央，行健不息须自强。"这是清华大学的校歌，这乐曲唱响在动乱而苦难的中国大地上，唱响在致知穷理的学子心中——青年学子的命运永远和祖国的命运紧密相连。

独立进取的学术精神深深地影响着年轻的任继愈先生，但知识仅是西南联大给予他的部分财富。联大的师生拼命苦读著述，不是为了个人光耀门楣，而是深刻认识到国家落后就要受辱，知识才能救国，这是真理。

于是，在最艰难的国运中，青年任继愈先生看到了最雄健的国民，他们日以继夜地追求理想，坚持不懈地探索新知，勇敢无畏地直面死亡，他们清澈赤诚地热爱着他们的祖国。日军轰炸，司空见惯，但琅琅书声常常压倒炮火恐怖的叫嚣，因为必胜的信念始终鼓舞着师生们。

很多年后，回顾联大，任继愈先生在接受《中华读书报》记者采访时说："爱国主义是团结广大师生的纽带。当时大家形成共识，我们一定会胜利，有演讲会、歌咏队、话剧、学术报告、时事报告、诗朗诵，文化活动

---

[1] 李申著：《任继愈传》，河北人民出版社，2016年9月版，第57页。

很活跃，听不过来。绝对没有亡国的悲观论。"①

青年人因其年轻而可贵，因其可贵而年轻。

北大的学生素有"联盟纠众""离经叛道""背弃圣教""变易衣冠"的进步基因，"古代的太学生有关心国家大事的传统，他们不大甘心死读书。王莽要当皇帝，太学生上过书。嵇康被判死刑，太学生上过书。京师大学堂时期，1902 年，清朝向沙俄出卖中国的权利，大学堂学生上'抗争俄约书'。1905 年，美国排华，北大同学刊印'广劝抵制美约'，广为散发，抵制美货……"② 任继愈在《北大的"老"与"大"》中这样赞颂。

联大对于青年任继愈先生最大的助益是培养他对祖国、对中华民族传统文化的热爱。"为生民立命"责无旁贷，先生在湘黔滇的旅途中、在联大的大先生身上看到了这种深挚而悲苦的文化责任感，并接棒过来，秉承、奉献终生！

---

①　陈洁：《任继愈：为"官"终究为学问》，[N]．中华读书报，2006-2-15。
②　任继愈著：《念旧企新·北大的"老"与"大"》，河北人民出版社，2016 年 9 月版，第 50 页。

三

"凤毛麟角"的
研究有多珍贵？

宗教是人类精神之梦。

——费尔巴哈

人生境界可分三等。一曰物质生活，此大多数也。二曰精神生活，即学者之流也，此亦不在少数。三曰灵魂生活，即宗教也，传其真谛者极少数耳……艺术家之最高境界，实与宗教相近。艺术之情景交融，与宗教之诸相非相，实止差一步耳。故所谓格律诗、山水画之属，绝非雕虫之技，为其有宗教精神在焉。

——丰子恺

宗教是伴生于人类产生的、最古老的社会文化现象之一，是意识形态的上层建筑，它可以睥睨众生，高居庙堂，统治思想；也可以下行市井，教化众生，改善风气；它还可以创造哲学的真谛、自然的奥秘、道德的至善、艺术的纯美。宗教对社会历史发展的作用之巨，对人类生活的影响之深，无可言表。

宗教绵延千年，无时无处不有，世界上任何民族的文化历史发展，都以宗教为源头，并在不同程度上受其影响，然后形成内容不同的宗教文化以及与之水乳交融的本土文化，宗教对于文化的作用犹如腾龙之翼、鲲鹏之翅。

因宗教和各民族的经济、政治、文化、科技、教育、艺术、社会伦理、人类心理以及民族风尚、生活习俗密切交织在一起，所以宗教研究的意义和价值巨大。

（一）坚如磐石

宗教是记载人类的自我主义的历史中的极为重要的一章。

——威廉·詹姆斯

对世界三大宗教（耶稣教、回教、佛教），至今影响着广大人口，我们却没有知识，国内没有一个由马克思主义者领导的研究机构，没有一本可看的这方面的刊物……用历史唯物主义的观点写的文章也很少，例如任继愈发表的几篇谈佛学的文章，已如凤毛麟角，谈耶稣教、回教的没有见过。

——毛泽东《关于加强宗教研究问题的批语》

七七事变后，北大、清华、南开三校师生历经艰难，辞却五朝宫阙，暂驻衡山湘水。

1937 年 11 月 1 日，国立长沙临时大学在战火和硝烟中正式开课。蒋梦麟校长说："虽然设备简陋，学校大致还差强人意，师生精神极佳，图书馆虽然有限，阅读室却座无虚席。"狼烟不辍弦歌意，国难仍守扫庑志，师生们临大难当仁不让，接续文脉和国运。

中国有"诗书丧，犹有舌"的传统。受聘于清华的英国教授燕卜荪在漆黑的夜色里为学生们吟诵莎士比亚的诗篇并写下《南岳之秋》：

课堂上所讲的一切题目与内容，

都埋在丢在北方的图书馆里。

因此人们奇怪地困惑，

为找线索，搜寻自己的记忆。

多年后，翻译家赵瑞蕻回顾那节不可磨灭的课时说："战事倥偬之中，上燕卜荪的课，让人恍然觉得如秦火之后，天下无书，儒士背诵整部经书授徒。"①

虽全体师生皆以"壮怀难折"之志奋起读书，但由于长沙连遭日机轰炸，抗日局势持续恶化，1938 年 2 月下旬，长沙临大开始西迁昆明。

作为临大的一员，任继愈先生在长沙度过了艰苦卓绝的学习生涯，也收获了一段异乎寻常之旅。

据《甘石星经》记载，衡山位于轸星之翼，犹如衡器，可称天地，故而得名。由于衡山为上古贤君尧舜祭祀之处，因此道观、僧寺林立，道教"三十六洞天，七十二福地"有四处在衡山，南台寺金刚舍利塔中亦存有释迦牟尼真身舍利。

当时，任继愈先生寄住在山中寺庙，夜里宁静至极，远处有虎啸回旋；白天先生外出，见树枝上挂着虎毛，方知一切不是梦幻。出于年轻人好奇的天性，先生兴致盎然，在读书之余把衡山、岳麓山都游了个遍，他眼见南岳山上儒、道、释和睦共存，这种文化的包容性和交融性引起了他极大的研究兴趣。

自此，任继愈先生开始对宗教产生兴趣，后向汤用彤先生问学，并受毛泽东主席接见，终与宗教研究结下不解之缘。

---

① 甘建华：《威廉·燕卜荪的南岳之秋》. [2012-8-5].https://www.nanyuenews.com/content/2012/07/22/7052020.html

1. 丰泽园中

是谁将任继愈先生力推至新中国宗教研究的中流砥柱之位？

答案无可置疑——毛泽东！但据此就断言先生的宗教研究和学问成就完全得益于主席的"凤毛麟角"之誉，又是不客观、不全面的。

谜面和谜底都藏在两位哲学家1959年的那次谈话中，可在众人瞩目、热议纷扰的大时代中，当事人任继愈先生却始终对此淡然处之，不置一词。

让我们来还原那次求同存异、高谈雄辩的会谈，回到1959年10月13日的那个凌晨——

时间：1959年10月13日凌晨2点

地点：中南海丰泽园，毛泽东家中

与会者：毛泽东、任继愈、陈伯达、胡绳、林克

会谈目的：

毛泽东长期关注哲学、宗教问题，为提高理论水平，了解社会现实，担负起建设新中国的领导使命，他需要为新中国建设做好理论规划和构建工作。

谈话内容：

1. 关于中国哲学史

2. 关于哲学

3. 关于逻辑学

4. 关于百家争鸣和学术批判

谈话从毛泽东指出梁启超《佛学研究十八篇》的局限开始。相对于梁

启超，毛泽东更赞同任继愈先生的唯物史观，他说："对于禅宗，我没有什么特别的看法，我完全同意你的意见。禅宗是主观唯心主义，完全抹杀它，是不行的。"

毛泽东不但肯定了任继愈先生已有的研究成果，还对陈伯达说："禅宗的《坛经》你们看过没有？我早就说过，要你们找来看看。继愈同志的文章你们看过没有？你们可以找来看看，很容易看。"[1]

毛泽东是一个极其博学、睿智、慎思、明辨的国家领导人。从他15岁的作文《商鞅徙木立信论》即可见其反传统史论的新见。当时阅卷先生高度赞赏说他的文章"实切社会立论，目光如炬""积理宏富""是有功于社会文字"，还断言，"自是伟大之器，再加功候，吾不知其所至"。

毛泽东长期参加中国革命实践，大量阅读古今中外文史哲书籍，有一件小事很可以证明他的好学、博学、善学——

大约在与任继愈先生会谈的十天后，毛泽东暂别中南海外出，他列出需携带的书目，让为其管理图书的逄先知整理。这份书单中有《资本论》《哥达纲领批判》等马列经典著作，有《西方名著提要（哲学社会科学部分）》等人文社科著述，有"黑格尔、费尔巴哈、欧文、傅立叶、圣西门"等名家经典，有范文澜《中国通史简编》、郭沫若《青铜时代》等中国哲学史著作，有《六祖坛经》《般若波罗蜜多心经》等佛教经典，有《容斋随笔》《梦溪笔谈》等笔记小说，有《荀子》《论衡》《昭明文选》等古代文史典籍，洋洋洒洒，数量达几百册之多……

毛泽东极力提倡"反对本本主义"，重视理论与社会实践相结合，并认识到辩证获取历史经验的重要性，提出过很多精辟独到的见解，是难得

---

[1] 以上内容引自任重、任远：《一份谈话记录和半个世纪的演绎》，[N].中华读书报，2016-04-06。

一见的千古风流人物。

这是一次棋逢对手、酣畅淋漓的会谈。

对于中国哲学史，毛泽东说："中国哲学史，古代先秦部分研究的人比较多，近代现代的已开始注意起来了。""研究哲学史，对历史、经济、政治、法律、文艺也要注意，它们的联系很密切。"

毛主席赞成任继愈先生对孔子的评价，认为孔子是重要的思想家，政治上是保守派；但不赞成先生说老子哲学是唯物主义，并亲自背诵《老子》中"道常无名"以及"视之不见"等语句，说明老子是唯心主义者。

对于哲学研究，毛泽东说："历史唯物主义主要是讲社会发展的四个阶段的规律。现在把革命的理论、党的建设、伦理学、法律、文艺都放在里面讲，如何包得下？像革命的理论、党的建设，从前可讲得不多，经过这几十年的革命斗争实践，经验太丰富了，是不是要独立出来单讲呢？"

"一切东西都是发展的，动物是从植物发展来的，最初是先有的藻类。动物植物将来未必有一条不可改变的界限，以后若干年，植物也可能动起来。如果动植物之间没有相互转化的可能，人吃植物就不能活下去。"①

对于逻辑学、百家争鸣、学术批判，毛泽东的论点亦如滔滔江水，无穷无极。

他高瞻远瞩的视野、思接千载的学养、振聋发聩的洞见均让任继愈先生敬佩。

至于为什么要和任继愈先生会谈讨论哲学及佛教问题，大概在毛泽东此后的话语中能找到端倪："我赞成有一些共产主义者研究各种宗教的经典，研究佛教、伊斯兰教、耶稣教等等的经典。因为这是个群众问题，群

---

① 以上内容引自任重、任远：《一份谈话记录和半个世纪的演绎》，[N]．中华读书报，2016-4-6。

众中有那样多人信教，我们要做群众工作，我们却不懂得宗教，只红不专，是不行的。"

所以，毛泽东阅读宗教经典、探讨宗教问题，既是出于哲学研究的兴趣，也是搞好群众工作的需求。而找到任继愈先生，大约是对于先生的著作和研究心有戚戚之故。

在那个特殊的历史时代，被毛主席钦点、受毛主席接见，是一件足以荣耀其身、飞黄腾达的大事，但不知是岁月漫漶，抑或是回忆遗漏，先生对此事始终三缄其口，即便是在遭受不公待遇的时候，也从来没有借主席的话来庇佑其身，标榜自我，捞取好处。

若非 1973 年 12 月 20 日《文汇报》上那篇《忆毛主席谈古为今用》中，任继愈先生谈到了毛泽东古为今用的三个经典事例，世人几乎忘记了这段陈年往事。

任继愈先生对于那次谈话记忆犹新。他在文中写道："毛主席屈起一个手指，说我们学《老子》的'不敢为天下先'，在对敌斗争中坚持不放第一枪；然后又屈起一个手指，说要学《左传》的'退避三舍'，在井冈山反围剿时，解放战争时打莱芜城，都曾经大踏步后退，甚至一退几百里，不止三舍；接着又屈着第三个手指说，我们学《礼记》的'礼尚往来'。对敌斗争，不无故寻衅。敌人挑衅，也不立即报复。等待时机，有理、有利、有节地反击敌人。"

——每个细节、每句言辞都历历在目！

不了解任继愈先生的人总以为他颇有些木讷，因为他说话从不会滔滔不绝，有时甚至不够畅达，过分简略，点到即止，而这恰是他思维流畅通透、过快过深造成的。他遇到问题时，无数思维端口瞬间同时打开，知识和思绪奔涌而出，所以大脑要经过一番组合挑选才能脱之于口。因此，别人眼中的任继愈先生虽敏思而饱学，但总不如冯友兰先生那般出口成章、妙语连珠。先生更沉默些、迟缓些、笃厚些。

《道德经》说得很明白："大成若缺，其用不弊；大盈若冲，其用不穷。大直若屈，大巧若拙，大辩若讷。"任继愈先生在言语上不巧不利，不争不辩；在为人上不矜不躁，不取不求，这些都是他淡泊名利、与世无争的一片冰心。

于是乎，在时间慢慢流逝中，毛泽东和任继愈先生的这次谈话缺失了话题度和热议度，只偶有几篇新闻或回忆性散文提及此事，如《任继愈与毛泽东的一次会见》《毛主席让他研究宗教》《觉悟了的群体才能推动社会》等等，但这些文章中哪些是先生亲历亲述，哪些是记者们从别处得来，已很难区分。

直到任继愈先生寿满天年之后，任远、任重整理父母遗存的文稿、书籍，发现了两份手抄"毛主席接见任继愈谈话经过"记录，其内容是他们的父亲1959年10月13日和毛主席谈话的要点记录，才知先生事后已有回忆整理。墨淡纸轻，而文字却悠悠透出风骨。

对于这段往事，有些人曾捕风捉影，在他们看来，得到毛主席的接见是莫大的荣耀，而在任继愈先生看来，这不过是"工作"。"这次在毛主席家的谈话是大家围着一个方桌，交谈很随便，中间吃了一顿饭，边吃边谈。胡绳和我到毛主席家比较早，陈伯达因司机不在，晚到了一个小时。离开时林克同志还留了电话。"①

与"伟大导师、伟大领袖、伟大统帅、伟大舵手"毛泽东探讨哲学时，任继愈先生心中的"惴惴不安"变成了泰然自若，因为在他心里这不

---

① 任重、任远：《一份谈话记录和半个世纪的演绎》，[N]．中华读书报，2016-4-6。

过是一次温馨随意的聚餐，而聚谈的内容是自己最熟稔的领域。

两位哲学家的谈话很投契，他们观点一致，认为对一种历史或哲学，如果你迷信它，就不能研究好它。毛主席表现出尊重知识、礼贤下士的风采，他宽广的视野和独到的见地让人折服，任继愈先生对毛泽东没有领袖崇拜，只是客观且克制地评价道："毛泽东言谈幽默诙谐，有些话含蕴颇深，值得回味。"①

短短四五页稿纸上记录的大部分都是毛泽东的观点看法，通篇没有任继愈先生对自己的描绘勾勒，他在注里写道："毛主席鼓励个人的话觉得没有必要写在这里，未记录在其中。"如果记录了，在先生看来大约不免有自矜自夸的意思，而他虽胸罗万卷，但从不自夸，也不在意别人的褒奖。

任重和任远推测，父亲记录此事，或因当时"文革"正值高潮，造反派全面夺权，任继愈先生当时亦受巨大冲击，他记录下来，珍藏起来，只为日后可以对历史有个交代。事实也就是如此，有生之年，任继愈先生从未公布过这份手稿。

历史如滚滚江河奔涌向前，浪花淘尽无数风流人物，传奇的故事最终都会消失湮灭，但有两个细节可以互为唱和，用来结束这次对于新中国宗教研究意义重大的历史性会谈：

1964 年，人民出版社出版了任继愈主编的《中国哲学史》，毛泽东手不释卷地阅读，在书中论述佛教华严宗的地方，写下大段批语，其中"凤毛麟角"一词无疑是对先生用马克思主义研究佛教的高度赞扬和充分肯定。

四十五年后，有人将《光明日报》的访谈录拿给任继愈先生看，先生

---

① 任重、任远：《一份谈话记录和半个世纪的演绎》，[N]．中华读书报，2016-4-6。

指着"凤毛麟角"四个字淡淡地说，"这不过是说'很少'"，指着后面那个"人才难得"说："这是说邓小平的，不是我。"

2. 八号楼里

1949年，在毛泽东的宣告声中，中华人民共和国成立了。这是一个光辉历史时刻的发端，也是一段艰难征途的起始。弱国无外交，虽中国以独立自主之姿崛起于世界之林，但这个新生的国家依然面临内外双重困境：国际形势复杂多变，美国等帝国主义国家极端敌视新中国，实行外交孤立政策；国内社会生产力落后，农业人口基数庞大，科学经济极度不发达。

一元复始，万象待新，宗教研究问题亦是其中一端。

毛泽东一向将宗教问题看得很重，因为他知道宗教是十分深奥的文化现象，不仅具有源远流长的历史根基和长期存在的自然、社会因素，还对人们的社会生活产生着广泛的影响。尤其是像美国这样宗教作用复杂的国家，了解宗教才能了解其思维习惯、生活方式以及民族文化的特点，才能知己知彼，百战百胜。

任继愈先生对这样的认识是高度赞同的，他曾说，研究宗教不能陷入宗教中去，应该从了解世界、了解各国人民的文化传统的高度去认识，宗教只是一个外衣，在这个外衣里面，各国都有政治目的和经济目的。

日本原来没有伊斯兰教，可是日本资源贫乏，石油来源于中东，必须和阿拉伯世界打交道，因此他们就积极开展伊斯兰教的研究，并培养自己的阿訇[①]。美国也是这样，本身是一个基督教国家，因为要有阿拉伯事务，于是在艾森豪威尔当政时期建立了第一个伊斯兰教中心。

---

① 阿訇：回族穆斯林对主持清真寺宗教事务人员的称呼。

因着新中国外交工作的要求，因着百废待兴哲学事业建设的需求，因着毛泽东的钦点，因着任继愈先生《汉—唐中国佛教思想论集》的出版，一切机缘悄然成熟，组建新中国宗教研究机构之事被迫切地提上了议事日程。

1963 年 12 月 20 日，中共中央外事小组、中宣部发文，建议创立数十个研究外国工作的学术机构，其中首要研究的是美国、苏联及东欧诸国。对于这个报告，周恩来总理批示说，为了更好地为国际斗争服务和适应形势需要，必须加强对国外问题的研究，培养研究国际共运史的人才。

这个"加强研究""培养人才"的任务最终落到任继愈先生头上，因为《汉—唐中国佛教思想论集》出版，中国马克思主义宗教研究的基础终于夯实——一言之辩，重于九鼎之宝。

1964 年初，中宣部科学处处长于光远、北京大学校长陆平、统战部宗教处处长肖显法和任继愈先生开会研讨，决定成立中国社会科学院世界宗教研究所。3 个月后，宗教所筹备小组正式成立。宗教所隶属于社科院，旧址就是当时大家耳熟能详的"八号楼"。

宗教研究所的宗旨是运用马克思主义立场、观点、方法并积极吸收和借鉴古今中外一切有关的学术成果，对宗教学基础理论和世界范围内各种宗教的教义、经典、历史、现状以及宗教与中国传统文化的关系进行多视角、多方位的研究，以增进对人类观念形态和社会文化发展的整体认识，加强对世界面貌和中国国情的全面了解。

举要删芜来说，当其时，宗教研究所的重要任务是系统地研究世界三大宗教：佛教、基督教、伊斯兰教。待日后时机成熟，再增加对印度教等世界其他重要宗教的研究，这样就可以逐渐建设出一个马克思主义的宗教研究阵地，用以批判宗教神学，宣传无神论思想，培养宗教研究人才。

任务之艰让人感其厚重，但同时也考验研究人员的承受力和耐久性。组建之初，宗教所处于保密状态，叫作北京 ×××× 信箱。任继愈先生作为第一任所长，面险峻而不畏苦，踏上了任重道远的漫漫征途。

世界宗教研究所的成立标志着中国宗教学发展的新起点。1965 年 6 月，研究所成立佛教、基督教、伊斯兰教三个研究小组，对各国宗教概况进行调查。

在系统规划后，佛教研究室成为最早建立的小组，其基本任务是研究考察中国、亚洲和世界佛教的历史，佛教的各种流派、教义理论、经典著述以及各国的佛教现状，佛教与政治、文化的关联、发展新趋势等等。在漫长的研究中，该室取得了很多科研成果，由任继愈先生主编的《中国佛教史》《中华大藏经》等享誉学界，成为研究佛教的圭臬。

基督教研究室和伊斯兰教研究室也是宗教所设立之初的两个重要的分支研究机构。基督教研究室的主要任务是从思想、历史与文化的角度，对包括新教、天主教和东正教在内的整个基督教做出全面深入的研究，立足现实，研究基督教与社会文化的关系及基督教在中国的发展状况。

伊斯兰教研究室的研究范围包括伊斯兰教史、伊斯兰教法、中国伊斯兰教、伊斯兰教与国际问题等，在研究所深入研究之下，新识新见亦层出不穷。

虽然宗教研究所的任务重大，但在"文革"冲击下，这个还处在萌芽阶段的研究机构就此停摆。一直到 1975 年，由胡绳同志批示，宗教研究所才正式成立并恢复工作。

1978 年，"文革"影响逐渐肃清，学术研究得以拨乱反正，宗教所的研究进入一个新的发展高峰，首先是恢复招考研究生，其次是道教研究室、儒教研究室、宗教学理论研究室等相继建立。中国宗教研究开拓、腾飞的时代终于到来了。而在学界真正引领这一时代、有筚路蓝缕之功的，正是任继愈先生。先生在宗教所双管齐下做了两件工作：第一项是网罗并培养人才，第二项是规划和布局研究。

任继愈先生认为，民族文化的复兴，需要提前整理资料，所以宗教所的规划和人才培养要建立在宗教学的全局建设之上。1983年，先生招收了第一届博士生，一个研究中国哲学，一个研究藏传佛教，后因故收了李申，研究中国哲学；1984年，先生招收金正耀与方广锠，金正耀从事道教研究，侧重外丹；方广锠侧重佛教文献学，后专门进行敦煌学研究；同年，赖永海从南大转到宗教所，侧重佛教思想研究；1985年，先生招收何光沪，侧重宗教学原理研究；1986年，先生招收宋立道，侧重南传佛教研究……

从专业设置可见，任继愈先生培养学生，首先考虑的是国家和时代的需要，放眼宗教哲学研究的整体，然后进行科学布局。他分兵布阵，希望中国宗教研究的各个领域都能均衡发展，只要对宗教研究有益的事，他都尽力而为。

基督教研究室的段琦，原是北大生物系的毕业生。她进入宗教所之前的经历颇为坎坷，先是因着"第一张马列主义大字报"，她和同届的学生受到影响，延迟毕业；再是因为出身资产阶级家庭而被分配到内蒙古；接着又被调动到河南息县干校，从事与专业无关的药房工作；再接着宗教所人员由周总理主持返回北京，她这个"编外人员"又面临失业。在一连串的颠沛流离中，任继愈先生出于对她丈夫、宗教所戴康生的关怀，向她伸出了橄榄枝，请她到宗教所图资室工作，负责管理外文杂志。

正是这雪中送炭的援手，让段琦和基督教研究结下不解之缘。后来她和第一届研究生一起脱产学习宗教知识、基督教史、西方哲学史、圣经等专业课程，成为新中国基督教研究领域的中坚力量。

段琦自述在她参与完成《中华归主——中国基督教事业统计（1900-1920）》的过程中，她们的工作得到任继愈先生的高度重视和及时指导，"任先生对此事十分关注，我每次去看任先生，他都会问到我们工作进展情况……由于任先生的过问，本书的上册由宗教所出资作为内部读物出版。"①

后来段琦赴美深造，写了《美国宗教嬗变论——一个中国人眼中的美国宗教》，任继愈先生很是赞许，还谦虚地说自己写不出这样的书，夸奖段琦"就是有一股不服输的劲头"，这些温柔敦厚的话语如暖阳，如春风，给段琦这样一个半道出家、经历坎坷的科研人员以最大的鼓励。

中国社会科学院学部委员卓新平被社科院笑称为"大龄青年"，因为他是中国宗教学"黄埔一期"研究生中的一员，和他同期招收的21名研究生大多成为新中国宗教研究的骨干力量。

卓新平是那一期研究生中最年轻的一个，因能接受国内宗教学最早的"科班训练"激动不已。他聆听了不少任继愈先生亲授的大课，包括中国哲学史、佛教、道教等课程，先生上课时敏捷的才思、深刻的思维，下课时温和的为人、翩翩的风度，都给学生们留下了深刻的印象。

除了开堂授课，任继愈先生还帮卓新平做了研究规划，鼓励他出国深造，对国外宗教有实际接触和了解，要"入其内""出其外"，"不隔"且"深求"。这种世界意识和全球眼光为宗教所青年人的学术研究展示了大视域、拟定了大手笔，奠定了全方位、多层次宗教研究的坚实基础。

即便是毕业多年，卓新平仍常携着问题去看望恩师，任继愈先生对宗

① 《我们心中的任继愈》编委会：《我们心中的任继愈·段琦：任继愈先生引领我走进了宗教研究领域》，中华书局，2010年4月版，第108页。

教所的发展不遗余力地给予许多前瞻性的设想和建议，宗教所的治所和治学仍然不断得到他的指点，先生为宗教所的发展可谓殚精竭虑，倾尽所有。

敦煌学研究员方广锠教授受任继愈先生指导，也找到了属于自己的"一流学者"之路。

印度佛教是中国佛教之源，但当时研究印度佛教的人很少。方广锠曾跟随黄心川先生学习印度佛教，且有一定之基础，他想把印度佛教的研究深入进行下去，于是决定报考任继愈先生的博士研究生。

任继愈先生经过深思熟虑，在三里河寓所与这个年轻人开门见山做了交流，他坦率地说方广锠对于梵文、藏文、英文不够精通，无法成为研究印度佛教的第一流学者，建议他改报中国佛教的博士生。

成为任继愈先生的博士生后，方广锠又得先生指点，从敦煌学切入佛教文献学。先生让他清理敦煌遗书，找出未入藏文献，一号一号地阅读、记录、整理、研究。敦煌遗书数量巨大，编目工作量非同小可，先生为还是学生的方广锠招聘助手、寻找课题经费，对这项工作竭力相助。

敦煌学是陈寅恪先生所谓的"世界学术之新潮流"，任继愈先生站得高、看得远，以他的学术洞察力敏锐地发现佛教文献学对当今乃至将来中国佛教研究的重大意义。先生指引方广锠走上敦煌学、佛教文献学的治学之路，从而取得辉煌成果。

方广锠在回忆任继愈先生时打了一个比方说，他认为任继愈先生"指点方向勾画蓝图并亲自带领我们修桥铺路"，等这治学的大道修好后，后来者就可以在上面跑快车，出大师了。方广锠由衷信服恩师，表示愿意继承先生的志向，"甘做中华文化高潮到来之前的铺路人"。

方广锠的谦虚、责任感和使命感都继承自任继愈先生，因为在从师学习的阶段，先生总会耳提面命地告知他：中华民族的文化迟早会复兴，在文化复兴之前，必然有一个资料整理的阶段。资料整理，就是为文化复兴做准备。这种工作，很枯燥，但总得有人来做，而且要靠中国人自己做。

任继愈先生在领导世界宗教研究所发展时提出"积累资料，培养人才"的重要方针。为此，他不仅派年轻学者出国深造，而且在全国各地发现人才、吸纳学术骨干力量，并从国外引进像徐梵澄这样大师级的学者来所工作，迅速推动了中国宗教学研究的发展。

时至今日，宗教所的研究人员都在各自的研究领域中卓有建树，成为当代的学术大家，他们支撑着中国哲学及宗教学的皇皇殿堂。世界宗教研究所从无到有，从小到大，成为我国最重要的宗教研究机构，完成了无数重大研究课题，出版了大量高质量的著作文献，想来任继愈先生在泉下亦是欢欣鼓舞的吧。

任继愈先生为宗教所统筹大局、运筹帷幄的实例举不胜举，他谋而后动定策略，慧眼识珠选人才，是宗教所实至名归的架海金梁。

一个国家、一个民族，要想盛世昌平，就必须有文化作为支点。一个优秀的领导者，应该具有大格局、大胸怀和大智慧，他不仅要在工作中精益求精，更要在整体、长远上统筹谋划，任继愈先生就是以这样高瞻远瞩之见为新中国的宗教研究添上最浓墨重彩的一笔。

3. 神像面前

毛泽东曾说过："研究宗教非外行不行，宗教徒搞不清楚，他们对它有了迷信就不行。"[1]

---

[1] 习五一：《毛泽东主席指示：研究宗教是为了批判神学》.http://www.kunlunce.com/llyj/fl1/2015-12-20/16648.html

任继愈先生对此欣然赞同，他认为宗教研究是中华传统文化研究的一部分，宗教研究得好，对促进民族团结、外交活动和巩固社会共识、社会发展大有裨益，但宗教研究一定要遵循客观性和全局性。

有神论和无神论之争古已有之，皆各行其道，各存其理。

有神论承认有神，认为神力创造了宇宙万物，有神论者通常认为，人类存在的目的和意义是侍奉无上崇高的神，遵守神的绝对意愿，因此，他们信服宗教，以教义来指导自己在人世间的生活。

无神论则截然相反，无神论不承认神或者超自然的存在，认为宇宙万物皆是自然演化的结果，无神论者不倚靠神力，不信仰宗教，用科学的原则和方法来追寻人类存在的目的和意义。

有神论和无神论各有其信仰者，基督教、伊斯兰教、印度教等都是有神论，而且信仰者甚众。

宗教信徒可以研究宗教，但难免因为没有距离感而失去客观性，用苏轼的诗来说就是"不识庐山真面目，只缘身在此山中"。由此可见，宗教研究的无神论立场更为科学，这样才能避免先入为主、人为设限，能使研究具有真实性、广远性，用王安石的诗来说就是"不畏浮云遮望眼，自缘身在最高层"。

学者和信徒研究宗教的方法不同，可以打一比方，那就是：人站在神像前，能看到神像完美的雕刻、流畅的线条、庄严的神态，因为研究者是用客观的、全息的眼光去看待客体；而跪在神像前的信徒却只能看到神像脚的一个部分，因为他以意为先，埋头在祭祀、祝祷、祈愿的主观思维里，不能用全局的眼光去看待研究对象，所以难免一叶障目，甚至产生极端性的宗教狂热，这是极其有害的。所以，马克思说，跪着的人看别人，总是比别人矮了半截，至少不客观。

不"迷信"而研究宗教是一种较为客观的态度,任继愈先生的恩师汤用彤先生就是一位"不迷信"而研究佛教的卓越学者。汤先生对佛教传入时间、佛教历史事件、佛经传译、佛教论著、著名僧人、宗派学派、佛教与政治的关系都有精深的考证和研究,但他绝没有一丝宗教崇拜和信仰。

宗教的研究属于社会科学的一部分,任继愈先生作为宗教学家,能以人文学者的达观赞同一切依据内心的信念、自愿信仰宗教的行为,并且尊重一切宗教文化的研究。更值得称道的是先生始终站在科学的、无神论的这一面,对伪科学(即迷信)、伪宗教(即邪教)进行着立场坚定、力重千钧的斗争。任继愈先生旗帜鲜明地反对非法迷信活动,作为学者,他不但在理论和理念上反对,而且总是身体力行,站在第一线反对,丝毫没有退缩,因为"捍卫科学、破除迷信,应是学人当然的义务"。

20世纪七八十年代,由于"文革"形成的社会动乱因素没有完全消除,社会生产力发展快速,社会面貌日新月异,新生事物不断涌现,但顽固的旧思维余孽不肯退去,于是新旧碰撞之下,特异功能之说突然大肆流行。

借着"人体的奥秘远未完全解开"这形似科学的论断,1979年3月11日,《四川日报》发表了《大足县发现了一个能用耳朵辨认字的儿童》一文,报道说当时有一个名叫唐某的12岁男孩,能用耳朵认字、辨别颜色。于是乎,"一犬吠影,群犬吠声",耳朵听书、隔空抓物、透视内脏、肚皮说话、手指放电、意念熔金等光怪陆离的天方夜谭盛行一时。

闹剧本该看客寥寥,可事实恰恰相反,伪科学披着科学的外衣开始肆虐。先是有人声称《周易》的算命术是科学,易学大师满天飞;接着风水术被包装成"环境科学",风水大师大行其道;再后来强身健体的气功变成了特异功能,宣称能让人消除百病百灾,肉身化佛……

"气功大师"这个词在今时今日看来非常可笑，但当时严新、张香玉、张宝胜之流大行其道，社会各界都以练气功、得到大师的功法为荣，气功俨然成为一门显学。

气功之说并非无本之木、无源之水。《黄帝内经》中提到过："提挈天地，把握阴阳　呼吸精气，独立守神，肌肉若一。"《庄子》也说："吹嘘呼吸，吐故纳新，熊经鸟伸，为寿而已矣。此导引之士，养形之人，彭祖寿考者之所好也。"可见在古人眼中，修炼"气"能融合天地，把握阴阳，延寿通神。

气功确实有深厚的文化底蕴，如按科学的方法进行修炼也能起到强身健体的作用。但将一种修身养性之法无限拔高，谎称为"特异功能"，那就是伪科学。

20 世纪八九十年代，披着科学外衣的气功说发展到狂热的地步，各大城市的街头经常能看到成群结队的人围着修炼"气功"。不仅如此，许多官方的媒体和喉舌也开始为气功发声，介绍修炼气功的方法，宣扬"大师"的神通，"气功修炼"俨然成为一种现象级的行为。

随着"气功热"逐渐往群魔乱舞的方向发展，很多文化界人士都站出来反对。比如叶圣陶就公开在《人民日报》上批评"耳朵认字"，说这是无稽之谈，是反科学的；周建人、陈祖甲批评耳朵识字是闹剧，不可信；中医研究院气功研究室主任张洪林向气功大师叫板；司马南现身说法表演气功功法，揭露气功大师的实质……但批判迎来激烈的反击，一场科学界的论战全面启幕。

且来看当时中国科学院力学研究所某副所长的文章："今年（1978 年）7 月北京举行了几次气功表演，我看到气功师身上能压 3000 斤的水泥板！还有两个气功师用喉咙对准一杆双头枪枪头，顶得坚韧的枪杆都弯成半圆形，而他们身体却毫无损伤。我估计这时喉部软组织承受的压力，达到一平方厘米 500 公斤！……这是一个预兆着重大突破的信号。科学应该解放思想，破除偏见和成见，闯入前人尚未探索过的新领域。科学上的许多重大发现，开始时往往被人视作邪说，但是经过实践检验终于证明是真理！"

这样的声音此起彼伏，貌似有科学实验和原理做背书，于是乎，修身养性之法上升为社会现象，进而如火如荼地上升为"真理"和"偏见"的斗争。

1978 年，中国无神论学会成立，当时"有神论有人讲，无神论无人讲"，形势极端不利。在这种情况下，任继愈先生担任无神论学会会长，这个清水衙门缺支持、缺资金、缺人员，但先生愿意烧这口冷灶，而且要让这清灰冷火的学会发挥最大的热量。他面对这些乱象，自开始就发出清晰的反对声音，明确指出这些都是假冒科学名义的伪科学，他以极大的社会责任感投入到这场"医愚"的斗争当中。

任继愈先生深知个人声音微弱，他需要更强大、更坚定的声音才能在这场论战中获胜，这不是他个人对异己之见的批判，而是社会风气、舆论导向、国家发展的革邪反正。于是，他积极行动起来，竭力发声——

他积极参加由科学技术协会组建的自然科学和社会科学家的联盟，并参加学术讨论会，反对伪科学。

他注重舆论的力量，筹划在报刊开办宣传无神论的副刊，由他倚重的学生主笔，发表文章批判有神论。

他给在编《科学与无神论》的李申写信并附材料说："请你们开会讨论一下这份宣传品，有针对性地编一篇文章批驳风水迷信的反科学思想。"

他为时任宗教所所长的杜继文撰写的《气功与特异功能解析》作序，称赞该书有像王充《论衡》一样"疾虚妄"的作用。

他与伪气功作斗争，李申出于对先生的安全考虑劝他别干，但先生还是将无神论学会的活动坚持不懈地开展起来。

……

经过任继愈先生和一众科学家、学者坚持不懈的斗争，随着科学的进步和发展，气功大师们疯狂敛财、聚众滋事等真相被逐一揭破，人们对气功的热情逐渐冷却。1994年，中央下达了《关于加强科学普及工作的若干意见》，点明要破除伪科学，气功终于在连串讨伐下渐渐"偃旗息鼓"。

任继愈先生和他的无神论学会一役功成。

1996年，任继愈先生主张一鼓作气，重建中国无神论学会。他邀请在反对特异功能、气功中表现突出的自然科学家何祚庥、杜继文、陈祖甲、申振钰等重整旗鼓，和当时已隐现端倪的法轮功展开了坚决的斗争，大有"百战沙场碎铁衣，城南已合数重围"之势。

1997年，重建的中国无神论学会召开第一次全体理事会，任继愈先生在会上作了《宣传无神论，发扬科学精神，建设社会主义新文化》的报告，他指出近年来一些历史的沉渣正在借科学和民族文化的名义重新泛滥，其主要特点是：

一、违背科学常识，公开宣称有神论；二、宣传超物质、超自然的意念；三、贩卖伪科学，宣扬真巫术；四、以弘扬民族文化为幌子，大搞算命等封建迷信活动。

从以上这些表现看，这就是赤裸裸的伪科学。所以，中国无神论学会要与之作坚定的斗争，与宗教界一道去反对那些具有巫术特性、害人敛财的特异功能和封建迷信。

此后，任继愈先生振聋发聩，陆续发表了《当代鬼神迷信新表现》《不仅要脱贫，而且要脱愚》《破除迷信——中国现代化的必由之路》等文章，秤砣虽小压千斤，这些文章和呼声在反对法轮功及一切神教、邪教中作用巨大，在社会层面上起到拨云见日、补偏救弊的功效。

任继愈先生将反对封建迷信和支持宗教研究厘得泾渭分明，他坚定不移地主张科学，他以坚韧不拔的毅力、持之以恒的勇气、百折不挠的信心和执着求实的作风为中国的宗教研究奉献全部心力。

（二）炳如观火

删繁就简三秋树，领异标新二月花。

——郑板桥《赠君谋父子》

天以新为运，人以新为生。

——谭嗣同《报贝元徵书》

宗教除了具有长期性、群众性、民族性、国际性、复杂性以外，还具有文化性。

——赵朴初

任继愈先生说，他 90 多年研究中国哲学，得出的结论是，儒释道三家，加上西方哲学，这里面，最高的智慧在佛家，所以先生倾半生心力投入到宗教研究之中。

孔子曰："君子务本，本立而道生。"治学和其他任何事情一样，需专心致力于根本，根本扎实了，学问自然就有了。因此，对于任继愈先生来说，研究宗教之本是建立起一套科学的、可行的、更重要的是为先生自己所信服的理论体系和研究模式。

研究宗教和宗教学的路途修远，经过多年的上下求索，结合中国传统哲学、佛教本土化现象及中国社会的实际状况，任继愈先生找到了马克思主义作为研究的理论之源。用新的哲学理论和方法来治学，大概能得到一种"满眼生机转化钧"的豁然开朗之感吧。

研究学问，实事求是又求新求变，任继愈先生不是第一人。孟子说孔子是"圣之时者",圣人亦需"时行则行,时止则止",与时俱进,脱胎换骨。这种理论上的不断精进和变化实则是每一个学者的必经之路。

任继愈先生离开深厚的、扎根于整个中国封建时代的儒学,转而学习和接受马克思主义,是和他整个哲学研究的思想变化相关的。先生用马克思主义理论研究宗教和文化,实现了学术的创造性发展。这种发展不是新陈代谢,不是吐故纳新,而是海纳百川,不断圆融壮大,其中既有传统文化的传承守正,也有新思想的破旧立新——那是一条马克思主义理论与中国优秀学术传统相结合的道路,任继愈先生的宗教研究借此长风而破巨浪,取得了卓著的成就。

1.豁然开朗

哲学与宗教都是人文学科的重要门类,而且是人类文明的重要组成部分。但这两门学科的起源、目的、价值、影响各不相同。作为硕果累累的哲学家,任继愈先生是怎样跨界到宗教研究领域中去的呢?

任继愈先生注意到宗教有很多内容影响到哲学,哲学也影响了宗教,它们之间有千丝万缕的联系。研究中国哲学史不得不研究宗教,回避宗教就研究不好中国哲学史。于是,他开始了宗教研究。用先生的话说就是:

> 我为什么研究宗教呢?我是研究中国哲学史的,研究到汉魏以后就研究不下去了,遇到了障碍,这个障碍就是佛教。佛教我没接触过,知道得少。可是宋明理学家都是搞佛教的,所以我决定要开始研究佛教。[1]

---

[1] 何南著:《一代大师任继愈》,时代文艺出版社,2010年6月版,第85页。

哲学与佛教的相成与相悖是任继愈先生佛教研究的木本水源，而用马克思主义研究佛教是因为"道之所存，师之所在"。

按照冯友兰先生的阐释，"中国之文化，至周而具规模"。孔子继承文王周公之志，这是《论语》所明言也，周之文化，即所谓"文"，周之典章制度即所谓"礼"，这二者在孔子的思想体系中得以继承并发扬光大。

清代史学家章实斋的《文史通义》说"道不行而师儒立其教，我夫子之所以功贤尧舜也"，儒家虽只是灿若星辰的子学时代中的一家，但事实证明"道不行"时，儒家因其基因与中国社会深度契合、其思想核心有"济世"之怀而大行其道。

任继愈先生是一贯接受和奉行儒学的，他在青少年时期首先受到的是极其笃厚的中国传统文化教育，然后再接触学习西方哲学。以儒学为核心的中国传统文化对中国几千年的发展起过至关重要的作用，因此先生早期真诚地信仰理学，并把孔孟儒学汇通后重塑再生的理学看作中国哲学的正统和中华文化的"真精神"，他真诚信服其能挽救当时的文化危机和国家危亡——这些在先生的《理学探源》中阐释得很清晰。

《理学探源》是任继愈先生的硕士论文。经过在北大多年的学习，先生已成为学兼中西的青年学者，他读研时的正副导师分别是汤用彤、贺麟，主业一中一西，两种不同思想的珠联璧合促使他的研究不断深入精进。

《理学探源》点明宋明理学滥觞所自，梳理秦汉魏晋至宋初千余年的思想史发展脉络，全文首次发表于汤用彤诞辰 90 周年纪念文集《燕园论学集》。刊发时，任继愈先生亲加引言，记述自己的心路历程及对理学的信仰：

在那国家多难的日子里，师生们心情沉重，都有一种为学术献身的责任感，北大文科研究所的学风也较为沉潜笃实。主观上，确实为中华民族百折不回、坚忍不拔的气概所激励，认为中国文化的优良传统是由儒家体现的，宋明理学是这种精神的体现，我相信宋明理学讲的道理是真理，成为儒教信奉者。①

生逢乱世，这样的信仰在社会层面和学术层面都受到了巨大的冲击和考验，负载着"中华真精神"的孔孟儒学在国难多忧之时显示出了两面性。

首先，文化和为统治阶级所用的文化是两回事。

儒学为董仲舒所用，为立学幼童所祭，为明制经筵所崇，但亦为蔡元培的民国教育部所废。章太炎的《订孔》一文使孔孟独尊的世界开始纹丝微裂，透进异样的质疑和批判之光。可以说儒学并非礼崩乐坏时的万能解药，其中起伏兴废都有"时行则行，时止则止"的内因。

任继愈先生生活的时代正好和中华民族多忧的时代重合，他经历过战争和逃亡，见识过贫苦和愚昧，感受过纷争和割裂，这一切都让先生更深刻地思考儒学的适用性和现实性。

日军侵华，伪满洲国竭力鼓吹"内圣外王"，华北政务委员会道貌岸然修德祭孔，日本侵略者粉饰"皇王一道"，汪精卫汉奸政府宣扬"文化沟通"；全面内战爆发，"新生活运动"廉耻尽丧，法币、金圆券疯涨崩盘，"五二○惨案"倒行逆施……

---

① 赵建永：《明体达用 固本兴新——从一封新见信函看任继愈的学术传承与创新》.［2024-3-4］.https://baijiahao.baidu.com/s?id=1792580502716730073&wfr=spider&for=pc

这些金玉其外、败絮其中的施政策略或多或少都披着儒学的外衣，但现实和真理已出现激烈矛盾，儒学强调的社会理想诸如"修己以安天下""克己复礼，天下归仁焉"俱成为空中楼阁；"百世以俟"，能使天下"不惑"的圣王纯属子虚乌有；"为政以德"对国民党政府来说更是天方夜谭，遑论"众星共之"；即便是"足食，足兵"、让百姓安居乐业也几不可求。任继愈先生和他那一辈学人即便发扬儒学"真精神"，承担"我辈其责"，舍生取义，但面对这千疮百孔的国家，也无从施救——儒学在乱世已成强弩之末。

被任继愈先生敬服的恩师汤用彤先生是"学贯中西、接通华梵、熔铸古今"的国学大师，但在社会问题上也存了很多积难积疑。因此，先生将希望寄托在古今达人、中外名家和时贤俊彦的著作中，但是遍稽群籍，他们都没把问题讲清楚。先生的学术研究走到了十字路口，是遵循固道还是蹊径独行，于他来说成为极大的困惑。

在《宋明理学家的教育哲学》中，任继愈先生觉得，这乱世满目疮痍的现状恐怕连朱熹和王阳明也解救不了，他对儒学是否能治世，产生了怀疑；在《人心与政治》中，任继愈先生对乱多治少的社会发起了批判，认为要从根本上改革政治制度，这是先生思想发生彻底转变的前奏。

很快，社会的变革和时代的变迁自然而然给出了答案。

1949 年 1 月 31 日，北平和平解放，著名的"北平方式"有效地保护了城内百姓的生命财产安全，完整保存了北平的历史文化遗存，为新中国留下了价值连城的财富，文化事业和学术研究迎来新高峰。

"皇天无亲，惟德是辅。"新政权的建立让知识分子看到共产党救民于水火的本质，看到"道"之所存，看到天下为公的社会理想终于得以实现，由此，他们对马克思主义产生了自觉的信服，并投入到火热的学习中去。

马克思主义在中国的盛行，尤其是在知识分子中获得心服首肯的过程颇为曲折。"五四"期间，在"问题与主义"的论战中，胡适作为社会变革的急先锋，对马克思学说的逐渐盛行持否定态度，说要多研究问题少谈些主义。

北平解放后，共产党十分注意知识分子的思想改造。周恩来在北大教授联谊会上说："新的代替旧的是社会发展的规律。要改革社会，就必须有勇气面对旧的，否定旧的……北大敢于对旧的东西加以否定的传统，是值得发扬的。"[①] 他希望知识分子能认识到社会变革中成绩比缺点大的特点，希望他们为蓬勃新生中国的发展扫清障碍，开辟宽广的道路。"所谓思想改造，实际上是一场动员知识分子学习马克思列宁主义、毛泽东思想的学习运动。发起者希望，通过学习新思想，清除旧观念，改变自由散漫的士大夫习气，更好地用自己的所学，为新政权，也是人民服务。"[②]

知识分子们在北大孑民堂展开了一场轰轰烈烈的马克思主义大学习，参加者有北大的汤用彤、贺麟、郑昕、朱光潜，清华的金岳霖、冯友兰、张岱年等诸位先生。新增的马列主义课程广邀艾思奇、范文澜、胡绳、周扬、谢觉哉、陈毅等授课。

就是在这场如火如荼的学习浪潮中，任继愈先生全面接触了马克思主义。当时北大和清华哲学系的教师定期举行讨论会，群贤毕至，百家争鸣。任继愈先生以学者的一贯执着投入到学习中，他要弄明白，古之圣王不能成就的大业为何如今就能成就，他要找到共产党能建设好新中国的原

① 张太原:《周恩来与胡适:大历史脉络中的人物关系》.［2013-11-28］.http://dangshi.people.com.cn/n/2013/1128/c85037-23681263-3.html
② 李申著:《任继愈传》，河北人民出版社，2016年9月版，第76页。

因，他要摸索新的治学之路如何才能和社会生活紧密结合，于是，先生翻开厚厚的外文原版马克思、恩格斯著作，孜孜不倦地研究起来。

在宣讲和讨论中，在碰撞和融合中，任继愈和汤用彤先生相互激励，改造思想，追求进步，汤先生多次对他说："若不是遇到全中国的解放，真可算糊涂过了一生。"这是大多数学者的共同心声。

当时，有一些海外学者抱着遗民心态，把任继愈先生等大陆学者的转变看作被迫，但先生自己却不这样认为。他认为这种转变是必然的，他和同辈学人看到在中国共产党的领导下，中华民族不受外侮，独立强大；看到政通人和后，民为邦本，百姓安居乐业；看到小康、大同的社会理想触手可及——这一切的一切，让任继愈先生这样的知识分子鼓舞起热情，发自内心地信仰了马克思主义。

学习马克思主义，使任继愈先生重新反思其理学研究，拨云见日地由信奉儒教转到用唯物史观研究中国哲学史和佛教史。他用新方法研究佛教，然后惊喜地发现有些问题用马克思主义解释起来就很容易，简直是涣然冰释。

思想上的困顿如寒消雪融，学术上的著作便展现出一派生机盎然。从1956年开始，任继愈先生撰写、发表了一系列以马克思主义为指导的佛教研究文章，大致如下：

《南朝晋宋间佛教"般若"、"涅槃"学说的政治作用》（1956）、《禅宗哲学思想略论》（1957）、《天台宗哲学思想略论》（1960）、《华严宗哲学思想略论》（1961）、《法相宗哲学思想略论》（1962）、《汉唐时期佛教哲学思想在中国的传播和发展》（1963）等，并于1963年由三联书店结集出版，书名《汉—唐中国佛教思想论集》，成为用马克思主义研究宗教问题的奠基之作。

诚如杜牧所言,"学非探其花,要自拔其根"。任继愈先生用马克思主义唯物史观这把"科学研究的钥匙"去研究宗教,致力深耕,成果斐然,因此当仁不让成为中国马克思主义宗教学研究的开创者和奠基人。

2. 金石之声

《世说新语》中记载,"孙兴公作《天台赋》成,以示范荣期,云:'卿试掷地,要作金石声。'范曰:'恐子之金石,非宫商中声!'然每至佳句,辄云:'应是我辈语。'"

纵观中国近现代佛教史研究,汤用彤和任继愈先生衣钵相传,他们的著述大约可当得起"金石之声"。

20 世纪初之后,随着整个中国思想界、知识界学术研究风气之大新,佛教学研究一度中兴,当时文史哲领域的一流学者,如胡适、陈垣、汤用彤、陈寅恪、蒙文通、冯友兰、熊十力等,无不参与佛学研究。

抗战时期,汤用彤先生随长沙临大暂驻衡山数月,其时,正是中华民族多难之秋;其地,恰是朱熹会友论学之处;其境,却是晋人、宋人南渡不归之兆。汤先生遭逢乱世,栖止名山,以急就章之势完成《汉魏两晋南北朝佛教史》,后又有《隋唐佛教史稿》,两部著作系统地研究了汉魏两晋南北朝、隋唐时期佛教的整体发展历程,奠定了中国佛教通史研究的基础。

胡适称赞道"锡予训练极精,工具也好,方法又细密,故此书为最有权威之作"[①],麻天祥称此书之问世使中国佛教史"成为一门系统的科学而登上学术舞台""至今治斯学者,无不取之为蓝本而只能在其原有的间架

---

① 商务印书馆:《〈汉魏两晋南北朝佛教史〉:中国佛教研究史上的一座里程碑》.[2017-7-31].https://weibo.com/1325263761/FeYs4vOah

上有所增益"。^①

"佛教东来，逐时演变，苟非洞晓本源，则于其递嬗之迹，鲜不目迷五色者，此中国佛教史所以难治也。"^②汤用彤先生的佛教史宏观全面、微观细密，将中国文化发展的承续性和印度佛教的影响性相互融合转化，使佛教在中国本土的兴衰变迁脉络清晰地展现出来。

如果说《汉魏两晋南北朝佛教史》体现了我国佛教史学从无到有、由微至著的历程，那么任继愈先生的《汉唐佛教思想论集》则以马克思主义研究佛教，别开生面地为佛教研究注入了新的生命力，取得了前所未有的新成果。

任继愈先生一直把追求真理作为自己人生的目标，20 世纪 50 年代，先生最终确凿无疑地接受了马克思主义，他认真而不敷衍地学习，深刻而不肤浅地理解，认定这是一种可以高瞻远瞩、足以解疑释惑的科学哲学观，于是，先生真正把马克思主义的立场、观点和方法贯彻到自己的学术研究之中，尤其是佛教研究。

马克思、恩格斯关于宗教问题的论述，不仅是一种宗教观，而且是一种宗教学。任继愈先生全面继承并因地制宜地发扬了这种学说，他将在宗教研究中坚持历史唯物论作为根本，认为不坚持这个根本就容易走弯路；他认为佛教研究必须根植于中国社会，了解中国历史，才能准确客观。以此为基础，任继愈先生发表了一系列颇有影响的论文，如《汉唐时期佛教哲学思想在中国的传播和发展》等。

佛学自古号称难治。汤用彤先生认为"通佛法有二难，一名相辨析难，二微义证解难"，近代一流的人文学者如胡适、孙叔平等，也很难做

① 麻天祥著：《汤用彤评传》，武汉大学出版社，2007 年版，第 88、90 页。
② 赵建永：《汤用彤与中国佛教史研究》．［2021-1-18］．https://www.aisixiang.com/data/113391.html

到深入浅出。

由于独辟蹊径地运用马克思主义的立场、观点和方法来研究佛教史，最后结集于《汉唐佛教思想论集》的这些文章，跳脱开考察名相以达成概念正本清源，拘泥于细节证解概念、命题这些难题，而是将重点放在宏观社会结构的把握上。任继愈先生的佛教研究的显著特点，其一，是开始应用历史唯物论去分析佛教宗派的经济基础，这是研究佛教的立足点；其二，是应用马克思主义的哲学史观来解析佛教义理的哲学实质。这种哲学分析和社会分析相结合的方式使得汉唐时期佛教哲学思想在中国传播和发展的脉络一展无疑，晦涩玄奥的"佛法"被阐释得简明易懂。

下面简单地介绍一下《汉唐佛教思想论集》的弘旨：

《论集》考察、阐述了佛教"般若"和"涅槃"学说传播流行的过程以及天台宗、华严宗、禅宗、法相宗的宗教哲学思想体系，揭示了中国佛教自传入到发展壮大的历史轨迹。

《论集》深入剖析了我国佛教哲学思想变化发展的阶段及其不同特点，并对不同分期、不同时代的佛教现象作了深入的哲学、宗教学、社会学分析。

《论集》明确了印度佛教和中国佛教的异同，明确印度佛教自东汉初传入我国后，适应本土化要求圆融适应中国的社会经济基础、与统治阶级意愿结合并壮大发展的特点。

《论集》强调统治阶级利用佛教为其世俗统治服务的局限，注意到佛教寺院经济力量形成壮大、佛教在中国的构建稳定等佛教发展的巨大助力。

《论集》驳斥了某些佛教思想上的错误观点，尤其是从主观意愿去分析佛教兴盛和衰落过程的唯心史观，以及把佛教的学派说成宗派的错误理解。

《论集》运用阶级分析的方法，力图揭示佛教各派思想所代表的阶级利益，揭露其反动的政治作用。

时代在飞速发展，人们的观念和思维方式也日新月异地迭代，不同立场所体现的价值取向各有不同，当我们有了"会当凌绝顶"的多维视角和见仁见智的思想自由后，也许会对《论集》有不同的看法和声音，我们或可各抒己见，或可多样解读，或可百家争鸣，但有一点是可以肯定的——任继愈先生不再把佛教看成外来宗教，而是率先把中国古代自然科学研究、辩证法研究、社会历史观研究纳入中国哲学研究范畴，自觉把佛教哲学作为中国传统文化的有机组成部分，这种观点已经成为学术界的通识。

因为研究的立足点不同，任继愈先生认为自己的任务是考察中国佛教的历史，揭示出它的发展变化的规律，这样就能有助于加深认识东汉以后中国的古代封建文化，从而更好地认识中国的哲学史、文学史以及整个历史。

任继愈先生谦虚地说，把佛教作为中国哲学的一部分写，将之视作"正规军"而不是"游击队"来写，是他的贡献。这个说法是没有任何夸张成分的。

同时期的学者顾敦鍒先生在《佛教与中国文化》一文中说："佛教教义，何者是中国的需要，何者能适应环境，中国人曾经费过一番思考和选择的工夫，再把各种中意和当选的教义，发扬而光大之，便成为宗派。选择，发挥，开宗，都是中国化的手段。"这和任继愈先生的观点遥相呼应，互为佐证。

《汉唐佛教思想论集》是任继愈先生哲学研究和宗教学研究的思想汇总，它将中国文化、中国哲学、中国宗教、中国社会四个维度紧密结合在一起，不仅扩大了中国哲学的博大内容，而且实事求是地反映了中国哲学的全体面貌。

《汉唐佛教思想论集》问世，一时之间，人共宝之。《论集》中的文章不仅在当时被毛泽东盛赞，结集出版后，也得到了国际佛教研究界的高度评价。日本研究中国佛教史的权威学者冢本善隆，曾带着任继愈先生的《汉唐佛教思想论集》，登门和先生商讨佛教研究问题，并以此为契机，建立了中日佛教研究长期交流的机制。

我国佛教研究历史悠久，且研究佛教哲学和史学的皆为文史哲领域的优秀学者，研究遗存博大精深。任继愈先生的《汉唐佛教思想论集》教理兼容、史论并重，拔新领异地解读中国佛教史，为中国哲学、宗教学领域开辟出一方新天地，让佛教研究有了万象更新的生长，先生功若丘山！

3. 竿头直上

道教是中华本土宗教，是以道家学说为基础，结合非自然力的神仙思想、鬼神祭祀以及一定自然科学的占卜、谶纬、符箓、禁咒之术，从事炼丹、服气、守一等多种道术，追求永世长存的宗教。没有哪一种宗教比道教的传统文化基因更显著，根基更扎实，因为它发端于灿若星辰的子学时代。南怀瑾先生认为道家哲学体系的形成，是黄老学术、老庄思想、隐士思想和方士学术的综合。西汉司马谈在《论六家要旨》中第一次用到"道家"的概念，到了班固的《汉书·艺文志》，才对道家做了规范的定义。

道教，以道家学说为基本内容，以"道"为最高信仰，是中国古代特有的制度化宗教。道教之"道"脱胎于《老子》："有物混成，先天地生，寂兮廖兮，独立而不改，周行而不殆，可以为天下母。吾不知其名，字之曰道，强为之名曰大，大曰逝，逝曰远，远曰变。"

"道"这个"万物之宗"的本源形成了天地万物及其规律——"道生一，一生二，二生三，三生万物"。

道家之'道"和儒家之"仁"一样，没有明确的释义，只有表象的证明，因为"道可道，非常道"。正是由于"道"的不定性和万有性，给道教的发端提供了萌芽。

道教的基本哲学建立在"道"之上，然后附着了尊道贵德、重生贵和、见素抱朴、抱元守一、清静无为等修炼原则，最后达到人道合一、形神俱妙，脱离刍体凡胎，羽化登仙的圆满之境。

汉朝已有道教团体产生，奉老子为道德天尊，敬若神明，以《道德经》为主要经典，并作宗教性的解释，把原来深奥的哲学更进一步升华、淬炼。南北朝时道教的宗教形式愈发完善，成为"三教"之一。

"三教"之称始于北周，合流成型在北宋，明后成为社会主流思想。

三教殊异　有相互排斥的现象，魏晋以降，儒学受到佛、道的挑战，因此唐宋诸儒急起排斥异端之学，尤其着力于斥佛：二程从释道外在影响力的大小之异，倡言以排佛为先；朱熹则从二者理论上的异同论断佛学危害尤甚，当首先排拒。宋代陆九渊的《与王顺伯》则述，"从其教之所由起者观之，则儒释之辨，公私义利之别，判断截然，有不可民者矣"。

三教融合是历史的主旋律。唐高祖李渊下诏"三教虽异，善归一揆"；宋孝宗有《原道论》，提倡"以佛修心，以老治身，以儒治世"；明太祖朱元璋在《三教论》里说："于斯三教，除仲尼之道祖尧舜，率三王，删《诗》制典，万世永赖；其佛仙之幽灵，暗助王纲，益世无穷，唯常是吉……三教之立，虽持身荣俭之不同，其所济给之理一。然于斯世之愚人，于斯三教，有不可缺者。"[①]

"三教合一"彰显出中国哲学的多样性追求：既需儒家杀身成仁、舍生取义的厚重，又需道家上下四方、往来古今的玄奥，还需佛教涅槃寂静、超脱生死的达观，三者相伴共生，"以出世心做入世事"遂成为中国人精神层面的共同追求。

三教文化在中华民族的历史长河中是相融共生的，它们成为传统文化的硬核。想要真正了解中国传统文化的精华，就一定要对它的价值取向和思维方式有所把握，道教的上层建筑由统治集团构筑，可以维稳治世；下层建筑则由群众传播，中国历史上多次农民起义均借用道教的外衣。因此，实有必要对道教的宗教史学和宗教哲学进行深入的研究。

任继愈先生作为宗教学家，其学术研究不仅限于佛教，还涉及道教、基督教、伊斯兰教等多个宗教领域，实为中国当代马克思主义宗教学研究的领军人物。

细数任继愈先生宗教研究中的学术成果，不仅有《中国佛教史》，还有《宗教词典》《道藏提要》《宗教大辞典》等，每一部皇皇大作的研究和编纂都浸润了先生无数心血。

一贯以来，儒释道虽三家并立，但学术界对儒教研究很多，从周敦颐起始，朱熹、吕祖谦、程颢、张载、陆九渊、王守仁直到近代的熊十力、梁漱溟、牟宗三、马一浮、柳诒徵、徐复观等等，不可胜数。

佛教研究虽不如儒教兴旺蓬勃，但从鸠摩罗什起，玄奘、不空、真谛直到近代胡适、汤用彤、陈寅恪、熊十力、季羡林等也是名家辈出。

相比于儒、佛两教，道教研究就略显萧条，葛洪、王重阳、丘处机、

---

① 李四龙:《论儒释道"三教合流"的类型》，[J].北京大学学报（哲学社会科学版），2011年第2期。

张三丰等虽是道教名士，但是理论研究不足，更多学者把老子、庄子、列子、杨朱等学说当作研究对象，而非系统地进行道教研究。

虽无明言和实证，但似乎大多数人倾向于认为只有儒家的经史子集才有资格代表中国传统文化，佛教和道教典籍则属旁支。实际上对儒释道的研究决不能分开，因为这三者之间的联系极其密切，它们在中国古代社会中一直是水乳交融地发展，常常互相排斥又互相吸收。

任继愈先生作为宗教所的掌门人，对所有宗教研究都予以重视，他自身对道教史学和哲学有很多真知灼见。他仔细考究了道教和佛教在中国的发端和传播后指出，道教在中国根深土厚，大概与本土佛教同时发端于汉，此后就一直活跃在中国古代的社会大舞台上。但是，道教的命运不济，让佛教抢先一步，失去了大好的发展机会。

两汉之间，张鲁创"五斗米道"，后正式得名为"天师道""正一派"；道教还未中兴，张角就裹挟着黄巾军起义，老百姓在走投无路的情况下纷纷加入，黄巾军虽然声势浩大，但昙花一现，很快被镇压。黄巾起义的失败预示着道教的急剧萎缩，因为没有哪一个统治者会青睐一个滋生动乱和起义的宗教，借用佛教的说法"不依国主则法事难立"。很长一段时间内，道教的金字招牌只剩一块，那就是能驱妖捉鬼的张天师。

于是乎，道教为了重新取得统治阶层的信赖和支持，想方设法去迎合统治阶级的需求——统治阶级需穷奢极侈地享受现世生活，望能长生不老，当永生的神仙。道教顺势宣扬养生、炼丹、房中术等内容，道教有了中兴之征。唐代，李渊奉老子李耳为宗，多次亲往祭拜，高祖下诏宣布道教位列佛教之先，道教的外丹教法盛行不衰，但福祸相依，道教的很多弊端显现了出来。

任继愈先生说，道教大多把道观建在深山，道士注重修身养性，很多道教大师同时通晓岐黄之术，其中不乏医中圣手，他们懂得养生、健身，以求长寿。追求长寿无可厚非，可如果推衍下去，想活一百岁、二百岁、三百岁，甚至不死成仙，就走到荒谬的道路上去了，道教就有这个问题。先生举例说，为了迎合统治者长生不死的需求，于是"道家以烹炼金石为外丹；龙虎胎息，吐故纳新为内丹"。唐朝有七八个皇帝祈求长寿，都因吃仙丹中毒短命而亡。比如初唐的太宗李世民。这就证明了先生的观点："宗教还把一些合理的、不合理的东西搅和在一起。"

为了去粗取精、含英咀华，从20世纪80年代始，任继愈先生在世界宗教研究所开创了对道教的正式研究。在他的主持下，两部道教大典终得以修编而成。

1978年，中国社科院成立时，世界宗教研究所制定了《道藏提要》规划："《道藏》者，道教一切经书之总集也。夫生天地，和阴阳，包囊万物，亘古不易者，道也；弘道德，正纪纲，成就仙业，利乐群生者，教也。总而谓之曰经，聚之于室曰藏。"

《道藏》内容繁多、芜杂，其中许多典籍撰者不明，时代不详，书上标明的撰者亦真假难辨。当时宗教所研究人员很少，要仿照《四库全书》的体例，编纂一部总括道教典籍、阐明道教哲学的纲要性著述实在滞碍难行。但道教典籍丛书是研究道教文化的主要资料库，对道教研究和传统文化研究具有不可或缺的作用。任继愈先生和编撰者沥尽心血，终得九转功成。

《道藏提要》包罗万象，是保存道教文化的思想资料库，中国各个时代重要的道教思想都有反映，修编完成后，在道教思想史上占有举足轻重的地位，这些珍贵资料很大程度上丰富了中国宗教史的内容。

《中国道教史》是国内第一部全面系统论述道教史的著作，论述了道教从东汉孕育诞生，直至近代大约两千年的发展历程，涉及的问题包括道教的教团组织、典籍、教理、内外丹、养生术、符箓咒术、斋醮科仪以及道教对民间宗教的影响等。任继愈先生以历史唯物主义为指导，分析了道教与当时社会背景和思想文化的关系。

任继愈先生认为道教的发展大致可以分为四个时期：南北朝时，道教得到帝王贵族的支持，跻身于上层社会，这是它发展的第一个时期。唐朝皇族与老子攀亲，自称李耳后裔，大力推行道教，这是它发展的第二个时期。北宋真宗、徽宗崇奉道教，用道教麻痹人民，陶醉自己，借以遮盖北方强敌压境造成的耻辱，这是道教发展的第三个时期。明中叶帝王迷信道教，妄图长生，道士受到宠遇，出入宫禁，干预朝政，这是道教发展的第四个时期。

这样的阐述还有很多，《中国道教史》对道教思想正本清源的研究，补充了以往道教研究史的某些缺失，揭示了道教对中国古代科学，特别是化学、医药学发展的重要贡献。本书出版后在中国内地、港台地区及日本学术界产生了较大影响。

任继愈先生曾经说过，宗教问题是当今世界的热点问题，只有透过表象才能看到其本质。先生强调，研究宗教要和中国的现实紧紧维系在一起。先生对道教发展历史的厘清、对道教思想的解读，使得宗教研究者和宗教研究领域的方向更加明晰，道路更加宽广。

中华人民共和国成立后，宗教研究便似《圣经》所说的"窄门"，前路迷茫，少有人行，可任继愈先生坚定地确信马克思主义思想，对宗教研究一贯站在传承中华文化、了解世界文化的高度去深耕，走在马克思所预言的"崎岖的小路"上，他努力攀登，不畏劳苦，最终登临万丈险峰，其言其功彪炳史册。

（三）学如穿井

大宗伯之职，掌建邦之天神、人鬼、地祇之礼，以佐王建保邦国。

——《周礼·天官冢宰》

儒教：不论对宗教如何定义，把孔子的教学与儒教视为宗教都是困难的，只不过含有宗教的要素而已。

——《宗教学辞典》池田末利

在中国社会文化中，"合理的"儒教与"巫术的"道教并存。

——马克斯·韦伯

曾有人问任继愈先生，他一生中最重要的学术贡献是什么？得到的回答是提出儒教说。

中国的儒教是宗教，而教主就是孔子——"儒教就是宗教"一经提出，便石破天惊，激起千层巨浪。

从 1979 年起，任继愈先生陆续发表《论儒教的形成》《从儒家到儒教》《儒教的再评价》《儒教的特点及其发展阶段》《从程门立雪看儒教》《朱熹的宗教感情》《儒教个性与宗教共性》等文章，首次系统地提出并论证了"儒教是宗教"的观点，这些文章从儒教的发展与演变、个性与共性、历史与现实等各个方面，鞭辟入里地分析了儒家思想成为"教"的历史和现实原因。

一时间，学界目不及赏，支持者寥寥。北大哲学系教授张志刚说起当时的情形道："1978 年底，任继愈在中国无神论学会成立大会上发表'儒教是宗教'的演讲，接着多次发表讲演和文章展开论证。然而，在近十年间几乎没有一人赞成。1986 年至 1999 年，何光沪、赖永海、谢谦、李申等人以不同形式赞同'儒教是教说'，但加上任先生，明确支持此观点的学者共 5 人。'[①]

"儒教是教说"的提出，到底是任继愈先生一意孤行，故作惊人语，还是一语破的，曲高和寡？

这里要认识到，"儒教是教说"不仅是宗教之争。人们往往把文化视为民族之魂，把宗教当作精神支柱，儒教是中国古代文化和哲学的集大成学说，如何理解儒教和宗教的关系，实则关系到对中国传统文化的理解和定位，文化价值的认同是一件关系国本、堪为百年大计的事。

1. 宗教之争

《大学》言："物有本末，事有终始。知所先后，则近道矣。"儒教是否是宗教，是否是具有中国民族形式的宗教目前没有结论，只有争鸣中的思考。然而，没有结论亦是一种结论——这个议题还有很多值得探究的价值。

关于儒教是否是宗教的问题，固然需解析儒教和宗教在内核、外延上的异同，但在当时的背景下，需正本清源的首要问题是"中国有没有宗教"——从 20 世纪 20 年代到 70 年代，学界纷争不断，莫衷一是。

在很长的一段时间内，不但外国思想界普遍认为"中国无宗教"，而且在中国思想界，这种观点也占据着主流地位。大部分学者不仅不认可儒

[①] 张志刚：《"儒教之争"反思——从争论线索、焦点问题到方法论探讨》，文史哲，2015 年第 3 期。

教的宗教性质，连张陵创始的道教，也被标识成"打着老子的招牌，用符箓来愚民，做黄冠逐食的法门"。很多学者认为道教派别众多，但终究不过是黄老思想的延续和占卜、谶纬、符箓、禁咒的法术，算不上纯粹的宗教。

哲学碰撞交流，宗教争论借鉴，思想才能激出前所未有的夺目光华。证明中国有宗教，"儒教是教说"才能扭转乾坤，杀出重围。任继愈先生以儒雅温和之姿、静默深耕之态，承担起这个重责。

明万历年间，传教士利玛窦远渡重洋来到中国，传教长达 28 年，他头顶无数"第一"的桂冠——"第一个精通中国语言并钻研中国经典""第一个在中国介绍西方宗教与学术思想""第一个向西方介绍中国历史、文化和宗教"。"中国无宗教"之说出自他，然后被整个西方哲学和宗教学圈实名认证了数百年，西方汉学家皆额首称是，"中国人的信仰是'迷信'""儒家思想具有不可知论"等观点甚嚣尘上。西方的汉学家将基督教视为儒教的对标物，所以儒教看起来就是非宗教的，但这种以西方宗教概念来对比中国宗教现象的方法以偏概全，根本不适用于对中华民族文化的理解。

不但是外国哲学和宗教领域认可"中国无宗教"，中国社会或文化界也认为我们的文化是"非宗教性的"。康有为和陈焕章定孔教为国教，围绕宗教的激烈争论就在国学大师严复、章太炎、蔡元培等中间展开；20 世纪初，梁启超在谈论中国历史研究方法时强调"中国土产里没有宗教"；钱穆在《略论中国宗教》中说过，"宗教为西方文化体系中重要项目，中国文化中，则不自产宗教，凡属宗教，皆外来，并仅占次要地位"；胡适、梁漱溟等也和这种观点遥相呼应，在其论著里认为中国是个没有宗教的国家，中国人是个不迷信宗教的民族。"中国无宗教"的权威观点，一直影响到 20 世纪 70 年代。

在思想界公认"中国无宗教"时，任继愈先生挺身而出，试图打破这一观点。先生认为"任何一个国家不可能没有自己的宗教信仰，不然不可能维系一个有着 5000 年文明史的国家和民族"。作为唯一文明没有断续的古国和文化大国，延续至今靠的不仅是王朝更替，更重要的是，它拥有坚韧的文化命脉与强健的生命力，其根源就在于"儒教是宗教"。

至此，关于儒教是否为宗教的问题争论开始热闹起来，诸如冯友兰、张岱年、何光沪、蒋庆、李申、崔大华等人纷纷撰文，或支持，或反对。

特别值得注意的是，任继愈先生把儒教视同宗教，是把宗教信仰和国家、民族的文明文化并举考量的，而不是单纯从学术的角度论证儒教的宗教属性。

有理需得有据。

中国有无宗教需从源头勘察。《说文解字》中的"神"在金文中状如闪电，另加义符"示"，则是崇高超自然力的象征。任继愈先生倾向赞同中国古代的神灵信仰，就是宗教之源。

任继愈先生认为，宗教是人类社会发展到一定水平后必然会出现的一种社会现象，是历史的产物。从山顶洞人的随葬品中可以发现当时的人已经具备了灵魂不死的观念——随葬品中有规律地摆放着死者生前用过的日用品，有精密钻孔的兽牙、鱼骨、石珠等装饰品，还有一些生产用具，如钓鱼的钩子和缝衣服的针。据此可以断定山顶洞人已经产生死后世界的概念，那个虚幻世界是现实世界的衍生和投射，他们准备随葬品是渴望在死后以另一种存在方式延续下去。

任继愈先生还注意到当时的墓葬中，死者身旁撒有红色铁矿粉粒。据古人类学家分析，红色代表血和生命，是火与温暖的象征，在死者身旁撒红色铁矿粉的仪式可能是表示给死者以温暖。但是北京周口店地区的地质为石灰岩，不含铁矿，距离最近的铁矿在河北宣化，距离周口店有 200 公里，可见红色铁矿粉是人们有意识运输过来用于进行宗教仪式的。

又比如西安的半坡村遗址，村落中出土了陶制的瓦棺，其中有花盆状器物，用以装夭折幼童的尸体。盆底留有小洞，专为死者灵魂出入之用。古时候小孩的死亡率很高，小孩子恋恋不舍其母，所以，死后就近掩埋，方便他的灵魂回家来找母亲。

以上数例都证明宗教起源于确信人有灵魂，正因为人类相信灵魂，所以才有了祭祀、上供等宗教仪式活动。即便只是鸿爪雪泥之迹，但宗教仪式和灵魂不死是确认不疑的宗教要素。梁漱溟也佐证过："中国原始的宗教，大抵是与人事有关的神祇崇拜及巫术之类。"[①] 所以，"中国无宗教"之论确可存疑。

除了从宗教要素去论证中国有宗教，任继愈先生还从宗教类别去理解中国的宗教。

任继愈先生发现，在全世界的人口中，有宗教信仰的人占多数，但其信仰形式不尽相同。宗教分为原始宗教和人文宗教：原始宗教以自然形态存在，也称为自然宗教，品种复杂，活动范围只限于本民族，且流行在文化科学不发达的地域；人文宗教增加了文化内容，有系统的教义，有固定的、成系统的宗教活动规范仪式，还有固定的宗教组织，这些都是宗教发展的高级形态。

任继愈先生说，在原始人心目中，日月风雨雷电都是神灵，山河大地都有神灵主宰。人有灵魂，大自然万物也都有灵魂，万物有灵论是原始人

---

① 梁漱溟：《中国文化要义》.［2015-5-14］.https://www.aisixiang.com/data/87913.html

认识大自然的共同思维方式，于是便产生了祭祀活动，我国古代的农业活动也包含了对土地和农神（社稷）的崇拜。

任继愈先生的看法确有其理据。中国古代的堪舆术将天文分野、地域自然和文化符号关联起来，借助"天地人同构"体系，将自然神力和四海疆域符号化、人格化，这种符号系统具有泛神学和宗教的特性。

在中国的神话体系里，司雷之神属阳，掌电之神属阴。战国屈原《远游》篇有句称"左雨师使经待兮，右雷公而为卫"；《离骚》中亦云："鸾皇为余先戒兮，雷师告余以未具。吾令丰隆乘云兮，求宓妃之所在"。丰隆，即雷神。《山海经》中有多处关于雷神的记载，称雷神是"龙身而人头，鼓其腹"，当是兽形。

明代《地理人子须知》引理学家朱子的话称，"河图言昆仑为地之中，中国至于阗二万里。于阗贡使自言西去四千三百余里即昆仑。今中国在昆仑东南，而天下之山祖于昆仑，惟派三干以入中国"。宋代以来关于中国龙脉发源于昆仑山的论述，树立了昆仑山作为中国"祖山""神山"的崇高地位，自然也强化了中国"居天下之中"的政治想象，这是一种抽象的神话式、宗教化的表述。

陈先达先生说过："宗教是人对自然力的崇拜。"由此，广而推之，传世神话中的盘石开天地、共工怒触不周山、女娲造人与上帝开天辟地、亚当夏娃都是宗教萌芽时期的造神运动。

在确立神话、宗教在中国传统文化中同源互济，且中国宗教既有自然宗教，又有民族宗教的倾向后，任继愈先生从马克思主义思想出发，对宗教的社会意义进行剖析。先生认为，随着社会生产力发展，宗教的神性思维会慢慢失云压倒理性思维的统治地位，到了封建社会的中后期，刮风下雨之类的自然问题已经获得科学的理解，但阶级社会中还有很多现象无解，现世生活总是不尽合理，怎么办？

于是乎，宗教就应运而生站出来解释、代偿社会问题。相信"来世"的人，认为今生没有得到的，来世可以得到加倍的补偿，这种补偿能让人产生驯服性，历史上的佛教、道教，包括基督教，培养的就是人的驯服性。这种异世观其实和灵魂世界是如出一辙的。

人们信奉宗教，主要是为了满足心灵和精神的需求，宗教教义、宗教经文都竭力展示其救世、安世的功能。当人深陷人与自然、人与社会、人与人、人与自我的矛盾之中，宗教的精神催眠、心理调适功能就会被放大，历代当政者之所以会提倡宗教，就是看中这一点。

宗教总是暗示个体生命不应怨天尤人，心生嗔恚，要安于所遇，顺势而为，要将个人矮化至社会框架之内。换言之，历代的统治者们总是尽力提倡那些在他们看来最适用于自己统治、能将统治阶级利益最大化的宗教，而在中国，儒教被统治者、社会意识形态所共同需求，来承担宗教的神圣职责。

学界公认中华文化博大精深、源远流长，也认可儒教对于中华民族的重要性。任继愈先生认为中国有宗教，儒教不仅与哲学难以区分，而且与整个中国文化难解难分。如果将儒教从中国传统文化中剥离，中国传统文化就会失去其深厚底蕴和主要内容。因此，"儒教是教"实则是对中华传统文化的继承与弘扬。

当然，任继愈先生从辩证法出发，认识到一切事物包括宗教都是社会现象、历史现象、文化现象，人类社会发展到一定程度才会产生，发展到一定程度，宗教也会消亡。在承认和尊重时，要认识到它兴衰有时，臧否有时。在中国历史上，儒教有时会成为封建宗法专制或军阀党争之阶级工具，具有局限性和欺骗性，尤其是"文革"时期，儒教积重难返之迷信和狂热便尽数显现出来，这更加促进了先生对于儒教的深层次认识和反思。

从最初的孤军奋战，到社会开明、文化视野开放之后逐渐得到响应，任继愈先生在耄耋之年，以实事求是的态度矢志不渝地研究和发声，因为他确信，中华民族不是无宗教的民族，中国文化也不是无信仰的文化。中华民族的土壤和文化催生了儒教，儒教也对中华民族的发展产生了巨大作用，因此，先生于争端中登高一呼，"儒教是教说"成为他最慷慨的陈词。

2. 名实之争

任继愈先生说："我对自己的评价就是大潮之中的一颗沙砾，我不是什么英雄人物，时代塑造了我。""文革"结束，先生经过多年苦心孤诣的研究，对十年动乱期间的造神运动进行反思，在"时代"骤变之际提出了自己的新论——儒教是具有中华民族形式的宗教。

在提出"儒教是教说"之前，任继愈先生是否会想到赞者甚寡，应者寥寥？他有否想过要以怎样的姿态面对这场众说纷纭的论道？

虽然当时的情形已很难还原，但依照任继愈先生低调恭肃的君子之风，一贯"不张扬，不赶时髦，扎扎实实做学问"的谦虚态度，他恐怕并不在意话语权的争夺，也不屑于去唇枪舌剑。先生提出"儒教是教说"时，应该怀着"虽千万人，吾往矣"之心——在他看来，不过是因为"懂了"，所以"说"罢了。

谁也不敢自矜称说于儒教、儒家、儒学已一意贯通，个人理解不同，切入角度不同，适用范围不同，得到的结论自然殊异。

如果任继愈先生不是一意将"儒教"名之为"教"，且将之分门别类至宗教，恐怕疑虑和争论不会如此甚嚣尘上。

在中国历史的漫长进程中，任继愈先生考量了儒教的产生、演变、定名、发展，确信地将之提高到"宗教"的高度，这不是文化和宗教的概念之争，而是将传统儒家文化提到宗教信仰制高点的文化自觉和自信。

今时今日，思想界百花齐放，诸子争鸣，学术交流与争论成为常态，但任继愈先生当时要面对的是孤掌难鸣的困境，因为他要对抗的是新文化运动以来"中国无宗教"的固定思维。

梁启超说过："儒教之教，乃教育之教，非宗教之教。"他认为孔子并非宗教教主，只是一个大教育家；梁漱溟认为，虽然周孔教化在中国文化中居于中心主导地位，但宗教要素在孔教中并不具备；许多儒家学者强调儒教的教化属"世间法"，与宗教的"出世间法"有根本性区别……众说纷纭，不一而足。

为了重新定位中国传统文化，任继愈先生撰写了大量文章，从 1980 年的《从儒家到儒教》到 1988 年的《具有中国民族形式的宗教——儒教》，先生笔耕不辍，"浩荡为学"。

在前提未定时治学，结论未定也属必然。关于宗教的定义，不同的文化向来见仁见智，所以儒教是否为宗教容易莫衷一是。因此，在这一系列文章中，任继愈先生从偶像崇拜、宗教组织和仪式、典籍传承等方面进行了充分的论证，为自己的独创之见夯实基础，然后筑起百丈高台。

首先，虽定义不同，但宗教的本质一定是信仰，也就是在偶像崇奉中确立人对神的信仰关系，这种信仰，造成绝对服从，这是宗教的力量源泉。

西方宗教大多信仰"唯我独尊"的创世神。创世神先于万有之有而存在，具有超自然、超人的神性和力量，如基督教的耶稣、伊斯兰教的安拉、犹太教的雅赫维、印度教的三位一体神毗湿奴、湿婆和梵天等。儒教是否为宗教，争议最大的一点就在于此。

西方宗教中教主神和神力是合一的，但儒教的教主神孔子和至高无上的神力是分割的，孔子不但没有创世纪、移山海、生死人的神力，甚至根据确切的史料记载，他还有过不那么神圣的黑历史——"孔子适郑，与弟子相失，独立乎郭门外，人或谓子贡曰：'东门外有一人焉，其长九尺有六寸，河目隆颡，其头似尧，其颈似皋繇，其肩似子产，然自腰以下，不及禹者三寸，累累如丧家之狗。'子贡以告。孔子欣然而叹曰：'形状未也，如丧家之狗，然乎哉！然乎哉！'"

面对丧家犬的评价，孔子欣然接受，且自嘲"然乎哉"，他对奔走于诸侯而不获遇的境遇坦然接受，微微遗憾，这完全是人格化的写照——儒教中不存在绝对的、至高无上的神，更不存在创世和灭世的因果，据此一点，西方和中国学术界总是拿儒教的教主孔子与这些被西方定义的"神"相比，以此证明儒教不具备宗教属性。

这种看法其实略有偏颇。根据基督教等影响广大的宗教模式可知：神是异质于人的超越性存在，虽然孔子不是神，且他明确表示"子不语怪力乱神""敬鬼神而远之"，但儒教的偶像崇拜其实是对"天"而不是对孔子的。这种崇拜继承了远古先民对自然力的崇拜，而又高于此，形成对"天"的超自然力的崇拜。

根据《论语》的论述：孔子成圣是因为"天纵之将圣"，孔子天生有入世救民的美德是因为"天生德于予"。这个"天"不是客观世界的自然，它具有人力不能左右、赋予孔子神圣性的巨大不可知力，因为"生死有命，富贵在天"；它如同西方宗教的上帝般创造万物，施道自然，"四时行焉，百物生焉，天何言哉"；它如同耶稣一样拯救他的信徒于水火，"生者，天地之大德也"。

董仲舒形容"天"这个神力之源"亦有喜怒之气，哀乐之心""天常以爱利为意",这就是对创世神的人格化,一如耶稣,一如安拉,只是它没有具象化的人形,而是以一种"大象无形"的方式存在。

儒教对"天"的崇拜是极其严格的,不亚于任何被公认的宗教崇拜,儒教信奉"天人合一"来提高人的地位,创立"天人感应"来协调人神关系,将"天地君亲师"作为伦理阶梯,"与天地合德"是强调人禀赋于天,对于"天"的绝对崇拜是封建宗法制度下的儒教核心。

那么"天"与圣人孔子又是何种关系呢?孔颖达的注疏说得很清楚:"(作易者)因自然之神以垂教,欲使圣人用此神道以被天下。虽是神之所为,亦是圣人所为。"

圣人孔子虽不是神,但被神化,于是对他的崇拜越来越甚,他被世人称为"素王",而且屡屡加封为"褒成宣尼公""先圣""至圣文宣王""大成至圣文宣先师"等等,这种来自世俗之王皇帝的加封,将孔子推到不可置疑、不能批评、仅次于"天"的偶像高度。思想学术性辑刊《原道》创办者陈明为张晚林教授《宗教动力学的完成及其不变——先秦儒学宗教性内涵演进之脉络研究》写序时,表达了和任继愈先生一样的观点:"圣者通也,孔子之圣就在通天,就在'看'到天这一精神性存在而'体天制度',因而可以说是儒教的创建者——用作者的话来说就是'造道者'。"把一个具体的人推崇到"造道"那种至高无上的高度,恐怕只有宗教的造神运动才能做到吧。

其次,宗教组织是宗教徒因共同的信仰而结成的社会化组织,一般被认可为宗教的外化标志之一。

以基督教为例,基督教国家通常在国家系统之外另有教会系统,分支不同,教会系统不同:天主教有方济各会、多明我会;东正教有反国教派别;新教有路德宗、归正宗等。早期教会是全体信徒的共同组成体,随着宗教组织形式方面的完善，教会成为以主教等教职人员为核心的机构，教会设专门的神职人员，他们作为神的侍奉者组织信徒定期聚会、礼拜，举行宗教仪式，以增强宗教的凝聚力、强化宗教的仪式感和神圣性，为信徒提供牧养和宗教指导。

不过，以上所述是基督教的宗教组织、仪式特点，却不是一切宗教的通例。

在这一点上照搬基督教模式与儒教相比颇不恰当，因为它们完全是两种不同的宗教类型。

基督教属于人为宗教，而儒教属于国家宗教，类型不同，如果非要较肥量瘦，就会显得儒教十分"不宗教"，且以一端一例为裁量标准去比对所有宗教，这明显是管窥全豹，极不科学。如若用儒教与其他自发而来、亘古绵存的国家宗教相比，就会变得十分"宗教"——儒教确实没有独立的宗教团体，但这不代表儒教没有组织形态，只是相对基督教这样的制度性宗教，儒教的组织显现出弥散性。

任继愈先生曾对我国宗教管理有过梳理，我们大致可以用唐朝宗教组织管理和儒教组织管理作个类比：

唐朝皇帝自称天可汗，统治一切可汗；唐设僧录管理僧、道，而僧录又归官吏（俗官）制约，儒教的组织模式大致如此。据李申教授所指"宗教组织与国家组织议题，是儒教和基督教国家的不同地方，却和伊斯兰教类似"。国家有专门的祭祀部门——《周礼》有春官，秦汉是太常卿或奉常卿，后来是礼部（六部之首是礼部）。国家组织同时就是宗教组织，宗教把国家组织作为自己的物质载体。在这个宗教组织系统的最顶端是皇帝。中国古代的皇帝，不仅是国家元首，同时也是天的代言人。

简而言之，皇帝代表上天管理一切，包括宗教事务、组织、仪式，但皇帝却不直接管理，而是将之放在国家机构里代管，于是乎，以"奉天承运"为名，皇帝建立孔庙，确立孔子崇拜，儒生自会成为松散的儒教组织；皇帝设立太学等官方组织，儒生自会在其中学习儒教经典，成为合格的儒教成员；皇帝确立"礼"的规范，按照陈焕章所言："礼记之所述，大小精粗，靡不毕具，事神事人，均有定礼"，管理礼仪的官员自会行其事，如此种种，不一而足……

所有儒教仪式中，只有一件事需皇帝亲力亲为，那就是祭祀"天"。皇帝是"天"与尘世的连接者，是上天意志的代言人。从"天命有德"的价值观和"天人合一"的哲学观出发，皇帝专有祭祀权利，便切断了其他人与神的联系，这样便形成了严格的等级制度，促进宗教崇拜的极端化。

祭天、祭孔、祭祖是封建宗法制度中自上而下、按着严格等级制度举行的儒教祭祀仪式。周朝开始有定例的"礼"，孔子对"礼"进行修订和完善，形成三礼：《周礼》《仪礼》和《礼记》。《周礼》措置官制，《礼记》阐释仪礼，《仪礼》规定仪轨，确定是宗教仪式无疑。

在这样一套本末翔实的宗教仪式之下，天子祭天，诸侯祭宗，儒者祭孔，百姓祭祖。所有祭祀仪式既包含宗教范式，又囊括尘世生活，国礼、家礼，甚至婚丧嫁娶均有定规定仪。有学者表述为"宗教仪式主要是把民俗性的历法与之融合，使之都具有神圣性，这就是终极的、至高无上的、非人格的神与现世的、世俗的人格崇拜混在一起……"

当然，也有"礼"禁而不止的时候，那就是礼崩乐坏之时，如周室衰微，诸侯纷起，僭祭于"天"，楚有太一，秦有四帝等，这种现状实际上是由政治体系崩塌而引起的宗教信仰体系崩塌，这又能从反面证明儒教是国家组织和宗教组织融合的一种宗教。

最后，关于儒教是否有典籍传承，这是最理至易明的一点，因为类似

《圣经》《古兰经》《塔纳赫》等宗教崇尚、奉行的典籍在儒教中明确存在，且经过反复修订、充实和注疏，人人得而奉行之。

圣人孔子树立儒教，除了将儒家之说定型，他还周游列国，意图将儒家思想发扬光大。但孔子之功莫大于作经，让儒教传而有体。

王充在《论衡·谴告篇》中说："盖六经皆孔子所作也……曰：'六经之文，圣人之语，动言天者，欲化无道惧愚者之言，非独吾心，亦天意也。'"这句话不仅明示孔子是六经之著述、修订者，且明晰六经言"天"之义，能够化无道、惧愚者，这种莫大至上的教化之功可证实孔子为教主，而儒教为宗教。

陈焕章为述孔教之无伪，以凿凿有据的十二条来力证其为宗教，其中有非常明晰的、儒教典籍来源的理据："春秋演孔图曰：'获麟之后，天下血书鲁端门，曰趋作法，孔圣没，周姬亡，彗东出，秦政起，胡破术，书记散，孔不绝，子夏明日往视之，血书飞为赤乌，化为白书，署曰演孔图，中有作图制法之状。'此孔子受天命之符瑞也。孝经右契曰：'孔子作春秋制孝经既成，孔子斋戒，簪缥笔，衣绛单衣，向北辰而拜，告备于天，天乃洪郁起白雾摩地，赤虹自上下，化为黄玉，长三尺。'此孔子制作功成，而封禅以告于天，天亦受之也，是故孔教之经典，实与天有密切之关系，此孔教之所以为宗教也。"①

而作为儒教经典的典籍借由教育、修身、入仕三种与儒生最息息相关的途径广泛流传："宗教非能自行也，必有待于传教者焉。孔子之教，自孔子时而已大盛，门人七十，弟子三千，徒侣六万，盖骎骎乎气逼帝王矣……秦灭汉兴，百家之说犹盛，及孔子四百一十二年，董仲舒劝汉武帝

---

① 陈焕章：《论孔教是一种宗教》.［2016-5-29］.http://www.360doc.com/content/16/0529/04/5316345_563154746.shtml

罢黜百家，表章六经，而孔教始一统天下矣。董子者，诚孔教之元勋也。嗟乎！观先圣先贤之创业艰难如此，后之学者，其能无少尽其任道之责也耶。"①

这里提到了"表章六经"，也就是儒家经典的第二次传述、注疏的高潮，汉代最终确定"五经"（《诗经》《书经》《礼经》《易经》《春秋》）作为儒家最根本的典籍；同时，围绕"五经"出现了一大批纬书，经纬相织，形成严密的宗教典籍体系。

综上所述所论，任继愈先生的"儒教是教"是立得住脚的，他说"儒教宣传敬天、畏天，称国君是天的儿子。君权和神权紧密结合起来。国君被赋予神性。儒教还有祭天、祀孔的仪式"，②"没有入教的仪式，没有明确的教徒数目，但在中国社会的各阶层都有大量信徒"。③

非常有意思的一点是，任继愈先生敏锐地发现："中国哲学史上提出唯物主义观点的思想家，如宋代的陈亮、明代的王廷相、清代的王夫子、颜元、戴震等人都在不同的领域对儒教的某一方面的问题有所抨击。与正统的儒教——程朱陆王的理学在哲学路线上相对立，但他们都抛不开孔子，摆脱不了六经，他们都自称得到孔子的正统真传，假借孔子、孟子的衣冠来扮演革新儒教的角色。"④换而言之，就是儒教和儒教的反对者实则都是儒教的忠实信徒，不敢逾矩一步，这也进一步体现出儒教作为宗教的庄严神圣。

当然，除了对儒教的形成进行历史的考证，证实儒教确为有中国特点

---

① 李华伟：《"孔虽旧教，其意维新"：陈焕章论孔教在民国社会和政治中的结构性地位》. [2022-12-22]. http://iwr.cssn.cn/ddzjyjs/lw/202212/t20221222_5571860.shtml
② 任继愈著：《任继愈谈文化·论儒教的形成》，人民日报出版社，2010年10月版，第20页。
③ 任继愈著：《任继愈谈文化·论儒教的形成》，人民日报出版社，2010年10月版，第22页。
④ 任继愈：《儒家与儒教》[2024-3-31]. http://www.360doc.com/content/24/0331/15/78076374_1119020019. shtml

的宗教，任继愈先生还本着唯物主义的态度反思了儒教的滞碍和落后："儒家虽然缺少一般宗教的外在特征，却具有落后宗教一切本质属性。僧侣主义、禁欲主义、原罪观念、蒙昧主义、偶像崇拜，注重内心反省的宗教修养方式，敌视科学、轻视生产，这些中世纪经院哲学所具备的落后宗教内容，儒教应有尽有。"①

总之，儒教对中国历史文化的发展有着深远的影响，它留给我们的精神财富要批判地吸收，那些不适应现代化发展的、可能妨碍现代化发展的历史渣滓，要认真地清理掉。对此，任继愈先生清醒地认识到光靠儒教是救不了国的，可中国没有儒教传统也不行。要吸收中国文化好的方面来发展它，这是我们的任务。

北京大学许抗生教授表示：自 20 世纪 70 年代末任继愈先生提出"儒教是宗教"的论断以后，"时至今日，围绕这一观点展开的学术讨论仍然在继续。尽管有很多学者不同意这一论断，但毫无疑问，他提出的这一观点，打开了一片新的研究天地。很多新的思想、新的课题由此生发出来。事实上，在不同观点学者的互相辩难中，对于儒家思想的研究被日益引向深入"。②

任继愈先生对儒教的执着研究，其可贵之处就在于他并不是一味从传统文化或封建宗法制度的角度来做复位研究，他的研究和论断既有科学的精思，又有批判的反省。先生提出的"儒教是教说"，不仅是想在新的时代中厘清这份丰富的遗产，更是想"为五千年统一多民族国家的连续不断发展找到了潜在的精神力量"，这样的研究自然重若万钧。

① 陈明：《中国文化中的儒教问题：起源、现状与趋向》．［2008-8-5］.https://www.aisixiang.com/data/8301.html
② 邢宇浩：《把知识奉献给人民》，［N］.光明日报，2009-7-17

3. 儒教之争

雨果曾言,"被人揭下面具是一种失败,自己揭下面具是一种胜利。"

1976年10月18日,"四人帮"被粉碎,"文化大革命"宣告结束,共和国历史翻开新篇章。1978年,任继愈先生的"儒教是教说"横空出世,这正是中国社会"揭下面具",进行历史自我批判、文化自我审视的特殊时刻。

毋庸讳言,"文革"给人们留下噩梦般的回忆,任继愈先生曾对儿子任重说起,自己应该写一部"文革"史,不但要记录遭受的磨难,而且要考虑中国哪里出了问题。先生经过不断反思,并深化认识,得出结论:"中国宗教(儒教)势力太大,又和政治结合在一起。"

"文革"中早请示,晚汇报,喊万岁,信语录,言获罪,弄得社会倒退、文化湮灭,这种把封建主义当成社会主义推广、摧毁民主的造神运动,是集体愚昧的表现。

儒教具有两个极端的作用——它对传统文化、几千年的国家根基起到至关重要的维稳作用,值得我们去继承,去研究,去发扬;但另一方面,儒家思想的根基是封建社会小农经济基础,因而"是民族的精神赘疣",这也是造成了"文革"悲剧原因之一。

在这样的社会现实面前,任继愈先生深觉儒教不仅是一种哲学思想,更应该是宗教,它虽无西方宗教"政教合一"的特性,但实则具有政教相融的特点:无儒教就无高度统一的、两千余年的封建集权统治,无秦汉之后的大一统帝国就无儒教的扎根土壤——这是其他任何西方国家都无法对标的宗教体系。

作为哲学家,任继愈先生对"文革"这一社会悲剧的理解是超脱个人得失的,他认为这样灾难性的无序,是广泛的社会基础和长久的思想积淀造成的。当儒家从"罢黜百家，独尊儒术"的桎梏中跳脱出来，成为政治实用主义的利器，当宋代把儒家彻底改造成了儒教，宗教神坛越筑越高时，就已经出现将国家引入歧途的诱因。任先生说："记忆犹新的十年动乱期间的造神运动之所以得逞，千百万群众如醉如狂的心态，它的根源不是佛教，不是道教，而是中国儒教的幽灵在游荡，只不过它是以无神论的面貌呈现在人们面前的。"①

多年来，对传统文化鞭辟入里的精研，对深重内乱洞隐烛微的反思，对宗教研究神领意会的探寻，使任继愈先生的思想在"文革"结束时豁然贯通，"儒教是教说"水到渠成地喷薄而出。

"文革"末期，任继愈先生的四弟任继周轻度中风，住在任继愈先生北京中关园的家中，他见证了"儒教是教说"的发轫。他曾就"文革"问题与兄长进行多次深入探讨，先生对儒教致乱进行了纵横古今的比较。他认为从西周《尚书》的"皇族有训"，到秦始皇的"以吏为师"，再到宋理学的儒家宗教化，一直到"文革"，某些方面是一脉相承的。

汤用彤先生擅用"历史的比较法"，他在哈佛时期的"跨宗教比较"研究中率先指出儒学是一种宗教，他还把儒学分为思想性的儒家和宗教性的儒教两个层面。任继愈先生在此基础上，对中国传统文化的整个脉络穷本极源，厘清儒教在各个时代的内涵和本质，进而提出"儒教是具有中国民族形式的宗教"，这一观点本固枝荣，值得敬服。

《易经》曰："圣人以神道设教，而天下服矣。"回顾儒教问题的发生史有助于理解"儒教是教"的本末。任继愈先生在《论儒教的形成》中对儒教的源起、发展、变革等作了细致的考证。

---

① 任继愈著：《任继愈谈文化·具有中国民族形式的宗教——儒教》，人民日报出版社，2010 年 10 月版，第 8 页。

推本溯源,虽在神话时代和历史时代的交接之处,尚无"儒"或"儒教"之名,但中华民族谱系清晰,黄帝被尊祀为"人文初祖",天下有不顺,黄帝征之。后黄河流域又出现尧(陶唐氏)、舜(有虞氏)、禹(夏后氏)。尧舜时代及后来的夏商周时期,有了明确的天神崇拜和相关的宗教仪式,宗教神学自此产生,一直延续至后世。后世儒教价值观中有"非圣等于犯法",而"所谓圣人就是尧、舜、禹、汤、文、武、周公、孔子"①,儒教的圣人谱系在此时已经奠定基础,默待后世神化。

孔子是儒家学派的创始人,继周公而起,集先圣大成,将儒教的理念、教义系统化,完成其理论体系。他"直接继承了殷商奴隶制十七大天命神学和祖宗崇拜的宗教思想",以夏商周的五教和祭礼为本源,祖述尧舜,宪章文武,以《诗》《书》《礼》《易》《春秋》设教。不过此时的儒教还没有被广泛地绝对信仰,只能说是儒教之初创。

汉武帝"独尊儒术",儒教成为正统,汉灵帝诏诸儒正定五经,刊于石碑,为古文、篆、隶三体书法以相参检,树之学门,使天下咸取则焉,正式把儒教定为国教。白虎观会议后,五经一统,成为国家经典及中华法系的基础,如张汤决狱要引《春秋》,此种情况不一而足。推行"用政权来推行神权、用神权来维护政权"②后,儒教开始傲视其他思想学术,被其后两千余年的封建帝王奉为确之不疑的治国方略。

南北朝时期,佛教、道教流行,但儒教依旧是封建思想的正统。北周时将儒、释、道并称为"三教",儒教已被正其名,且与众所周知的佛教、道教并举。北周建德二年(573年),鉴于三教对社会教化的意义和施行统治的功用,三教有了排序的先后——《北史·周高祖纪》曰:"帝

---

① 任继愈著:《任继愈谈文化·论儒教的形成》,人民日报出版社,2010年10月版,第11页。
② 任继愈著:《任继愈谈文化·论儒教的形成》,人民日报出版社,2010年10月版,第13页。

（武帝宇文邕）升高座，辨释三教先后，以儒教为先，道教次之，佛教为后。"

隋唐，"三教"之说盛行。"唐朝凡遇国家庆典，诏'三教'辩论于殿廷。儒、释、道三教为自己的'教'争荣誉，争地位，都推派代表积极参加。"[①] 唐朝时，很多人斥佛，韩愈写过《谏迎佛骨表》，积极为儒教争取地位，这从反面承认了三教鼎立的状况。

宋云门宗禅僧契嵩著《辅教编》，推崇儒家的孝道，主张儒、释并重。宋孝宗认可儒教为宗教，具有治世之功："以儒治世，以道治身，以佛治心。"朱熹穷一生之力对儒家经典进行注疏，建立了完备的宗教化典籍系统。宋朝还建立心学系统，程朱理学把儒教推到新的高度，从而深化了学界对中国传统思想文化"宗教性"的认识，完成了儒学的第二次改造。

元的国号取自《易经》之"至哉坤元"。在元朝统一前，忽必烈的谋士刘秉忠呈上万言书，结合中国历代和蒙古的治国方略，提出以"采汉法"为治国理念的核心，而这个"汉法"就是儒教。元世祖曾命廉希宪受戒皈依佛教，希宪答曰："臣受孔子戒矣。"（《元史·廉希宪传》）可见，在元人眼里，儒释同属宗教，且被为政者所举。

明朝，阳明心学吸收陆九渊心学、佛道两教的心性修养方法，着力让每个人都有机会成为君子或圣人，"人皆可以为尧舜"是儒教思想的升华，是由个人修养进入政治一统的蜕变，"为了适应宋朝统治者的需要，产生了宋明理学，即儒教"[②]，这是标志性的改变。

任继愈先生总结说，中国儒教的出现有着特定的历史渊源。秦汉时

---

① 任继愈著：《任继愈谈文化·具有中国民族形式的宗教——儒教》，人民日报出版社，2010年10月版，第3页。

② 任继愈著：《任继愈谈文化·论儒教的形成》，人民日报出版社，2010年10月版，第11页。

期，中央集权专制，这条路线一直走到清末。两千年来，中国社会一直贯穿着一对基本矛盾，"政治上的高度统一，是客观需要，经济上的极端分散又是客观事实……这一对矛盾如何协调，不使它畸轻畸重，便成了历代统治者关心的大问题。封建社会靠什么统治？像中国这样纵横数千里、上万里的大国，光靠武力、政治的权力是办不到的，除了政治军事力量外还得有宗教来配合。"[①]

儒教应运而生，它以宗教的方式促进人文教化，为政治制度、权力执行提供伦理标准，以敬天法祖凝聚社会认同，它的施教与布政是融为一体的，对国家民族建构意义重大，是只有中国才有的特殊宗教。

综上所述，"儒教是教说"有其深刻的社会沿革和文化渊源，而且是一直拥趸甚众的。第一个对此进行哲学和宗教理论论证的大约是国立孔教会的陈焕章。

大清亡国，根深蒂固的封建统治被掀翻在地，儒教受到巨大冲击，被视为保守思想的替身而"废教"。民国初年，康有为、陈焕章倡导以儒为国教，立孔教会，但他们仅将祭孔仪式普及化，再加上"五四"新文化运动的冲击，儒教错失发扬光大、占领上层建筑的大好机会。

不过陈焕章的努力没有白费，为了维护儒教的正统地位，面对孔教非教的质疑，他做了根本性的辩护："'宗教'二字，在英文为'厘里近'（Religion），解释之者，虽各各小同，然大致偏重于神道，若以英文之狭义求之中文，则以礼字为较近。"[②]

根据《说文》的解释，陈焕章认为，"礼"起源于祭祀，与西人之所

---

① 任继愈著：《任继愈谈文化·具有中国民族形式的宗教——儒教》，人民日报出版社，2010年10月版，第5页。
② 陈焕章：《论孔教是一种宗教》，http://www.360doc.com/content/16/0529/04/5316345_563154746.shtml

谓宗教之含义对等。因此，中国的"礼"即西方的"教"，何况中国亦有礼教之称，足以说明"礼"即教。循此为例，陈焕章呕心沥血从 12 个方面论证了孔教是宗教，系统而全面，为当时之冠。不过成也此例，败也此例，陈焕章以西方世界的宗教体系来比对中国本土的儒教，自陈"无在不以他教为比例，足令顽石点头，小儒哑舌"，但他没有充分论证儒教鲜明的民族性，因此引来唇枪舌剑无数。

"儒教是教说"的提出是任继愈先生投出的一粒石子，随着历史的演变，时代的发展，慢慢激起涟漪。近年来，随着国际和国内宗教学、哲学研究的深入，多元化视角逐渐打开，学术界中的志同道合者开始理解、接受、赞同"儒教是教说"，中国的传统文化被赋予全新的内涵。

台湾学者林安梧赞同儒教是宗教。他首先肯定儒教有教典、教仪，又有崇拜的对象教主孔子，教典即《四书》《五经》，他以台湾家庭的生活为例，晨起焚香、供奉祖先、年节祭天等都是宗教仪式的延伸；林安梧还认同以士君子为理想、以仁义道德作为规条的就是宗教团体；他用《尚书》中的"小心翼翼，昭事上帝"将至高神解释为"至高无上，宇宙造化"之源；最后，他总结中国的儒教不是西方意义的信靠宗教，而是觉性宗教——"明心见性""存心养性以事天"。

曾任教哈佛的现代新儒家学派代表杜维明教授在《民众的思想与宗教》中直截了当地提出："有必要正视的一个问题是，儒教是不是宗教？"

从比较宗教学的角度看，儒教的位置处于世界宗教（基督教、伊斯兰教、佛教）和源于特殊文化传统的宗教（诸如日本的神道等）之间。他认为儒教的影响巨大："如果把儒教排除于宗教之外，仅作为伦理道德体系加以探讨，无论从传统的角度，还是从现在的角度，都不可能理解儒教的作用。"

杜维明教授和任继愈先生一样，认识到儒教的两面性。他认为近现代中国文化的悲惨命运是由儒教中国所导致的"文化全面政治化和政治过程的一体化"的必然恶果。儒教的"圣王"思想，这具有强烈的宗教情怀。杜教授进一步论述儒家的性命天道观含有浓厚的宗教意义，具体表现在个人人格发展的庄严性、超越性与无限性上。

日本学者加地伸行的《儒教是什么》1990 年一经出版，就在学界引起巨大反响和思考。加地伸行肯定儒教即宗教——根据日本对宗教的理解，即与死和死后的解释相关的就有宗教属性，所以以"敬天法祖"为根本宗旨的儒教具有宗教的特点。

加地伸行认为，儒教通过孝道，也就是祖先崇拜、祭祀仪礼使自己的生命在子孙中得以延续，消解对死的恐惧心理，此即儒教的宗教性。他认为所谓的儒教文化圈，是由以孝，特别是以祖先崇拜为核心的儒教所形成的历史与宗教一体化的文化圈。他认为西方学者和以鲁迅为代表的中国近代知识分子进行的儒教批判之所以失败，是因为只看到了儒教的礼教性，而忽视了儒教的宗教性。

普林斯顿大学社会学教授吉尔伯特·罗兹曼在"文化的同一性与社会的关联性"这一议题的阐述中，把儒教划分为五个层次，并在《中国与日本的现代儒教价值的比较》中再次重申儒教具有多种形态：1.朝廷儒教；2.改革的儒教；3.不掌握政治权力的社会精英的儒教；4.商人儒教；5.民众儒教。经过这样的阐释，也表明罗兹曼教授的立场——他认可儒教是教，且儒教的内容因不同的政治立场、社会阶层而异。

对于儒教是否为教，众说纷纭，很难达成共识，这是由多方因素造成的：一方面和儒家思想本身的复杂性、多义性和后人理解评价儒教的立场、角度不同有关；另一方面也与宗教界定的众说纷纭、东西方对宗教的不同认知相关；更需重视的是，在光速发展的时代中，新思潮和新思想层出不穷地涌现，相互裹挟、争论、并存、共融，还在一个动态发展的过程中——但呼应前言，儒教是教的争论本身就是价值所在。

西方宗教定义是否是唯一"标准"？我们能根据中国的文化现状确立并完善其定义吗？自设樊笼，其实大可不必。

"继愈"之名来自对韩愈的崇敬，那么韩愈那种"特立独行，穷天地，亘万世，而不顾者"应该是"儒教是教说"被提出的勇气之源、思维之泉。

任继愈先生的高屋建瓴之处在于他立足于中国社会，回溯了儒教的产生、儒学到儒教的演变过程，揭示了儒教独特的宗教性。诚如宗教所研究员肖雁所说："通过导入历史唯物主义的哲学方法，在中国社会的历史文化生态环境中，审视儒教的产生和儒教在中国历史发展过程中的作用，无疑为儒教研究开辟了一条全新的道路，使儒教从文化身份认定的困惑中解放出来，使儒教研究从孤立的学术彷徨中自信起来。"[1]

当然，儒教这样一个重量级的文化现象不是理论一经提出即可成立的，但儒教说从不被承认、正视到如今被中国、东亚和世界学术界所关注，进而成为文化自信、文明自觉的起始点，任继愈先生的赫赫之功如何评价都不为过。

---

[1] 孔凡曦：《"用历史说明宗教"——任继愈对唯物史观的理解及其在宗教研究中的运用》.［2022-4-26］.https://www.wyzxwk.com/Article/sichao/2022/04/453887.html

四

中国哲学缺少
茶中之"糖"吗?

养志者忘形，养行者忘利，致道者忘心。

——《庄子·让王》

"还够称得上朋友，承他瞧得起，请我帮他解答许多问题。"天知道褚慎明并没吹牛，罗素确问过他什么时候到英国，有什么计划，茶里要搁几块糖这一类非他自己不能解决的问题。

——钱钟书《围城》

大浪淘沙，你不要看现在。一二十年之后，谁能沉得下心，谁才能够做出大的学问。

——宿白

北大一位教授在演讲时提及，近百年来，中国共翻译了近十万部西方著作，而西方仅翻译了百部左右的中国著作。实际数据很难考证，但中西文化交流，尤其是哲学领域的交流方面存在着巨大逆差，大约是不争的事实了。

钱钟书先生在《围城》中塑造了一个发人深省的"哲学家"褚慎明。他投机取巧，极擅钻营，靠招摇撞骗成为哲学大 V。在褚慎明的朋友圈内，晒的都是与罗素等哲学家如何如何亲近的场景，罗素同他讨论的也的确是没有褚慎明帮忙而不能解决的问题。褚慎明滑稽可笑至极，但却是那个时代中国哲学界的生动写照，因为在旧时中国，中西方哲学并不能平等对话。

余光中先生在《哀中文之式微》中的感叹也许可以借鉴到哲学中去："生硬的翻译，新文艺腔的创作，买办的公文体，高等华人的谈吐，西化的学术论著，这一切，全是间接西化的功臣。"

　　将近一个世纪过去，中西方哲学交流是否已经形成顺差，很难定论。基于不同的文化基础和底蕴，中西哲学各自为体，西方哲学家认为中国哲学受传统儒家影响太深，除非中国学术"纯粹地西化"，否则无法和西方对话；中国哲学家认为西方哲学门派、概念林立丛生，不能"致用"，无益于文化理想和社会理想的实现，是为鸡肋。

　　既然文化西化不完全有益，那么中国哲学该如何走出属于自己的道路呢？从中国传统儒家文化中走来的任继愈先生也许能给出明晰的答案。

（一）自有渊源

君子之于天下，无适也，无莫也，义与之比。

——孔子

哲学在中国文化中的地位，历来被看为可以和宗教在其他文化中的地位相比拟。在中国，哲学是每一个受过教育的人都关切的领域。从前在中国，一个人如果受教育，首先就是受哲学方面的启蒙教育。

——冯友兰

我小时候喜欢刨根问底，别的学科只解决个别问题，哲学研究人生的根本问题，所以我对哲学感兴趣。

——任继愈

孔子杏坛讲学，弟子围坐其旁，一位学生问道："夫子，君子应该有怎样的作为呢？"

孔子微笑着回答说："对于天下的事情，没有规定君子一定要怎样做，也没有规定他一定不能做什么，只要考虑是否符合'义'就行了。"

作为一个深受传统儒家文化熏陶的读书人，任继愈先生的人生理想没有框架设限，他在学习的过程中、在对社会的观察中、在对责任的思考中逐步走上研究哲学之路，而这条路恰好符合"义"之所求，恰好符合中国社会的发展历程，正好顺时应命为弘扬传统文化而献出一个哲学家毕生的心血。

1. 学问种子

顾名思义，"任继愈"这个名字蕴含着"继承韩愈"的意思，但这个名字代表的不唯是鄙六朝骈体文风、"文起八代之衰"的韩愈，也不仅是任裴度行军司马、参与讨平"淮西之乱"的韩愈，更不仅是发峥嵘之声、谏迎佛骨的韩愈，文以载道且传承中国文化之绝学道统，这才是韩愈深体民疾、兼济天下的仁人君子之风。

每一棵参天大树都有自己的沃土，每一次枝繁叶茂都需汲取深埋于地下的营养，任继愈先生一路走来，有迹可循，步步踏实。先生在成长的过程中，将个人命运与家国命运相融合，终于在哲学领域开辟了一番新天地，成为民族文化的思考者。

每一个哲学家都是自儿童成长起来的。儿童的心灵最是纯真，他们不受陈规旧俗和社会意识的束缚，总是提出天马行空的看法，这样的例子不胜枚举。老子少时看见楚国伐宋，说："这不是好事，楚国现在树大招风，祸事就要到了。"一年之后，楚晋城濮之战，楚国惨败。

理学家朱熹的父亲以手指天教导孩子认知世界，朱熹马上问："天上面是什么？"这是儿童的思维方式，同样也是哲学家的思维方式，他们的共通之处就是不仅想了解事物的表面特质，还会奇想异思去探究事物的本质奥秘。自由宽松的家庭、专注投入的态度、循序渐进的教育、热切求知的欲望都是一个哲学家成长过程中的助力，这一切恰好天时地利地出现在任继愈先生成长的过程中。

对世界的好奇心是哲学产生的源头，抛弃枯燥现实、急切探索与发现是哲学家的最基本品质。孩童时代，小小的任继愈就是一个凡事都要问"为什么"的孩子，他的双眼明亮而澄澈，深邃的瞳孔探究着世间一切奥秘，目之可及的地平线到浩渺无垠的穹宇，都被这个孩子打上数不尽的问号。

在自选集《竹影集》里，任继愈先生说自己从小就有打破砂锅问到底的脾气，他喜欢寻根究底，小时候看蚂蚁在砖上爬，他就会把砖拿起来，问蚂蚁怎么不掉下来、它是不是会头晕之类的不切实际的问题。

除了带着纯真和好奇的心态探索客观世界，幼年的任继愈还喜欢思考抽象问题，诸如"人为什么活着""社会发展到哪里去"等。哲学思想的萌芽在自由自在、天马行空的精神世界内潜滋暗长。

如果把人放在大时代里看，任继愈先生出生于1916年，那是中国社会急剧变革、整个社会动荡不堪的时代。从哲学史上看，乱世往往容易形成思想活跃、百花齐放的局面，如春秋战国时期、魏晋南北朝时期，而20世纪的二三十年代正是这样的历史时段。

五四运动和新文化运动如同惊雷，豁然打开了中国通向世界的大门，唤醒了一代青年，使中国的知识分子尤其是广大青年受到一次彻底的、深远的西方民主和科学思想的洗礼。这个历史阶段对中国现代社会的历史走向和文化发展产生了深远影响——社会上流行着各种"主义"，思想的论战此起彼伏，报刊杂志上也不断有珠玑贯玉之作，这些都在引导青年人更进一步思考中国文化和中国社会出路等问题。

在这样的时代背景下，任继愈先生进入北平大学附中读高中，在任今才、刘伯敩、张希之等老师的影响下，他逐步接触胡适、梁启超、冯友兰等人的著作，并开始接受初步的哲学启蒙，逐渐从更深广的层面、更深的角度思考社会和人生的问题。研究哲学的念头在先生年轻的心灵里萌发，然后不可遏抑地促使他向着梦想前行。

1934年，任继愈先生以优异的成绩考入梦寐以求的理想学府——北大，专攻哲学。"国破山河在，城春草木深"，在当时的社会环境下，选择读哲学显得不合时宜，但理想闪烁着光芒，年轻的任继愈信念坚定地走上了哲学研究之路。与任继愈先生同届被北大哲学系录取的共有 16 人，前三年，他们在北平学习，大四那年，大部分学生跟随联大在滚滚硝烟中穿过长沙，到达昆明。时移势迁，四年过去，这一届哲学专业学生最终只有 3 人毕业，先生便是其中之一。

任继愈先生最终选择中国传统文化与哲学作为自己的研究方向，不仅有理想的光照，更有现实的启发——他在"湘黔滇旅行团"的艰难征途中，对中国社会的历史和现状加深了理解，寻找到自己的责任和使命。战火的洗礼，漫长的跋涉，亲身的见闻，让任继愈先生看到"最勇敢"的人民，看到"中华民族有一股力量，有一种看不见的传统"，这种现实使先生的思想完成了一次嬗变，从此，他确立了哲学研究与社会研究相结合的方法，并践行终生。

1939 年，西南联大北京大学文科研究院在昆明招收研究生，先后共招两届学生，不到 20 人。这是英才的选拔和角逐，需先提交有一定理论基础的论文方有报考的资格，任继愈先生成功考上第一批研究生，师从汤用彤和贺麟先生，攻读中国哲学史和佛教史。

对这样的选择，任继愈先生说："用一生的时间，去探究中国的传统文化与传统哲学。应该说在做这个决定的时候，自己的心情是相当庄重严肃的，不仅有了确切的方向和目标，而且有一种使命感。对于自己来说，人生的价值和幸福都将体现在这个目标上。这或许也可以算作是自己'安身立命'的具体体现吧。"此后一生，七十余年，先生始终不改初衷，勇往直前。

2. 哲人常驻

著名哲学史家、北大教授汤一介先生曾说过："我觉得现在还谈不上我们国家已经出现一个可以把各种思想整合起来的思想家，还没有达到这个条件。"自 20 世纪 50 年代的政治运动之后，汤一介先生就打消了当哲学家的念头，只专心走哲学史的路子。

这是对中国哲学的悲观论吗？显然不是。原来，汤一介先生所谓"现在"的参照系是"30 年代"，而他对"思想家"的定义是像胡适这样国学基础与西学基础兼优、既有思想又有学术的大师，难怪他的结论是"没有达到这个条件"。

20 世纪三四十年代的联大，大师云集，如群星闪耀在天际，思想界的光辉之盛是以后时代不可复刻的。踏入联大的任继愈先生如饥似渴地汲取知识的力量，他深受大师名儒的教导，追随师长们思想的光芒，孜孜以求探索哲学的王国。

在回忆自己生平的传记《念旧企新》中，任继愈先生深情回忆了自己的导师汤用彤、熊十力、贺麟、冯友兰、胡适等先生，也翔实地记叙了自己学习哲学的渊源和过程。

哲学在当时的中国是一门新兴学科，北平的大学里只有清华、北大和燕京大学有哲学系。清华哲学系由金岳霖先生担任系主任，有众多专学西方哲学的大家，人才辈出，当时号称"成王败寇"——只要在清华学成，那就是声名显赫的哲学家；北大哲学系由汤用彤先生担任系主任，人数很少，显得更为佛系，以研究哲学史和佛教思想为主。

汤用彤先生是中国较早的官费留美学生之一，他 1920 年进入哈佛大学研究院学习，在校两年，学习极勤奋，在取得硕士学位的同时，还学习梵文和巴利文，通晓法语、日语。归国后，汤先生在南京东南大学哲学系任教授和系主任。

按照汤用彤先生的学习轨迹，他本该成为西方哲学在中国的权威代言人，一如他的学生陈康、郑昕、向达，他们一人钻研古希腊文，成为古希腊哲学专家；一人专攻德国古典哲学，成为康德哲学的行家；一人翻译亚里士多德《伦理学》，成为古希腊贤哲的知音。但汤先生走了一条完全不同的道路。

汤用彤先生能在北大执哲学系之牛耳，源于他所受的特殊教育，他既是国学渊源深厚、从小"幼秉庭训，早览乙部"、经史子集无所不通的博学大儒，又是自幼学习英语、广泛接受世界文化、文史哲兼修的开放学者。汤先生在北大哲学系曾教授哲学概论、欧洲大陆理性主义、英国经验主义等西方哲学课程，同时他更专注于精研佛教、道教等传统哲学。

"有了中外文、史、哲广泛探索的基础，又具备丰富的背景材料，所以汤先生的佛教史研究，讲的虽是一个方面，但读者从中得到的感受如饮醇醪，值得回味。"[①] 时隔五六十年，任继愈先生在想起汤先生所上的课时，依然回味无穷。

汤用彤先生在佛教研究中，注意文化与社会思潮之间的联系。例如，他在研究隋唐佛教特点时明确指出南方佛教与玄学理论相融合，具有统一性；东西方经济往来增加，使佛教更具有国际性；佛教在隋唐时自成体系，又具有自主性；各宗教派系完成理论体系建立，重新梳理佛教流派，还具有系统性。以上宏见全都建立在隋唐时期特殊的社会发展史上，是脚踏实地的哲学研究，而非空泛的理论构架。

汤用彤先生在哲学治学中，注重历史比较，这使他视野更加开阔，避

---

① 任继愈著:《念旧企新·汤用彤先生和他的治学方法》，人民日报出版社，2011年1月版，第63页。

免了片面性。例如，他在讲魏晋玄学时，常常拿郭象和王弼的学说作比较；他在讲佛教思想时，常常拿印度佛教和本土化了的中国佛教作比较。汤先生既可用西方唯心主义的哲学解读佛教思想，又能用传统文化来观照西方哲学思想；他既不抱残守缺，也不崇洋西化，只是老老实实从历史现象的发展中寻找变化的线索，以史实为论据来研究哲学，这样的所见在当时充斥着买办主义、封建思想的学界自然成为高屋建瓴之识，汤先生也因此成为当时哲学界的泰山北斗。

汤用彤先生的文化联系社会、历史比较的研究方法极大地影响了任继愈先生的哲学研究，这里可举一例以证明：

任继愈先生在《21 世纪的中国哲学》中开篇即说"经济一体化，政治多极化，是当前的现状，我们要从中国的国情说起（说中国哲学）"。[1] 先生在谈及中国古代哲学和世界古代哲学时也进行历史比较以寻其同异——共同点是中西哲学都依附于神学的主干，但西方的传统宗教是基督教，中国的传统宗教是儒教，所以中国意义上的"神学"实则是"经学"。

除了汤用彤先生，给任继愈先生的哲学研究影响较大的也许是冯友兰先生。

汪子嵩是联大的学生，他曾有一段形象的文字描绘汤先生和冯先生："冯先生是留着很长的胡子，头发也比较长，穿着长袍马褂，从背后看起来，有点儿像道士的样子；而汤用彤先生是个子比较矮，胖墩墩的，光着头，所以从后面一看像一个和尚……"

穿"长袍马褂"的冯友兰先生在学生眼里是一个颇具古风的书生。他给任继愈先生留下深刻印象是在一次演讲上，冯先生说，抗日战争一定会

---

① 任继愈著：《任继愈谈文化·21 世纪的中国哲学》，人民日报出版社，2010 年 10 月版，第 207 页。

胜利，胜利以后中国就是头等强国，这给包括先生在内的青年学子很大的鼓舞。

除了书生意气，给任继愈先生影响更大的当属冯先生的书生倔气——他一门心思认定中国有哲学，且独自埋头、倾尽心血去写出大部头的中国哲学史，这样的哲学家只有冯友兰先生一人。

"中国哲学"在当时是一个带有争议性的话题，争议的焦点是中国是否有哲学。胡适用他的《中国哲学史大纲》改变了中国哲学的面貌，让中国哲学有了现代化的标志。虽为哲学家，但"胡适抱着西方学术界的偏见，认为中国只有思想，没有哲学，以致后来他主持的北大文学院哲学系没有中国哲学史课程，只有中国思想史课程，胡适在历史系开设中国思想史，讲授的内容还是中国哲学史的资料"。[①]

任继愈先生不同意胡适的这种观点，而是更倾向于冯友兰先生的观点：中国不但有哲学，而且中国哲学有其内在的体系和巨大价值。

中国哲学最早出现在什么时候呢？任继愈先生认为，原始社会没有哲学，只有自然形态的宗教。到了奴隶社会中晚期，大概是春秋战国时期，生产分工出现，一部分人开始从事精神创造，哲学才慢慢从宗教中分化出来。自从秦朝统一中国，一直到1840年鸦片战争爆发，中国社会都处于封建时期，中国古代哲学的形成、发展及其成熟和精彩的登场，主要就是在这个时期。由于中国的封建社会体制发展完备，因此与此对应的哲学体系也很丰富，它经天纬地，包罗万象。

至于胡适所论的"中国没有哲学"，也有其社会成因——进入近代社会之后，由于封建思想没有完全被荡涤，比如社会物质基础没有得到合理

---

① 任继愈著：《念旧企新·冯友兰先生在中国哲学史领域里的贡献》，人民日报出版社，2011年1月版，第101页。

的发展、个人的权利和精神自由被忽视、科学技术严重落后等因素同时作用于社会，造成了中国哲学与现代社会的背离。

当然，这些都是任继愈先生哲学思想成熟之后的观点，而当时先生不过是一个尚在探索过程中的年轻人。他选过冯友兰先生的课，分数考得不好；研究生毕业答辩，冯先生是答辩委员之一，他拿的分数也不高。虽如此，任继愈先生对冯先生依然无比敬仰，因为这个既有西方现代科学方法素养，又有高度抽象概括能力的书生把中国哲学史一些长期讲不清楚的问题讲清楚了：

> 比如把先秦名辩思潮中的惠施哲学归结为"合同异"，把公孙龙的哲学归结为"离坚白"。现在的中国哲学史界都接受了这一观点，并认为本来应当是这样的。其实这只是前辈学者留下的成果，后来者顺利地接受下来罢了。冯先生以前的学者都没有这样简明，像这样的例子还很多，都表明冯先生善于以简驭繁、高度概括，值得学习借鉴。
>
> ……
>
> 魏晋时期重点介绍王弼和郭象，并把他们从《老子注》和《庄子注》的附庸于老、庄的地位分离出来，使他们独树一帜。这种见识在今天看来认为是理所当然的，可是当时，无疑是一个创举。[1]

时至今日，"高台不见凤凰游，浩浩长江入海流"。作为中国哲学人文

---

[1] 任继愈著：《念旧企新·冯友兰先生在中国哲学史领域里的贡献》，人民日报出版社，2011年1月版，第101页。

谱系中承前启后的一代人，任继愈先生上承西南联大鸿儒之殷殷教诲，下启中国哲学发展之宏伟蓝图，他的一生，不观气象，不随众议，专注学术，精思慎行，成为中国哲学反思和传统文化守成的双赢者。

（二）中国哲学

中国传统中该变化的早就变了，不该变的永远都不会改变，而这些永远都不会改变的中国传统将统领世界。

——梁漱溟

毛主席最推重任继愈。说中国文化、中国哲学，你们最好去找任先生。说我是国学大师，是外行话。

——季羡林

趋时者众，谔谔者稀。

——任继愈

现代新儒家学派代表杜维明教授曾说："近百余年来，我们都在向西方学习。现在他们的好东西我们都学会了，他们也该学学我们的好东西了。"

哲学领域，"中国的好东西"即孕育在传统文化土壤中的中国哲学，它是厚重深远、玄奥深刻的，也是盘根错节、纷繁复杂的，需无数哲学家各抒己见、百家争鸣才能逐渐发掘其光辉。

任继愈先生的中国哲学研究是有本之木，有源之水，他的老师汤用彤先生早年在西方学习哲学，但随着研究的深入，蓦然回首发现了中国传统哲学的魅力，即刻回归本土，力倡"理学救国"，首创从"本末体用之辨"的角度来解释儒道释三教之争以及佛教本土化过程中的三教并行。

贺麟先生在其《五十年来的中国哲学》中评价说，汤用彤先生的哲学研究"厘清了一脉相传没有中断的中国哲学道统，其宏通平正的看法不唯提供了研究中国哲学文化史的新指针，且在当时偏激的西化声中有助于促进我们对于民族文化新开展的信心"。①

将中国传统哲学作为发展性整体进行研究的方法，任继愈先生一脉相承了下来，并发扬光大，师生二人既融汇新知，又昌明国故。李申教授亲见先生在中国佛教研究和儒教研究中的执力深耕，因此将先生定义为"他不仅是研治中国哲学的专门家，而且是一位全方位的研治中国传统文化的学者"，可谓切中肯綮。

1. 本末有源

建筑历史学家梁思成说过："我们有传统习惯和趣味：家庭组织、生活程度、工作休息，以及烹饪、缝纫、室内的书画陈设、室外的庭院花木，都不与西人相同。"这句话说在"五四"以后，说在中国文化与西方文化有了巨大接触碰撞以后，是具有极大的积极意义的。

"五四"精神是一种打破桎梏的精神，在思想界和学界，"对传统求解放"和"对西方求解放"的声音日盛。"对传统求解放"，即对传统文化反省、批判和反思，"对西方求解放"，即对西方文化提出了质疑和批评。在两种"解放"中，不少有识之士开始更理性地评价我们的传统文化，这无疑给中国哲学史的研究打开了一个全新的窗口。

中国古已有哲学之实而无哲学之名，用西化的学术角度、现代的学术方法能否研究扎根于中国大地上的哲学呢？

想要解读任继愈先生的中国哲学思想，可以从"他研究了什么"这个话题开始——

---

① 赵建永：《明体达用 固本兴新——从一封新见信函看任继愈的学术传承与创新》.［2024-3-4］.https://baijiahao.baidu.com/s?id=1792580502716730073&wfr=spider&for=pc

先秦时期，天命神学产生哲学。人在与至上神、天地、天道、祖宗、神灵，也就是天人关系、神人关系中定义了中国哲学。《礼记·表记》中说："殷人尊神，率民以事神，先鬼而后礼。周人尊礼尚施，事鬼敬神而远之，近人而忠焉。"殷周之间，哲学伦理已经从事无大小都求神问卜的鬼神敬仰转化为以礼为先、辅以人力作用的天命神学。

任继愈先生认为，西周天命神学对中国哲学的影响重大，主要表现为两点："第一，由于西周的天神观念一方面保留了自然界百神之长的身份，另一方面又是宗法奴隶制的政治和道德的立法者，自然的属性和社会的属性纠缠在一起，分辨不清。这种情形影响了中国哲学，使它长期以来不能形成一个反映纯粹的自然本质的总体性的范畴，建立类似希腊哲学中的那种自然哲学。第二，由于西周天命神学的主要内容是为宗法奴隶制作理论上的辩护，所以后来的中国哲学对这种天命神学无论是继承、改造还是批判，都是围绕着对宗法奴隶制的不同态度而展开的。这种情形也规定了中国哲学以政治道德问题为主要内容。"[1]

春秋诸子学说打破了思想界的沉闷停滞，战国时期诸子著述层出不穷，产生激烈的论战。思想界既有摆脱传统文化束缚的独立思考，又不能和传统天命神学彻底决裂，理性与感性的斗争错综交织，再辅以经世致用的目的，学术形成了高度的繁荣。

任继愈先生认为战国时期，封建制度得以确立，各个阶级阶层不得不对新秩序表示态度，积极支持和坚决反对，温和改良和暴力改革都有其应命者。同时，哲学与宗教情形就更加复杂了。不管出于何种立场，文化的繁荣，使哲学突破了殷周时期的宗教性质。

---

[1] 任继愈主编：《中国哲学发展史》，人民出版社，1983年版，第112页。

秦国采用商鞅推崇的法家思想而逐渐强大，最终统一六国，建立了集权的封建王朝。帝国建立之始，哲学界的百家争鸣被暂时抑制，因为各行其是的哲学思想本身体系不够完备，也不匹配于庞大的帝国一统之需求。但"儒家思想在调整君臣、父子、夫妇的关系方面有着特殊的作用"，其实并没有被完全摒弃。

任继愈先生在分析焚书坑儒的本质后得出结论："由于现实生活的需要，儒家思想也逐渐渗透进来……秦始皇治理黔首用刑法，教育太子、贵族则用礼仪；对群众用愚民政策，对统治者采用儒家教化。"①

汉初实行的"黄老之学"是对国家创伤和百姓痛苦的疗愈，它是先秦的法家、道家思想融合改造之后的黄老之学——以"法治"为主，以"德治"为配。因为汉王朝的强盛，中央集权和思想一统给中国哲学的发展提出了新要求，折中的黄老之学很快为儒家思想的一统让出了道路，天人感应说被董仲舒重新包装，用以治世。

"天之任德不任刑也"强化了君权，也用神权约束了君权。任继愈先生看出了其本质："他（董仲舒）屈君而伸天，要借天的权威对君权加以限制，另一方面又以君权天授，借天的权威来强化君权。"②

汉武帝时期，儒家思想成为正统学说，学术上唯我独尊，政治上加强集权，然后慢慢深入到社会生活的各个方面，成为后世儒教产生、壮大的坚实基础。在任继愈先生看来，儒教在此时已经被宗教化，因为它具有了束缚人思想和规定人行为的强大伦理作用——"从汉武帝独尊儒术起，儒家已具有宗教雏形"。

历史告诉我们，社会动荡，儒家思想必会因其维护封建礼法和伦理道

---

① 任继愈主编：《中国哲学发展史》，人民出版社，1983年版，第78页。
② 任继愈主编：《中国哲学发展史》，人民出版社，1983年版，第326页。

德而被削弱。随着张角领导的黄巾起义爆发，汉朝统治土崩瓦解，儒家经学出现崩裂，魏晋玄学开始兴起，这其实是中国传统哲学的又一次大融合，因为这是"从先秦到两汉的整个哲学思想发展的结果，它不仅综合儒道，而且综合百家，特别是全面地综合了汉魏之际兴起的诸子之学的积极成果"。①

根据对玄学思想的分析，任继愈先生发现，崇尚"清谈""无为"的玄学确实是当时哲学思想的主流，但无法适配封建统治阶级需要的思想就无法形成绝对的权威地位，佛教的传入给玄学家们带来希望，他们开始在佛教的义理里寻找哲学根基并试图解决社会问题。

隋唐时期，统治者对思想界采用较为平和的政策，儒、释、道思想都开始蓬勃发展。韩愈、柳宗元等学者热衷于传播儒学的价值，初唐倡导编辑五经释义，对经学的统一起到了非常重要的作用；魏晋遗存的玄学促进道家思想的发展，皇帝以老子后人自居，支持了道教发展；佛教世俗化逐渐加深，禅宗开始壮大，"把心性论研究推向新的高度"。

三教思想在唐代相互融合又相互竞争，为中国传统哲学的丰富和普世价值的实现奠定了基础。

三教中的儒教试图恢复其在封建社会中"治国平天下"的统治地位，并在道德伦理思想之外开始祈求更高、更广的理论建设。宋代理学就是在这样的驱动下，迅速成熟为成果性的理论。

宋明时期最具代表性的哲学便是理学，其影响深远，直到近代新民主主义革命对封建体制进行强大冲击，才随封建统治的瓦解而逐步消散。

宋明理学的出现有其合理性，是中国社会发展到封建社会晚期的必然

---

① 任继愈主编:《中国哲学发展史》，人民出版社，1983 年版，第 22 页。

产物，任继愈先生说："直到北宋建国，中国进入封建社会后期。作为稳定政权统治秩序，维护封建宗法制度，除了儒家经学以外，还有佛教经学、道教经学。为了加强经学的权威性，只有把当时社会思潮诸多文化因素吸收到经学中来，经学才有生命力。"①

现代哲学家和思想家对宋明理学的评价不一。首先，朱熹将不属于同一时代的四书放在一起作为儒家经典注解，这是思想的一统，对于社会发展起到稳定作用，任继愈先生看到其积极作用："强调为人处事的道理，主要教人如何修身养性、涵养性情，正心诚意。在家为孝子，做官为忠臣，成圣成贤，不离于人伦日用之间。"②

其次，"存天理，灭人欲"被广泛质疑，"主敬""慎独""致良知"是对人的思想自由的抑制，是对封建伦理纲常、政权统治的维护，而且实际上这种背离人性的哲学思想并不能挽封建社会的大厦于将倾，反而给黄宗羲、顾炎武等进步思想家提供了批评社会、反对君主专制的依据。

至明末清初，具有唯物主义倾向的进步思想家，如黄宗羲、顾炎武、王夫之等在思想界崭露头角，他们开始批判君主专制统治和传统的心学。任继愈先生最赞赏王夫之，他说："王夫之是我国朴素唯物主义的集大成者，他在自然观、认识论、历史观和辩证法方面都超过了以往的唯物主义水平。他继承了张载的唯物主义思想，通过对宋明以来主、客观唯心主义的清算批判，把唯物主义发展的更加完备。"③

不管统治者如何推崇，理学大概在乾隆年间退出了主流哲学的舞台。清朝政府和传统儒教最后在风雨飘摇中解体，随着视野的开放，西学东

① 任继愈著:《任继愈学术论著自选集》，北京师范学院出版社，1991年版，第198页。
② 任继愈著:《任继愈学术论著自选集》，北京师范学院出版社，1991年版，第204页。
③ 任继愈主编:《中国哲学史简编》，人民出版社，1984年版，第345页。

渐，哲学的主要阵地被西方哲学所占领，中国文化被裹挟卷入世界哲学的大潮当中。

到清末戊戌变法时，中国开始出现成熟的"西学"哲学家，如康有为、谭嗣同、严复、王国维等，他们移植或转述西方哲学的痕迹十分鲜明，但他们哲学的本源还是中国哲学。谭嗣同在他的《仁学》中阐述过这样的观点："凡为仁学者，于佛书当通华严及心宗、相宗之书；于西书当通《新约》及算学格致、社会学之书；于中国当通《易》《春秋公羊传》《论语》及《礼记》《孟子》《庄子》《墨子》《史记》及陶渊明、周茂叔、张横渠、陆子静、王阳明、王船山、黄梨洲之书。"

"五四"新文化运动将中国自由民主的窗口骤然打开，此后的哲学家，如欧阳竟无、熊十力、贺麟、梁漱溟、冯友兰、金岳霖等都不同程度吸收西方哲学体系的观点、方法，但他们的哲学思想依旧属于中国哲学的体系。

根据以上的研究，任继愈先生将中国传统哲学作为发展性整体进行研究，他将中国哲学史分为三个历史阶段：第一个时期是奠基时期或称作奠基阶段，即中国哲学先秦阶段。第二个时期是繁荣时期或称作繁荣阶段，这一阶段的哲学包括从秦汉到鸦片战争，长达两千多年。鸦片战争以后，为中国哲学发展的第三个阶段，转变时期。

对中国哲学史的分期，任继愈先生做了本末有源的探讨，终于在漫长的历史进程中整理出中国哲学史的脉络，这是一项艰巨且烦琐的研究工作，如果不是对于中国哲学有发自内心的热爱，是无法坚持的。先生说："搞中国哲学，我一直没动摇这个信心：中华民族应该有自己的东西，不然抗战怎么能打胜。所以，中国哲学很值得研究，很值得钻一钻。"①

这一"钻"就是几十年，这一"钻"终于将中国哲学的底蕴和精华尽数厘清，使这稀世之珍终得呈现在世人面前。

2. 洞见古今

辉煌璀璨的中华文明稳健地走过几千年的漫长岁月，成为世界上唯一古老却仍然生机勃勃的文化奇迹，中国哲学与之伴生。解锁中国哲学，就是解锁传统文化的精髓和活着的灵魂。任继愈先生担此重任，开启"中国哲学"这个古老命题，毕其一生之力，皓首穷经以求。虽"路漫漫其修远兮"，但先生"上下而求索"，执着且坚定。

朱熹说过"用力多者收功远"，但哲学研究比拼的不仅是"用力多"，更要看谁"收功远"。勤和钻固不可少，但一位伟大的哲学家更需宽广而深邃的哲学眼光，要能犀利地看穿他人所无法设想之极限，要能厘清五千年文明之精髓。在这一方面，任继愈先生确有卓乎不群之才。

西方很多学者把中国文化当作考古的对象，但任继愈先生对中华民族丰厚的、富有生命力的文化充满自豪，这种自豪来源于他的文化自信和文化觉醒。

哲学研究要从国情出发，这是坚如磐石的根基，在此基础上，用历史唯物主义的方式来研究中国哲学，用史学研究的方法审视中国哲学本来的面目，这是任继愈先生的洞见之一。

中国多民族统一的格局从两千多年前就已经奠定了，并被全体中国人所认知接受。哪怕期间有不统一的时期，那也是中华民族内部的分裂，且

---

① 任继愈：《我与哲学》. [2009-8-5].https://www.tsinghua.org.cn/info/1954/14066.htm

这种分裂会给人民带来战争和动乱，所以多民族统一永远是人心所向。在多民族统一、文化延续的国情下，中华民族的思想文化、政治制度、宗教信仰、生活准则、伦理规范、道德要求混合成为一个综合体，决定了中国哲学的博大和多义。中国哲学必然带有中国文化传统和历史现实的烙印，这是确定无疑的。在任继愈先生看来，这是关乎中国哲学的重要原则。

"把问题提到一定的历史范围内"去看哲学思想和哲学人物，是一种历史唯物主义的方法，这种方法看似老套没有新意，但显然更能再现哲学史本来的面目。以任继愈先生解析儒、释、道三教为例，我们可以清楚地看到历史唯物主义能将哲学问题简明而又深刻地剖析出来，其实用性和适用性都是极广泛的。

任继愈先生说过，宗教哲学的问题一定要放在特定的社会历史条件中来分析，才能拨云见日，看到本质。这是真知灼见，因为我们无法用宗教说明历史，但可以用历史说明宗教。

儒、释、道三家是不同的思想文化体系，但它们在同一个地域空间和文化空间内，相互共生、接触、吸引、排斥，最终走向融合。佛教排斥世间法、儒教去佛教化都曾闹得沸沸扬扬，但三教融合是必然趋势，要注意它们之间的那种互相融合的关系。任继愈先生说：

> 过去研究佛教、道教、儒家的历史往往是单线的，各自为战，这不符合历史的实际。写佛教专史，也要兼治道教、儒家；写儒家专史，也要兼顾佛教、道教；写道教专史，也要兼顾佛、儒，固不待言。①

---

① 任继愈著：《皓首学术随笔 任继愈卷》，中华书局，2006年10月版，第12页。

中国佛教思想经历几百年的传播与中国传统文化相融合，已成为中国封建社会上层建筑的一部分。佛教哲学思想不应再被看作外来文化，它已是中国文化的一部分。佛教哲学与当时中国社会、历史文化息息相关。佛教经学所涉及的问题，是接着中国哲学史讲的，应当看作中国哲学史的一部分，而不是中国哲学史以外的体系。①

唐朝时大兴寺庙，派僧侣到海外取经，而在宋代理学中，佛教禅宗思想渗入理学内部，推动儒教的形成，这些都是例证。因此，任继愈先生认为佛教属于唯心主义宗教体系，但还是应当把它纳入中国哲学发展的主流中去，因为作为一种文化现象和社会现象，它大大地丰富了中国哲学史的内容，拓展了哲学研究的范围和视野。

基于历史唯物主义研究的立场，任继愈先生提出，哲学史作为认识史，能够功能性地为人们提供可贵的借鉴，即所谓"前车之鉴，后事之师"。这是任继愈先生的洞见之二。

恩格斯曾有言："训练思维能力，迄今为止，还没有比学习哲学史更有效的办法。"任继愈先生深以为然。

任继愈先生曾举例说过，马克思主义是发展的，也是有局限性的。20世纪前半叶，中国社会普遍接受马克思主义为主要意识形态，且认为资产阶级的坟墓挖得差不多了。在人民大会堂的一次会议上，周恩来拍着荣毅仁的肩膀说，你还年轻，能看到共产主义，我们都不行了。由此可见，不管是领导阶层还是普通民众都认为共产主义很快会实现，国家和社会理当

① 任继愈著：《任继愈学术论著自选集》，北京师范学院出版社，1991年版，第87页。

有一个翻天覆地的飞跃，后来的"大跃进"、"文化大革命"跟这种欠缺理性的、急躁冒进的认识就有相当的关系。

任继愈先生并非全能全知，也不具备上帝视角，他是痛彻心扉地站在历史车轮碾压过的痕迹上说话的，他看到了历史的教训，然后从中国传统的儒教中去寻找动乱造成的"前事之师"，其目的就是避免"后事"重演。

这样的预警意义重大。中国哲学本来就比西方哲学更积极地干预现实生活，推动社会发展。但进入近代社会之后，未荡涤干净的封建残余思想影响巨大，儒教宗教化、宗教神权放大，产生了一系列的社会问题：个人权利被忽视，科学技术不被重视，合理的物质要求得不到正确对待，以贫困为荣，把富裕当成堕落的诱因，把贫困的农村当成改造思想的课堂，把现代文明看作是罪恶之源等等。

基于这样的情况，极"左"思潮产生，哲学思想变成社会进步的桎梏与阻碍，它与社会现代化发展相背离，与人的真实精神需求相背离，与国家社会的发展相背离。这种经验教训不可谓不惨痛，任继愈先生将这种历史之鉴看得很重要。

关于中国哲学和西方哲学的关系，任继愈先生既看到其融合，也看到其割裂，对二者之间的共性与个性、矛盾与和洽的正确认识是先生的洞见之三。

中国哲学最早出现在什么时候？任继愈先生在其主编的《中国哲学史》里认为，原始社会没有哲学，只有宗教。到了殷商之后开始有精神创造的萌芽，哲学慢慢从宗教中分化出来，成为专门的文化分支。纵观世界各国，虽文化形态和发展各不相同，但哲学基本都产生在奴隶社会，无论是古希腊、古罗马，还是古希伯来和中国的春秋战国时期——这是中国哲学和西方哲学同步的地方。

从强秦横扫中原，建立统一的多民族国家，到 1840 年鸦片战争爆发，中国始终处于封建王朝时期。这个时期时间跨度漫长，社会形态发展完备，依附于"经学"的哲学体系变更迭起，内容丰富，逐步建立起一个完整的古代哲学思想体系。任继愈先生认为，中国哲学的形成、发展及其成熟的高光时期主要在这个阶段。

虽然成熟发展时期基本趋同，但中国哲学走的是平实稳健、逐步发展变化的道路，而西方哲学则是在中世纪中后期的经院哲学之后，脱离神学才开始蓬勃发展的。到自由资本主义时期的近代，哲学更是百家齐鸣，大放异彩。

综合比较来说，中国奴隶社会时期哲学和后资本主义社会哲学都没有西方哲学来得内容丰富、建构清晰。但是，从另一个角度看，中国古代哲学和西方哲学都渊源深厚、包罗万象、博大精深，只是繁荣时期和思想体系不同而已。

除了整体发展历程和特点之外，中外哲学亦有不少共性，比如中国与欧洲都有政教合一的特点，但具体表现形式又不尽相同。西方政教合一是宗教教权与政治王权两种权力分执但合一执政，因此政、教时常分化矛盾。中国封建王朝也是政教合一，但儒教将神权和政治统治有机地结合起来，由皇帝"奉天承运"执政，因此，儒教之哲学权威要比西方牢固、神圣得多。

在任继愈先生看来，不同社会制度、不同文化背景的哲学没有高低优劣之别，我们既要尊重前人留下的丰厚遗产，又要以科学的态度对待它，中国哲学要以积极的态度融汇中西，拿出与西方哲学齐头并进之勇气，迎接文化复兴高潮的到来。

我国近代著名军事理论家蒋百里说："国粹者，特色而带有世界性者也，非然者，癖而已矣！”这句话引以为任继愈先生中国哲学研究的佐证恰如其分——先生立足于中国哲学的“国粹”特点，也认识到其“世界性”特点，力求融合创建，终于成为当之无愧的一代哲学宗师。

3. 实事求是

众所周知，任继愈先生在中国哲学界是大师级的人物，他不但承继西南联大的光辉传统，而且根据中国历史、社会发展的实际情况，提出了“儒教是教”的论断，引起学界对于整个中国哲学的反思和讨论，影响不可谓不深远。

任继愈先生的哲学思想根基稳固，洞见高远，且他说的一切话都以实事求是为标准，因此具有可靠性、厚重性。许多大学哲学系多年通用其《中国哲学史》为教材就是最好的佐证。

任继愈先生一贯坚持实事求是的原则，作为一个冷静的哲学研究学者，他不主观、不唯心、不偏颇，总是以客观的眼光去看待人和事。

胡适曾说过一句非常有名的话：历史是个任人涂抹的小姑娘。语言虽戏谑，但却是对历史研究的一种警诫。

建立在中国历史上的中国哲学史要从历史中还原真相，这是任继愈先生确信不疑的，他以一种公正的态度来对待历史和哲学，尽量做到对每一段哲学发展史都进行客观的观察和解读，并公允地评价历史人物及其思想体系、社会作用，这样才能使读者对中国哲学的渊源及其脉流有正确的把握。

这种实事求是的原则在评价近代资产阶级代表人物时尤为明显，任继愈先生对近代资产阶级兴起的两大思潮进行了全面深入分析后得出结论：

以康有为、严复为代表的资产阶级改良派代表的是向自由资本主义转化的开明地主、官僚以及封建的知识分子的利益，阶级基础脆弱，反帝反封建勇气薄弱，充满了软弱性，因而他们的唯物主义倾向和主张革新的观点终于夭折。

以章炳麟、孙中山为代表的资产阶级革命派，代表自由资产阶级和小资产阶级，是在反改良派的斗争中成长起来的，阶级基础较强，且与封建统治势力联系较少，因此，他们的革命性较改良派来得彻底一些。

资产阶级革命派在哲学思想上倾向唯物主义，他们的认识论也比较注重吸收西方自然科学的先进成果。不过，他们在思想上没有和社会大众联系，意识形态有空中楼阁的倾向，且不可避免地和帝国主义、封建主义藕断丝连。因此，他们在哲学上摆脱不了唯心主义和形而上学的捆绑。历史事实证明，他们只能推翻封建帝制而不可能完成反帝反封建的革命任务。

论证及此，任继愈先生概括出令人信服的规律性结论：只有无产阶级的哲学观——辩证唯物主义和历史唯物主义才能指导中国革命取得胜利。

以上结论并非唯物和唯心的意识形态争论，而是基于中国社会实践的必然结论，是经过历史客观证实的事实，是一个哲学家对近代中国社会哲学的取向和各个阶级的哲学内蕴的深刻分析，是中国近代哲学的发展走向与趋势。

哲学史的研究除了实事求是面对历史，还需实事求是去评价判断。《中国哲学史》的绪论说，"任何一个哲学家都是历史发展链条上的一个环节，各有贡献又各有局限，既不能贬低他们的历史功绩，又不能把后来的进步归功于他们"。

以任继愈先生对董仲舒的历史地位评价为例，可见其实事求是。

董仲舒为了巩固中央集权的专制统治，提出了天人感应的哲学体系，这在当时的统治条件下是有积极意义的。任继愈先生指出董仲舒对"天人感应"的思想加以改造，并上升为国家意志，这是历史发展的需求，也是国家集权的需求："汉代大一统的中央集权封建宗法专制国家需要一套在意识形态上和它紧密联系配合的宗教、哲学体系。孔子被推到了前台，董仲舒、《白虎通》借孔子的口，宣传适合汉代统治者要求的宗教思想。"①

将哲学家和他们的思想放在特定的历史社会条件中去客观评价，体现了任继愈先生实事求是的精神。

当然，实事求是的基础是历史和哲学的事实，任继愈先生博通古今，掌握大量丰富的第一手资料，多角度、多侧面地分析哲学思想的基本动向，才能做到如此客观。比如，他对太平天国革命思想的评价也如此——洪秀全思想的局限性很明显，他代表的小生产者、农民阶级无法产生科学的世界观并指导抗衡整个封建统治的起义，失败实属必然。洪秀全和太平天国借用宗教力量来动员和组织群众，而宗教的本质是唯心主义，是落后、愚昧、迷信和盲从。这反映出在封建生产方式下，农民阶级在思想意识领域内的矛盾，它导致太平天国走向穷途末路。但另一方面，洪秀全维护拜上帝教的独立性，并自封为上帝次子，他用这个超然卓越的身份对封建社会发起全面进攻，这是有组织、有纲领的中国农民起义反封建的最高峰，史书当有此记，功劳不可抹杀。任继愈先生认为，作为农民革命的领袖，洪秀全的思想是在革命斗争中成长和发展起来的，集中代表了人民群众在革命斗争中的智慧。从这个高度看待太平天国运动和洪秀全思想，摆脱了全盘否定的老套路，摘下了有色眼镜，任继愈先生做到了客观公正和实事求是。

这样的例子还有很多，任继愈先生以龚自珍的哲学思想为例来分析清

---

① 任继愈著:《任继愈学术论著自选集》，北京师范学院出版社，1991 年版，第 117 页。

前、后期哲学思想发展的变化，以及对后来的新民主主义革命草蛇灰线的长远影响。其评价也是实事求是的。

龚自珍深受佛教思想影响，是明确的主观唯心主义者，但他却反对当时占统治地位的程朱唯心主义理学，这明显是受到清初王夫之用理气关系对宋明理学进行批判的影响。他们反对程朱理学的"知先行后"，也批判王守仁的"知行合一"，强调以实践为主的方法论。

龚自珍对当时社会的腐朽现象和黑暗面进行严厉的抨击，他政治失意，回归故里，著书立说，作育天下英才，由此可见，"行可兼知"的思想具有一定的积极意义。这样的思想最后"重放光彩"，其进步性的思想、朴素的唯物主义对近代资产阶级思想的兴起，起到了"酵母的作用"。

类似的例子不胜枚举。任继愈先生在哲学中寻找历史，在历史中发掘哲学，公证持中、实事求是，由此取得了卓越的成功。

任继愈先生说："中国哲学史，实际上是历史上中华民族精神文明的一面镜子，它以逻辑范畴的形式记录了中华民族认识世界的经历。"先生投身其中，恰是一个哲学家对中华民族文化的最高致敬。

（三）永恒之思

> 人之最终的价值在于觉醒和思考的能力，而不只在于生存。
>
> ——亚里士多德
>
> 治自然科学者，局守一门，而不肯稍涉哲学，而不知哲学即科学之归宿，其中如自然哲学一部，尤为科学家所需要；治哲学者，以能读古书为足用，不耐烦于科学之实验，而不知哲学之基础不外科学，即最超然之玄学，亦不能与科学全无关系。
>
> ——蔡元培《北京大学月刊》发刊词
>
> 真正的学者，是甘于寂寞也乐于寂寞的。
>
> ——任继愈

北京大学图书馆的网页上有校友介绍栏，大师云集，头衔各异。任继愈先生自我介绍的时候删去了所有带"家"的头衔，只写了一个哲学工作者。图书馆的工作人员觉得太含混，不合适，最后协商把"工作者"改成了"学者"。"哲学工作者"就是任继愈先生对自己的定位：专门研究哲学，从始至终工作不息的那个人——先生不接受任何美饰，只讲客观事实。

从 20 世纪 60 年代到任继愈先生永远停止工作，他主编完成了《中国哲学史》(四卷本)、《中国哲学发展史》(七卷本，已出四卷)，并且出版了《中国哲学史论》和《汉唐佛教思想论集》等大量哲学研究专著，在中国哲学史研究领域深耕细作，提出了许多重要的创见。

任继愈先生钟情于哲学，是因为热爱我们博大精深的中国文化，他说"文化的精华部分，集中表现为哲学"。所以，中国哲学思想应该是以"文化遗产"的形式存在，而不仅是哲学、宗教、唯物、唯心等思想的单纯累加，它是中华民族精神文明成果的精华。

1. 安身立命

哲学是研究人生根本问题的学问，其本质是对世界基本和普遍问题的理性思考和反思，是关于世界观的理论体系。

我国的古代哲学是古人所谓安身立命的"身心性命之学"，在这种思想体系中，哲人们修身心性命之正德，悟身心性命之奥义，最终致用于世。

北宋思想家、教育家张载的横渠四句有言"为天地立心，为生民立命"，就是一例。

"天地之心"可以被理解为广义自然的客观存在，是"大化流行，生生不息"的自然生命。人要"立"之，也就是把这种本原、规律揭示展现出来，这样"天人合一"，就能体现和谐至善。"生民"就是"人"，"命"就是人类的精神价值观。"为生民立命"，就是为个体人类和整体人类提供安身立命之所，就是寻找"人"精神皈依、栖居的精神家园。中国古代哲学家无一不为这个崇高理想孜孜不倦地探索追求。

在西方，哲学家有很多类似的命题讨论，即哲学的"终极关怀"。"终极关怀"是德裔美籍哲学家保罗·田立克运用的一个哲学术语，本用以定义宗教，但中西方哲学家都认为这个概念是泛宗教的，是对生命意义的追求，是可以沟通西方神学、宗教和中国儒释道思想的。

西方哲学的关注重心，有一个由本体论转为认识论的演进过程。两千多年前，希腊哲学就直接追问什么是世界的本原。德国古典主义哲学创始人康德，始终关注的是"头上的星空和心中的道德律"。另一德国哲学家海德格尔则指出："人是一种向死的存在。"

如此这般，哲学必然要对"人"的意义、目标等提出问题，并进一步探寻超越无常的永恒价值。这类攸关"人"的存在、人之所以为"人"的最深层次的问题，可以说是哲学的终极"课题"，不管中西哲学，都要穷源竟委，追索最高真理。冯友兰先生说过，"人生哲学研究的对象既然是人、物与神，则研究人生哲学的结果，必然是知人、知物与知天"，说的就是此意。

任继愈先生对哲学的"安身立命"之议持赞同态度。他说，人类和自然界打交道已有200万年以上的历史，而人类认识自己、探索社会成因、如何在群体中生活、建立人际关系的规范，最多不过几千年。人类认识自身存在和独特价值，对个人、对社会进行探索才是哲学的缘起。换句话说，在人类发展的漫长历史中，哲学萌发得很迟。

哲学发端虽迟，只占人类历史发展的很小一端，但它是思想的精华，是文化的精粹，是稀世之珍。

任继愈先生认为哲学是研究真理的学问，哲学存在的重要性就是它需要回答人生的根本问题，比如人的本质、人的目的、人的价值，以及人的生死等虽然抽象却直击本质的问题。哲学家要解答的是生活中最司空见惯却容易被人忽视、引起困惑的问题。在先生看来，哲学不可能也不可以回避现实生活，光是空谈抽象思维，光是在逻辑思维里打转，光是钻在概念和命题的第一性、第二性里，这是不接地气、对现实没有任何帮助的，这无助于"人"的安身立命，这样的空中楼阁毫无价值。哲学细致、严谨不能表示一个哲学家多么高明，空谈哲学是无能的表现。哲学的终极使命就是对"人"进行反思，而哲学家必须将之哲学化。

任继愈先生认为，人的价值归属、生命的意义探寻是人之所以为人的重要标志，解答这样的问题是哲学的责任，如果哲学不管，宗教就会顺势而起，那就是哲学的失职；而哲学家管得好，那就能起到经天纬地的作用。先生以董仲舒为例，他说董仲舒的"天人感应""大一统""罢黜百家独尊儒术"每一条都能影响中国历史发展的进程、塑造中国文化的宏观面貌，直到现在还有很大的学术价值和现实意义，这才是哲学和哲学家的使命所在。

任继愈先生又提到朱熹。朱熹是哲学家，又是史学家、文学家，哲学思想以理本论为基础，他认为"理"是先于物质存在的抽象原则，而"气"是具体的物质形态，提出"理在先，气在后"的观点。朱熹的哲学思想灵活地吸收了周敦颐的太极说、张载的气本论以及佛教和道教的思想，形成了独特的理学体系，对后世产生了深远的影响，成为元、明、清的统治哲学，并对中国的教育、文化、思想、学术发展产生了重要影响。朱熹的哲学不是高谈阔论，而是既有哲理化又有现实性的哲学。任继愈先生认为，现在就缺少朱熹那样的哲学家——能够让人"安身立命"，能够影响世界、影响未来的哲学家。

作为目光如炬的哲学家，任继愈先生不但对中国哲学、西方哲学进行了"安身立命"的源头探究，更重视它对现今社会和世界的意义。先生认为哲学不仅是理性思维的工具，还能深入生活、融合生活，使人内省外思，清晰地了解自己的价值观、信念体系和现实意义，并在此基础上提高人们的精神境界，明确自己的社会责任，推动整个社会的发展与进步。

宋代释道原的《景德传灯录》里这样记载：

僧问：学人不据地时如何？

师云：汝向什么安身立命？

这个古老的命题在任继愈先生的思考中、在我们对哲学价值的探索中，终于得到了不容置疑的答案！

2. 含英咀华

文化是思想和知识的载体，任继愈先生将哲学奉为思想史上光华灿烂的明珠。他在漫长的哲学研究中对中华民族的文化进行了规律性的总结，其卓著的见识、长远的目光、深刻的洞见堪为北斗之尊。

对于文化现象的分析就是对于哲学现状的分析，任继愈先生在《从中华民族文化看中国哲学未来》一文中专门提到了中国文化发展的连续现象、文化发展的积累现象、文化思潮的衰减现象、文化交流的融汇现象、文化接触的势差现象这五种现象。

首先，任继愈先生认为中华文化是连续发展的。

"根本固者，华实必茂；源流深者，光澜必章。"任继愈先生联系中国哲学，认为中华民族的文化从原始蒙昧中摆脱出来，"从低级到高级，不断丰富内容，由古朴到雕饰，由质到文，中国哲学的发展也是从相似的轨迹走过来的。"[①]

虽经历旧民主主义革命、新民主主义革命和中华人民共和国的创立，中华民族得以焕发新的生命，但是新旧文化、新旧哲学不可能一刀两断，就算是"文化大革命"也没有使文化和思想骤然断流，哲学不管在时代的变化、政权的更替中始终呈现出方死方生、方生方死的"连续发展"状态，所谓"横扫一切""先破后立""一刀两断"，只能是空想。

---

① 任继愈著：《天人之际 任继愈学术思想精粹·文化发展诸现象》，人民日报出版社，2010年8月版，第103页。

　　在长期的文化史发展过程中，中华文明的主线不断、根本牢固，成就了强大的文化主体和旺盛生命力，哲学发展的连续性是研究哲学史的意义所在。文化建设从来没有"暴发户"，一定是在文化传统基础上发展、前进，注入新的血液，以期让中国哲学随着时代发展而日益丰富壮大。

　　其次，任继愈先生认为中华文化发展是新旧积累的。

　　中华文化是一种多元化的文化，它历经五千年而不衰，进行了不间断的积累，变得丰富多彩，最终成为我们今日所看到的样子。这种积累既是时间的延续，又是思想的叠加，中华文化涵盖之丰富不可胜数，道家、儒家、法家、佛家汇流，南北、宗教、医学、哲学、音乐融合，产生、发展、嬗变不断，最终百川到海，汇成汪洋恣肆的巨浪。

　　以文学体裁的延续发展为例，中国古代文学从《诗经》《楚辞》发展出现实主义和浪漫主义两条分支，自此之后就源源不断地奔流发展。虽然汉赋、唐诗、宋词、元曲、明清小说各有繁荣期，但它们不是彼此割裂抛弃的，而是后期包容前期，相互融合，共同发展的，这种携手并进使得文学样式越来越丰富，思想内涵越来越深刻，哲学发展也是如此。

　　再次，任继愈先生认为文化思潮发展有衰减现象。

　　这不是一个悲观的论调，而是一种清醒的认知。任继愈先生将文化的发展看成和其他万事万物一样的客观对象。任何事物的发展，即便是哲学和文化，都是波浪式前进的，先生能看到文化高潮将要到来，也能看到其阶段性衰减的现状，这是对民族文化的理性看待。

　　中华文化不是持续在高强音上弹奏的乐曲，我们有春秋战国的诸子百家争鸣，但天不生仲尼，万古如长夜，儒家思想也有其衰落期。《诗经》《楚辞》各美其美，但在流传过程中影响逐渐衰减，直到杜甫、李白将之复兴，才又谱写崭新的华章。

任继愈先生以诸子百家打过比方，他说这种现象在中国哲学史上也同样存在。同一种思想流派在前一个时期有过广泛影响，在后一个时期影响就会有所减弱。比如孟子在世时，用全力辟杨墨，韩非时代认为天下之显学为儒墨两大派，但到汉初，杨、墨、儒的影响都减弱了。

哲学的发展起伏波折，因此，在等待文化高潮的过程中，具有文化辨别力和哲学预见力的任继愈先生甘做铺路石，终以己身为中国哲学铺出了一条康庄大道。

还有，任继愈先生认为文化发展一定是融合交互的。

不同时期、不同国家的文化思想不可能相互绝缘，哪怕它们相互质疑、相互排斥、相互论战，但实质上已经有了互相吸引、相互理解、相互吸收。

任继愈先生举了一个最显著的例子：佛教与道教之争延续了千年，但最终它们都没有消亡，只不过是在不同的历史和统治思想的影响下此消彼长，最后融为中华文化的三足鼎立现象。

"正因为融会普遍存在着，我们治中国哲学史，除了探究思想的传授关系，还要注意它的融会关系。"[①] 任继愈先生认为，治学要兼顾全局，要并驱前行。

融合的文化要求学者要有融会的眼界，放眼望去，过去研究佛教、道教、儒教的学者往往各自为政，固守一门，这不利于治学穷理。任继愈先生是佛教史学者，但他博而广、钻而精地兼治道教、儒教，堪称八音圆通，智识深远。

最后，任继愈先生认为文化的接触有势差现象。

---

① 任继愈著：《天人之际 任继愈学术思想精粹·文化发展诸现象》，人民日报出版社，2010 年 8 月版，第 104 页。

文化体系不是绝缘体，虽然时间、空间阻隔，但最终必然要发生接触，产生影响。人类思维从低级向高级发展，人类认识由浅层向深入前进，人类视野从片面向全面扩展，不同文化背景之间必然有差异和不平衡状态，这种差异可能导致文化交流中的不同文化主体地位和权力出现障碍和冲突，"水往下流"是客观规律，强势文化必然单向倾斜、流向弱势文化。

文化势差有利有弊，一方面，流入弱势文化后，强势文化能提供先进的科学技术和学术理论，推动弱势文化的发展和丰富；但另一方面，强势文化扩张过甚，就会使得弱势文化逐渐被边缘化、同化甚至陷入"失语"的境地，因此要科学看待，合理考量。

任继愈先生认为"文化的发展是一种看不见的力量"，他对这种无法看见，却坚韧不拔、充满积累、交相融合的力量充满敬畏。基于对哲学、对传统文化的热爱，他砥砺前行，继往开来，传递道统，为中国哲学发展立下不世之功。

3. 来者可追

无论何人说到任继愈先生对于中国哲学的贡献，大都能举出他的皇皇大作，举出他编纂的大藏大典，举出他"儒教是教"的惊人之见，这些可以奉之于人前的成果固然令人敬佩，但先生对于中国哲学的不露圭角的贡献更值得称道。

任继愈先生说："中国哲学的前景无限广阔。"这样言之有据的结论、这样铿锵有力的展望、这样确信无疑的热爱出自一个将终生奉献给中国哲学事业的学者，这声音，这言语，给中国哲学打开了一片充满文化自信和自豪的广阔天地。

在古朴的国图文津街老馆，在开阔的琼林楼报告厅，在所有热爱读书的听众面前，任继愈先生曾登上文津讲坛，作了题为《中国哲学的未来》的讲座。先生分析了中国哲学与传统文化水乳交融的关系，努力为中国哲学找寻新的话语体系和前进方向。

任继愈先生说要正确对待我们的哲学文化遗产。这个正确对待的态度大约可以概括成既不盲目自大，也不妄自菲薄。先生认为中国的古代文化留下了丰厚遗产，但过去我们没有科学地对待它：有时捧到天一样高，不敢触动它一根毫毛，比如对于儒教，在封建时代简直将之奉为圭臬，不敢逾矩一步，这是不科学的；有时却又将之斥退得一无是处，随意贬低损毁，比如"文化大革命"中曾捣毁曲阜孔庙等史迹、破坏大量佛教文化遗存，这是披着马克思主义外衣的封建迷信，也是不科学的。

中国古代哲学是基于中国人的文化特点和人格特点形成的。由于中国古代战争频发、自然科学水平不高，因而哲学思维出现"内化"的特质，即追问生命本身的意义，寻求自身内在的需要、价值和目标，这是中国哲学的一个典型的优势，然而也是最重要的一个缺陷——这种"内求"思维轻视了客观世界的发展，束缚科学技术的进步。因而哲学对外在于"人"的客观缺乏关注，进而降低了对客观事物的理性思辨，也无法用严密的理性逻辑去分析客观世界。

在一段历史时期内，"中国哲学合法性"问题开始被频繁提及，隐约透露出对西方哲学的拒斥倾向，中国思想文化回归本身成了学界的诉求。这其实和近代中国哲学的逆差状态有很大关系——中国哲学失去其意义的追问和智慧的思考，屈身俯就于西方哲学。

对于这种现象，任继愈先生是竭力反对的。他认为中国哲学有自己的体系和价值，并不附庸于别的文明，比如他曾举例说《易经》中的变化观、发展观就是能经得起恒久考验的哲理，因为世间万物都处于不断的变化之中，没有永恒不变的事物。这种变化可能是微小的、渐进的，也可能是剧烈的、突发的。无论是四季更替、草木枯荣，还是社会制度的变革、科技的进步，都体现了事物不断变化的本质。《易经》大约成书于西周，这种高超的哲学智慧是远早于西方哲学起始阶段的。因此，"正确对待"就是在准确定位中国哲学的基础上予以尊重和敬畏。

任继愈先生认为"将来中国哲学的前途与中国的国家命运是结合在一起的"。这个结论显然放之四海而皆准。不仅是中国哲学，西方的各种哲学思想，无一不是建立在自己的文化传统之上的，也无法从根本上同自己国家的命运相互割裂。

换言之，"中国哲学史"是中国哲学的"史"，不管何种史学研究都是建立在"史"、也就是现实的国家命运之上。

以近现代哲学家冯友兰先生为例，他把"阐旧邦以辅新命"作为自己的学术旨趣和精神信念，写出了具有里程碑意义的"三史"即《中国哲学史》两卷本、《中国哲学简史》和《中国哲学史新编》，"六书"即《新理学》《新知言》《新原人》《新世训》《新原道》《新事论》。张岱年先生评价说，冯先生的新理学哲学体系，本质上就是抗战建国理论。

冯友兰先生研究哲学的高峰和抗战的高峰重叠，和中华民族的命运呼应，他坚信中国不会亡于倭寇，中华民族必将取得抗战的最后胜利。冯先生研究中国哲学史是为了担起知识分子沉重的文化责任，他的哲学思想打上了国家命运的烙印，永葆了中华民族的文化命脉。

杜克大学的教授杜赞奇说过："现代社会的历史无可争辩地为民族国家所支配。"哲学也必然如此。

中国的近代史和中国近代哲学的命运是一个鲜明的反面例证。中国文化传统中没有专门的"哲学"概念，哲学思想混迹于诸子百家、儒学经典、治世为用的广义文化概念里。鸦片战争后，伴随着坚船利炮和传教士的不期而至，自足自洽的中国古代哲学被迫纳入世界文化体系。政治上的丧权辱国、军事上的挫败以及文化上的冲突，迫使中国哲学低下其高贵的头颅。近代中国，西方哲学东渐，哲学家们用西方哲学体系来对标中国哲学，对中国的文明、文化及其哲学丧失自信心，继而对西方文明、文化乃至哲学产生盲目崇拜，使得中国哲学失去其独立性和价值感。

"中国"人无例外都是一整个国家（政治共同体），同时也是一种思想文明（文化共同体）。既是连续体，那历史必然向未来延伸，哲学必然与国运共存。近代以来的中国哲学研究，特别关注中国文化的历史命运问题，致力于开掘和追寻中国文化的精神基因，因为所有的哲学家都意识到哲学是关乎国家命运、承载未来责任的基石。

任继愈先生认为现在社会的转型时期要吸收各种文化，总结自己的文化传统，这样才可以展望将来，创造未来。

吸收才能创新，融合才能展望，这是经过历史进程证明的，中国哲学历来在传统和外来双重基础上吐故纳新。而今，先生将中国哲学的未来放在"寻找一个新的思想体系"上，他设想中，这个体系应该是吸收世界所有先进文化融合而成的、具有中国特色的哲学体系。

印度佛教创建于公元前6至5世纪，是世界上最古老、影响最大的宗教之一，但不管其宗教体系如何复杂、教义如何深奥，最终却在古印度几乎绝迹。反观印度佛教传入中国，作为一种顺时应命的宗教，它迅速适应中国本土化文化需求，与儒教、道教共同构成了中国的主流文化，至今影响不衰，这便是有力证明。

敦煌220窟有一幅初唐时期的经变画——《维摩诘经变》。在家菩萨维摩诘病了，文殊菩萨携人世的诸王去看望他，兴之所至与他辩法。在这幅本来展现佛教机锋奥义的经变图中，中国皇帝戴高昂的冕旒、着斑斓的锦袍，在前呼后拥的群臣服侍下昂首阔步听经。

为什么经变图中要突出中国皇帝卓尔不群的地位呢？这就与本土化佛教的皇权神权矛盾有关。佛教原本明确"沙门不敬王者"，但到中国就变成"不依国主法事难立"，佛教教义巧妙地吸收并融合了中国儒教的君权至上，变通地宣扬佛教，把皇帝尊崇为转世佛，这样一来，跪拜皇帝既不违背佛法也不违背世间法。外来佛教文化以吸收创新的方法巧妙地融合进中国封建统治当中，最终成为最有生命力的宗教之一。

既然历史如此，文化如此，那么中国哲学的未来更应如此。"世界各种思潮一齐涌来，我们对它们要鉴别取舍，还要有一个消化吸收的过程。"[①] 任继愈先生认为进入现代化时代后，中国再不可能做独立于世界之外的"古国""大国"，中国哲学既包含孔孟老庄、程朱陆王的珍贵遗产，今日之哲学也应该"风物长宜放眼量"，阔步踏入世界性的百家争鸣视域之中。

全球化的大背景，对中国哲学的未来发展提出了更加严峻的挑战，"中国哲学何去何从"自任继愈先生起，到今时今日都是学术界的重要命题。中国哲学的未来走的是中正平和的路子，绝不可能"全盘西化"，也不会"故步自封"。它应该在中西方哲学借鉴、吸收、映照的基础上，以中国传统哲学为构架主干，以现代科学、西方哲学、社会科学为构架辅助，吸收人类一切思想财富和精神成果，建构一个足以反映现代化中华民族思想成果的强大哲学体系。

---

① 任继愈:《中国哲学的未来》.［2007-12-14］.http://www.cntszl.com/print.aspx?id=1895

五

解读老子为何
路漫漫其修远？

有物混成，先天地生。寂兮寥兮，独立而不改，周行而不
殆，可以为天下母。吾不知其名，强字之曰道，强为之名曰大。

——《道德经·二十五章》

我无为而民自化，我好静而民自正，我无事而民自富，我无
欲而民自朴。

——《道德经·五十七章》

孔子主张恢复、加强周天子的权威，利用周朝制定的机制，
加强中央集权，使社会变得有秩序；老子主张圣王无为，不扰
民，减轻赋税负担，消弭战争，使老百姓有个安定的生活。

——任继愈《〈老子〉难读》

《礼记·曾子问》说："天无二日，土无二王。"但在中国传统文化的哲
学沃土里，孔孟和老庄却二日并存，且同时在漫长的历史发展、文化变迁
中如日星之芒，光耀天地。

老子，是中国古代最伟大的思想家、哲学家，道家学派创始人和主要
代表人物。之所以能当得起一个"最"字，大概就归功于《道德经》（又
称《老子》），它以大象无形的哲学思考对后世产生了极其深远的影响：

首先，老子的哲学思想作为传统文化中重要的一脉，潜移默化却深刻
地促进道家、儒家、法家等各个思想流派的发展。老子对自然、人性和道
德的论述，给后世哲学家的思考提供了广泛帮助。

其次，《道德经》是道教经典，修身体道、精神逍遥、坐忘养生、神
仙变化等思想皆发源于此，这是道家强调道法自然、无为而治的基石，奠

定了后世三教文化之基石。

再次，老子强调无私无欲，提出"弱之胜强，柔之胜刚"的观点，这种"不争"影响了中华民族的价值观体系，对中国古典人格的塑造、人格追求都具有积极作用。

然后，老子在政治思想中强调"无为而治"，这种治理可以发挥人的主动性，做到自我实现，走向"大道"之行。这种治世观在中国封建社会的政治实践中得以广泛运用。

最后，作为一种完整的、高阶的哲学体系，《老子》对中华文化中的文学创作、艺术畅想、美学构建、宗教传播等起到了催化作用，它被广泛引用和诠释，使文化独具东方魅力。

综上所述，老子思想是中国传统文化的源头活水之一，广泛影响哲学、政治、文学、宗教、艺术等所有文化领域，它影响了整个中华文明的发展进程——《老子》研究和注释意义重大！

（一）求新求变

老子《道德经》像一个永不枯竭的井泉，满载宝藏，放下汲桶，唾手可得。

——尼采

老子的最大功劳，在于超出天地之外，别假设一个"道"。

——胡适

中华文化没有孔子，不成其为中华文化；同样，没有老子，也不成其为中华文化。

——任继愈

可考史料有载，老子思想发源于三大上古神书：夏《连山》、殷《归藏》、周《周易》中的《归藏》。作为中华文化的砥柱基石，对于中国古代哲学而言，《老子》足以扛鼎。

老子是一个天赋型的哲学家和思想家，他从现实出发，总结了万物生存、发展的规律——"道"，独树一帜以抽象概念为基石，发展出一套完整的世界观和方法论。由"道"及"无"，老子还总结出"无为而治"的政治思想，反对战乱动荡，反对刑罚重税，反对压迫剥削，描画出一幅自给自足的理想社会蓝图。

因《老子》的思想如丘山之危，如泉海之深，所以，无数哲人、思想家对其阐释从未停止。

作为中国传统文化自觉的布道者，从1956年的《老子今译》开始，到 2006 年《老子绎读》完成，任继愈先生经半个世纪，穷浩瀚之经，执悬梁之勤，对《老子》进行了 4 次译注，这既是先生自己个人学术的隋珠和璧，也是中国思想史、哲学史、社会史研究的无上瑰宝。

1. 守藏室史

春秋时期是中国古代文化的第一个繁荣时期，想要了解老子的一生，必然要了解他生活的时代，因为人是时代的产物，亦是时代的结晶。

老子的一生，是极富传奇色彩的一生。

老子生卒不详，大约生活于公元前 600 年—公元前 470 年左右，时值春秋。老子姓李名耳，字伯阳，又字聃，楚国苦县厉乡人。

伟人生而化圣，出生便与凡夫俗子不同，或祥瑞现世，或天降异相，或天德应道，总之，天选之子都有其烙印以证其"神"。仓颉龙颜四目，睿智神通；孔子圩顶，因名曰丘；项羽重瞳，霸王有相；刘备两耳垂肩，仁德异常……

作为圣人行列里的"道祖老子""李老君""哲圣"，老子亦有天生的异相来佐证他的奇才，记载大约有二：

这个出生在乡间的李姓人家的孩子，生时前额宽阔，耳垂奇大，是有福之征，故大名耳，"聃"意为"耳属肩"，这样的异相让人们断言他日后必能成大器。

《老子西升化胡经》说"以为圣人生有老容，故号为老子"。意思是，老子一生下来时，就有白色的眉毛及胡子，貌似老人，所以被称为老子。

老子生平的很多细节已不可详考，但史书和后人对两件事很感兴趣，因此留下蛛丝马迹。

第一件是作为史官，老子一生起起伏伏，颇为坎坷。

第二件是作为哲人，老子一生飘忽不定，充满传奇。

公元前 551 年前，老子随齐桓公能臣商容学习，后入周王室任守藏室史，管理藏书。小小图书管理员没什么杰出政绩，为官十五六年，细节漫漶，无可考证。

公元前 535 年，老子受权贵排挤，被免职。权贵为谁，因何受排挤，史书也语焉不详。总之，失意失志的老子意兴阑珊，出游鲁国。

公元前 530 年，老子被甘平公召回任原职，大概在当时知文识礼、能管理卷帙浩繁图书的人才实在不多，老子之能少有人可以替代。

公元前 516 年，老子所管典籍被王子朝携至楚国。皮之不存，毛将焉附，老子再无"藏室"可守，失意中骑青牛而行，入秦。

相传老子长寿，死于秦国时，享年百岁有余。《庄子·养生主》有言，"老聃死，秦失吊之，三号而出"。

"守藏室史"是微末小吏，老子仕途浮沉，生活动荡，其境遇让人唏嘘。对此中原因，老子心知肚明，"当今之世，聪明而深察者，其所以遇难而几至于死，在于好讥人之非也；善辩而通达者，其所以招祸而屡至于身，在于好扬人之恶也"。

但老子有资格出任周王室的守藏室史，说明他的才学在当时已经很有名，不然就不会有"孔子问礼于老子"这一典故。这是中国思想史上空前绝后的盛事，为中国历史奠定了基本的文化框架。

孔子问礼于老子在《史记》《庄子》《吕氏春秋》《礼记》等都有记载，被记录的光辉时刻大约有以下的瞬间：

周景王十年，老子受到排挤被免职，前往鲁国，为友人主持葬礼，孔子助葬，时年孔子 17 岁。

周景王十九年，26 岁的孔子适周，老子高兴地带他向苌弘求"乐"，并和孔子一起考察"礼"，孔子满载而归。

周敬王十九年，51 岁的孔子至老子故里问学。此时，两个伟大的哲人都已臻化境，两种伟大思想相互学习，相互致敬，进行了顶峰对话。

公元前 485 年左右，老子见周朝衰落，礼崩乐坏，决意云游四方。这位掌握自然大道的东方圣人骑青牛走到函谷关时，天上紫云凝聚，关令尹喜慨然唏嘘说："既然您要归隐了，请把天下至真至纯的大道留给这人世间吧！"

于是，老子写下"万经之王"的《道德经》，飘然不知所踪……

社会割裂动荡，时代急剧发展，文化百家争鸣，思想高度繁荣——九层之台起于累土，老子的璀璨思想发源于此，也兴盛于此，了解老子生平和所处时代，是解读老子的关键。

秦汉之后，老子后学和致用活跃。

一般认为，对《老子》的注疏最早可追溯至法家的韩非子，其《解老》《喻老》是迄今最古老的注释老子思想的著作。后道家思想逐渐分裂为战国庄子学派和汉初的道家学派（也称黄老之学）。

魏晋南北朝时期，老庄思想兴盛，在门阀士族阶层有着巨大影响。王弼、钟会、孙登、梁武帝、戴诜等皆有注疏。其中，王弼的《老子注》和《老子指略》对老子"以无为本"的思想进行了阐释，初步形成了中国式的形而上学。

唐代，儒释道三家互补并存，老子之"道"除了可用于治世，还可用来修身养性。王真、杜光庭等还用三教思想解读《老子》，提出了"炼心""炼形"等理论。

到了宋代，宋明理学积极吸收老子哲学中的"理""气""无极""动静"等概念。苏辙新解《老子》，完成《道德真经注》，主三教同源说。朱熹《朱子语类》对老子思想有诸多批判。

元、明、清时，老子研究退出显学行列，但于治世、伦理、养生助益良多，明太祖朱元璋、清世祖顺治都亲自为《老子》作注。

历代对《老子》的传承、注解、疏证、诠释从未间断，可用"层出叠见"来形容，研究者中既有九五之尊的帝王，也有名垂千古的大儒，甚至还有佛门龙象。

不是说《老子》及其思想丰富到非需千百种注释不可的地步，但不同时期的《老子》研究都有鲜明的时代性，都力图解决其时代所存的理论和现实问题，都是时代思想在《老子》中的投射。

《老子》可今译，可全译，可新译，可绎读，主要是在经典诠释的过程中始终存在着"历史的、文本的取向"和"当下的、现实的取向"。四译《老子》的任继愈先生亦不可免，他感喟曰："社会的发展，人类的进步，不断增加新内容，借古人的名义，发挥后来人的新思想……如果根据不同时代权威的注释，去认识各个时代的学术发展面貌，则是可取的，是历史主义的方法。"[①]

在长期的研究过程中，任继愈先生更坚定了《老子》的意义，他说："中国人应该多读读《老子》。老子的辩证法思想比孔子更加丰富。如何看待强与弱，迂与退，大与小……老子为我们提供了思考问题的另一种视角。"[②]

因为《老子》的时代意义和文化价值，任继愈先生不辞其劳地注释《老子》。历代名家之述珠玉在前，想要新意别裁，很有可能"欲穿明珠，多贯鱼目"，注定吃力不讨好。

---

① 任继愈:《〈老子〉难读》，[J].群言，1996 年第 6 期。
② 梁硕芳:《任继愈：缘何四度译〈老子〉》，[N].光明日报，2007-1-8。

那么明知其不可为、难可为，任继愈先生为什么还要知难而行呢?

2. 气象万变

《老子》以最质朴的方式向历代读者讲述最玄奥的哲理，是中国乃至世界哲学史上取之不尽、用之不竭的文化宝藏。维多利亚时代的学者、汉学家翟林奈曾以宇宙中散在的"白矮星"设喻来说《老子》对中国文化和世界文化的意义。《老子》原文措辞雅正，思想玄奥，堪称哲学中的"白矮星"——体积极小，密度极大，以"白热程度散发着智慧之光"。

对于这"智慧之光"，任继愈先生用长达半个世纪的宝贵时间作了探索研究，他一次又一次推翻己见，一次又一次创设新知，这其中既有历史观的发展，也有文化观的变化，更有哲学观的迭代，先生之见如同江河汇海，不断壮大。

1956 年，《老子今译》作为任继愈先生老子研究的首个成果，开启了一段跨越两个世纪的文化旅程——1978 年，先生根据马王堆帛书本完成《老子新译》，1992 年先生再次译注出版《老子全译》，2006 年，时年 91 岁高龄的任继愈先生完成《老子绎读》，这四本著作推陈出新，既是道家文化浪漫恣肆的发展，又是一位学者长耕不辍的无悔付出。

任继愈先生缘何要四次译注《老子》，又为什么屡次改变自己的立场和观点? 让我们循着先生的足迹做一次深入的探究。

从历史学的角度看，半个世纪以来，有关老子的材料屡有更新，使得研究《老子》更易旧识有了基础。

任继愈先生对于老子哲学的关注始于中学时代。早在北平大学附属高中读书时，先生就兴致勃勃地围观了胡适、梁启超、冯友兰等学者关于老子年代的学术争论。正是在一众大儒的熏陶感染下，先生走上了哲学研究的探索之旅。

这是一趟漫长的、厚积薄发的旅程。据与任继愈先生相交六十余载的希腊哲学史学家汪子嵩回忆："自从 1942 年我和任公开始交往，就知道他在抗日战争开始之前，一直在写《老子今译》。"①

1956 年，任继愈先生在北京大学哲学系任教，同时兼任中国科学院哲学研究所研究员，为了给保加利亚留学生讲授《老子》，先生静下心来将自己多年的研究心得整理成书，出版了《老子今译》。

《今译》以社会流行广、影响大的王弼本为底本作出注释。值得称道的是，任继愈先生在每章原文前，根据自己的分析，写了高度概括的内容提要和中心思想，且对重难点语句逐一进行校注。这样一部规范、精确的译注版本，能让读者化繁就简，更好地阅读古代文化典籍，价值巨大。

1973 年，帛书本《老子》于长沙马王堆汉墓横空出世，该文物用不同字体的朱丝栏墨抄写《德》和《道》，学者据其成书年代，分别将之命名为《老子甲本》《老子乙本》，统称《帛书老子》。《帛书老子》在随葬时已是旧物古董，成书时间或更早。

帛书的出土，得逢其时，新的时代到来，思想禁锢被冲破，任继愈先生产生修订《老子今译》的动力，最终于 1978 年交由上海古籍出版社出版了《老子新译》。《新译》之"新"表现在改用简体字，并增加了"重要名词索引"与"内容分类索引"的附录，这样更便于读者纲举目张地阅读理解《老子》。

1992 年，"文革"残渣余孽早已荡涤一空，思想界得到了真正的解放，随着国际视野的打开，新的文化意识形态开始冲击中国的传统文化。在这

① 汪子嵩著：《我们心中的任继愈·我心中的任继愈先生》，中华书局，2010 年 4 月版，第 18 页。

样的时代形势下，任继愈先生开始反思自己的学术，对老子思想进行了全新的解读。

应巴蜀书社之请，任继愈先生担任《中国古代哲学名著全译丛书》主编，第三次译注了《老子》，名为《老子全译》。《全译》完全剥离了"文革"的"阶级"或"唯心唯物"之争，不替老子演绎发挥，只做学术的还原和评述，确立了全新的话语体系。

1993 年，湖北荆门市郭店楚墓出土竹简《老子》甲、乙、丙本等新材料。楚墓所出《老子》不晚于公元前 300 年左右，比马王堆帛书《老子》甲、乙本更早，且其所抄分章、文字、内容有很多出入，对研究《老子》的源流和思想具有除旧布新的重大意义。

2006 年，得鉴于郭店楚简的新史料，任继愈先生再次译注《老子》。他将自己的人生感悟融于《老子》，最大程度还原了老子的思想及其在历史上所处之地位。先生在传统文化的宝藏中努力挖掘，最终捧出了《老子绎读》这颗熠熠明珠。

当然，促使任继愈先生多次译注《老子》不仅是因为历史学资料的更新，本末有别，哲学观的"不变"和"万变"也许才是先生几易其稿的真正原因。

以下两例可证明这一看法：

其一，任继愈先生对老子的"出世"和"入世"看法几经变易；其二，任继愈先生对老子的"唯物""唯心"立场几经变易。

任继愈先生治学一贯不拘泥、不自封，他喜欢在力革陈见、变更己见中不断获得真知。

老子思想中的"无为而治""道法自然"都主张顺应自然，避免干预，追求自由，超脱物外，这些都被认为是老子思想具有"出世"倾向的依据。但任继愈先生对此有自己的看法。

首译《老子》时，任继愈先生认为哲学作为上层建筑需有根基，老子作为"贵族下降的隐士"，是以一部分农民立场为主、有一定反抗性的，这证明了老子的思想是"入世"的。历代的农民起义多与道教有关，也许是一个旁证。

《老子新译》认定老子出生于没落贵族阶层，他必然会站在统治阶级的立场看待问题，因此"出世"成为表象，"愚民"是本质，"小国寡民"是思想的倒退，更是社会和文明的倒退。

到20世纪80年代中期，在《老子新译》修正版中，任继愈先生又有新见，他认为"小国寡民"是给动荡社会的补救蓝图，老子以"天道"公平来反对"人道"不公，倡议"圣人"治世，减少对百姓的剥削，使人民"自化、自正、自补"，所以老子思想还是有利于民、有补于世的。

在20世纪90年代之后出版的《老子全译》和《老子绎读》中，任继愈先生改变自己的研究角度，不再致力于探讨老子的出身和阶级立场，更不再以此作为对老子"入世""出世"研究的锚点，他拨开老子逍遥无为的表象，看到其精神内核里的入世因素——老子以"无为"出世的姿态行"无不为"入世的实践。

历经半个多世纪，任继愈先生的思想几经变易，但他研究老子的目的没有改变——治世为用，解决社会问题："老子也讲'治天下'，他也有一个蓝图——'治大国若烹小鲜'，只是治世的角度和孔子不一样。孔子学说的社会基础是中央、上层社会；老子反映的是下层老百姓的呼声，代表了他们的要求。'无为而治'的重点是不要扰民、轻徭薄赋、与民休息。"①

---

① 梁硕芳：《任继愈：缘何四度译〈老子〉》，[N]．光明日报，2007-1-8。

这种看法有中国哲学的自有属性作依据，华人哲学家成中英在总结中国哲学特点时指出："中国哲学主要在朝向道德与政治的目的。即使在本体论和本体论上的思辨也是有着道德和政治意义的。"① 老子思想没有脱离这种属性，他的"无为"不是不为，而是对于社会政治的"可为"，是对于百姓民生的"有为"。

正是看到老子哲学的现实意义，任继愈先生才不厌其烦地一次次深耕细作，坚持不懈地从《老子》中挖掘出新的见解和新的意义。

如果说执着用心是任继愈先生成功的关键，那么顺时达变就是他治学的不二法门，因为世间万事万物的发展规律证明：唯一不变的是"变"。

任继愈先生关于老子哲学研究中那个不变之"变"即唯心唯物之争。

众所周知，恩格斯在《费尔巴哈与德国古典哲学的终结》中，从西方哲学史，特别是西方近代哲学的实际出发，提出将"思维与存在的关系问题"作为哲学的基本问题。

中华人民共和国成立后，哲学理论界深受苏联意识形态、尤其是日丹诺夫的影响。按照日丹诺夫的阐释，唯物主义与进步、革命相联系，唯心主义与落后、反动脱不了干系。此公高论一出，苏联哲学界及中国哲学界都奉为圭臬。

在这样特定的背景下，任继愈先生研究老子也不能跳出唯心和唯物之争的窠臼。那么，先生为何在变化动荡的时代洪流中不断改弦更张呢？

在《老子今译》中，任继愈先生认为老子的政治思想对于当时的时代来说是进步的，老子的道论是一种朴素的唯物论，因此，先生将老子定义为"中国第一个唯物主义者"。

---

① 成中英著:《中国哲学的特性》，载自《中国文化的特质》，生活·读书·新知三联书店，1990年版，第52-53页。

1983 年，《中国哲学发展史》出版，任继愈先生编著"先秦"部分，他详细介绍支持老子哲学是唯心主义的一系列观点，其中振臂者有吕振羽、杨荣国等（简称甲派）；同时，先生也客观介绍支持老子哲学是唯物主义的学者，其中拥趸者有范文澜、杨兴顺等（简称乙派）。

任继愈先生对两派都予以充分解读，但他有自己的看法。先生在《中国哲学发展史·先秦》中说："老子提出的取代上帝的最高发言的'道'，是精神，是物质，他自己没有讲清楚。就人类认识的水平来看，他也不可能讲清楚。思维与存在的关系问题，古代已经存在着，但古人没有明显地意识到这一点，不像后来那么清楚，古代的先进思想家，只是朦胧地探索着前进的途径。思维与存在哪个是第一性的这个问题，到了近代才明确起来。"[1]

任继愈先生进一步论证说："今天看来，甲、乙两派都有一定的根据，但根据不充分。双方都把老子的思想说过了头，超出了老子时代（春秋）的人们的认识水平。"

"甲派方法有错误，错在把老子的唯心主义体系与近代唯心主义哲学相类比，把老子的'道'比作黑格尔的绝对精神。"

"乙派同样把老子的'道'解释为'物质一般'。'物质一般'的概念是近代科学以前不可能有的，甲乙两派犯了把古人现代化的错误。"[2]

综上所述，任继愈先生从认识论和方法论两个方面来下结论：老子思想没有明确显现出主观与客观、思维与存在的对立。

老子身处中国思想的第一个巅峰却非成熟时期，各种哲学的思潮还处在萌芽发展和论辩探讨的过程中，所以，甲、乙两派硬要给老子戴上千百

---

[1] 任继愈主编：《中国哲学发展史·先秦》，人民出版社，1983 年版，第 266 页。
[2] 任继愈主编：《中国哲学发展史·先秦》，人民出版社，1983 年版，第 259 页。

年后的"唯心或唯物"的帽子，这是不科学、不客观的。

任继愈先生在充分分析后主张：中国哲学史在先秦时期主要通过"天道观"来区分唯物和唯心主义。"天道"是对于世界本源的探讨，老子明确否认"天"是最高主宰，世界的本原是"道"，又讲"天下万物生于有，有生于无"。尽管对"道"和"无"的含义至今仍有争论，但这种观点在客观上打击了"天道有知"的迷信观念，因而是有进步意义的，对于这种先进于当时认知的哲学观应予以肯定，而不是削足适履去迎合程式化的对立。

能在那样的时代背景和学术氛围中坚持己见、破立并行是难能可贵的。任继愈先生代表的是最勇于独立思考、敢于坚持真理的那一部分哲学家。他的观点前后变化，不是学术的摇摆或观念的倒戈，而是反思后的沉淀，提升后的转化。先生发时代之先声，后来者纷至沓来。

中国哲学史专家张岱年先生在《中国哲学史方法论发凡》认为："恩格斯所讲哲学基本问题是从西方哲学史中总结出来的，是否也适用于中国哲学史呢？这个问题需要深入的考察。中国古代哲学所用的概念范畴与西方的不同，没有人像黑格尔一样采用'思维与存在'这个表达方式。但是中国古代哲学确实也有自己的基本问题或最高问题。"①

又如，西方哲学史专家张世英先生也认为："思维对存在、主体对客体的关系问题，就其充分明确的形式而言，只是西方近代哲学的问题。"如果"硬用唯心论与唯物论来套中国传统哲学和希腊哲学以及西方现当代哲学的一切思想流派，也是显然不合适的"。②

现在，越来越多的学者认同任继愈先生的观点。老子对"道"的论

---

① 张岱年著：《中国哲学史方法论发凡》，中华书局，2003 年版，第 15 页。
② 张世英著：《新哲学讲演录》，广西师范大学出版社，2008 年版，第 37 页。

述，主要是从本体论出发，并无意解决思维与存在的关系。因此，完全没有必要、也不应该对老子哲学的属性，作出"唯物""唯心"的强制性判定。

综上所述，任继愈先生对《老子》的四译是一个思想不断变化、认识不断精进的过程。证伪、批判本就是思维过程中必然的阶段，而且有其充分价值，因为思考本身代表进步，而进步促成思辨，在这样的理性思考下，我们的传统文化和哲学思想才能得以百花齐放，百家争鸣。

3. 为学日益

汤之盘铭曰："苟日新，日日新，又日新。"

《康诰》曰："作新民。"

是故，作为君子，不断革新十分重要。

任继愈先生在学术研究中竭力秉承《礼记·大学》之"新"义，在普及经典名著并译注《老子》时，"无所不用其极"，这值得我们学习和借鉴。四译《老子》的"新"和"变"是先生学术品格的彰显，在这个除旧布新的过程中，先生对真理渴望之热切、涵养胸襟之阔达、对文化使命的自觉都得以展现无遗。

任继愈先生做学问永不知足，不论获得怎样的新知、达到怎样的高度、获得怎样的赞誉都不能阻止他不断探索。

任继愈先生研究老子哲学，不是一味死啃书，而是结合自身的生活阅历与学识，发表真知灼见。先生在四十而立、学术达到成熟之后从事《老子》译注，先后出版《老子今译》《老子新译》和《老子全译》，直到九十高龄，又出版了《老子绎读》。这是一段漫长的岁月，也是一个孤独的过程，但先生凭作着严谨治学的精神殷殷探求，步步登高。

在《老子绎读》的前言中，任继愈先生谈到过自己的治学态度："'生也有涯，学无止境'，这是我的座右铭。《老子》译文不断修改，是我对待生活的态度，学无止境，永不知足。"① 先生终其一生研究"老子"，越到晚年，态度及语气越发"节节退后"，每每重新译注一次《老子》，他都会说自己原来的理解还要商榷，这种谦逊与严谨，令人感佩。

正因如此，每一版《老子》译注的诞生，不仅是封页和装帧的变动，也是一本全新书籍的诞生，更是准确的译文、深刻的思维的呈现。任继愈先生自己说："我一向认为老子的哲学思想比孔子、孟子都丰富，对后来的许多哲学流派影响也深远，总期望把它弄清楚。"②

《老子》高扬形而上层面的"道"，最终是为了解决形而下层面的问题，这让任继愈先生觉得自己责无旁贷要"弄清楚"。于是，先生孜孜探求，不畏万难，哪怕到了耄耋之年，亦如老骥伏枥，志在千里。

儒学研究专家阎韬在读过《老子绎读》后，特意打电话向任继愈先生表示祝贺，并期待百岁版的《绎读》。先生当时高兴地说，我努力！康有为曾说，他的学问 30 岁就不再进，也无可进了。康的学问固然很好，但如果 30 岁以后继续前进，岂不更好？！

在任继愈先生看来，康有为少壮即缔造自己的学问巅峰，所谓"吾学三十已成，此后不复有进，亦不必求进"，这是抱残守缺；而永远"不惜以今日之我难昔日之我"，被贬斥为"善变"的梁启超，才是值得学习的榜样。正是这种对真理和新知锲而不舍地追求让先生在九十高龄时，学问依然能百尺竿头，更进一步。

---

① 《我们心中的任继愈》编委会：《我们心中的任继愈·任远、任重：永远珍藏的记忆》，中华书局，2010 年 4 月版，第 374 页。
② 任继愈著：《老子绎读·我对老子认识的转变》，北京图书馆出版社，2006 年版，第 253 页。

四译《老子》是任继愈先生所有成就中最璀璨的一颗明珠，世人只见其耀眼光华，却不及细想这经年累月研究、注释过程绝不可能一帆风顺，甚至要经历无数歧路亡羊的谬误才能达成。

任继愈先生做学问向来严谨，他推翻自己结论的时刻，总是深刻总结自己"不及"和"过"两种错误：

> 主张前说时，没有充分的证据把主张老子属于唯心主义者的观点驳倒；主张后说时，也没有充分证据把主张老子属于唯物主义者的观点驳倒。我重新检查了关于老子辩论的文章，实际上是检查自己，如果双方的观点都错了，首先是我自己的方法错……回顾20年来关于老子的研究文章、著作，没有讲透的地方固然不少，但更多的失误，不是没有讲透，而是讲得太透，以至超出了《老子》本书及其时代所能达到的认识水平。因而讲得越清楚，离开《老子》本来面目越远。我们替古人讲了他们还没有认识到的一些观念，这就造成了方法上的失误。[1]

坦然承认自己的错误，对普通人而言尚需勇气，任继愈先生却勇于在公众面前承认自己认识上的不足，那是因为面对真理，他始终坦荡豁达。先生认为"人类认识总是从旧的认识的基础上提出新的见解，新的见解对旧知识来说是进步"。所以在他看来，这种思考本身的意义大于结论的价值。

一路走来，除了毅力和胸襟，促使任继愈先生全身心投入《老子》研

---

① 邢宇浩：《把知识奉献给人民》，[N].光明日报，2009-7-17。

究的还有他的情怀。

读经典意义重大，任继愈先生自己说过："经典著作经得起读。随着人生经历的丰富，每读一遍，理解就多一点，认识也加深了一层。"①

传播传统文化意义更加重大。

《老子》作为经典，精深且雅致，是古籍中的明珠瑰宝，任继愈先生的译注为传播优秀传统文化提供了一种范本。先生对中华民族文化复兴极具使命感和责任感，所以他不遗余力地做着传播者。

2007 年，中华宗教文化交流协会联合中国道教协会举办以"和谐世界，以道相通"为主题的"国际道德经论坛"。任继愈先生知道后，很是推崇，他说："经典著作经得起读。随着人生经历的丰富，每读一遍，理解就多一点，认识也加深了一层。'道'是老子第一次提出的新概念，表达起来有困难，它不好描述，它是'朴''无名''无形''无象''无状之状''无物之象'。'道'是精神性的，还是物质性的，老子本身没有深说，但老子的认知已经处在当时中国古代人类认识的最前沿。老子用诗的语言表达深邃的思想，善于正话反说，善于用浅显比喻说明深奥的道理。老子的哲学，在当时是了不起的贡献。"②

任继愈先生根据学习的普遍规律，将读《老子》分成两个步骤。第一步是搞清楚字词章句的意思。这种阅读可以找可靠出版社、成熟学者做注的简易全本来读。其次，在字词贯通、意义明晰的情况下，理解老子的观点以及他的哲学体系，做出具有注释者个人理解的阐释。

任继愈先生研究《老子》的起点较高，他以简约的语言做曲径通幽之探，纵横捭阖论古今之见。但先生对自己从不满足，《老子》本身"文约

---

① 梁硕芳：《任继愈：缘何四度译〈老子〉》，[N].光明日报，2007-1-8。
② 余萍：《通脱之心论古今——任继愈先生访谈》，[J].中国宗教，2007 年第 1 期。

而义丰"，善于"用诗的语言表达深邃的思想"，化繁为简才是解读《老子》、深入理解的正确途径，他说："越是玄妙的东西越要用通俗的语言表达出来，这是一个功夫，很难。四译老子也经历了这样一个由繁入简的过程。"①

基于上述种种，加之对传统文化的殷切关注和知识分子的本位意识，任继愈先生半个多世纪不离《老子》，辛勤耕耘，硕果累累。

任继愈先生治学走的是大道至简的道路，这是哲学思想高度成熟后的升华，更是一个纯粹的学者耗尽半个世纪的心力对传统文化的致敬和礼赞。

---

① 梁硕芳：《任继愈：缘何四度译〈老子〉》，[N]．光明日报，2007-1-8。

（二）以“道”为体

道可道，非常道。名可名，非常名。无名，天地之始，有名，万物之母。故常无，欲以观其妙；常有，欲以观其徼。此两者同出而异名，同谓之玄，玄之又玄，众妙之门。

——老子《道德经》

形而上者谓之道，形而下者谓之器。

——孔子《周易·系辞传》

“道”是精神性的，还是物质性的，老子本身没有深说，老子的认识已经是处在当时中国古代人类认识的最前沿。

——任继愈

《老子》全文仅 5000 字，却是中国历史上首部完整的哲学著作，堪称万经之王。《老子》揭示出“道为体，德为用”的哲学逻辑，成为人所共仰的殊胜之作。即便是在群星闪耀的诸子时代，这部哲学史诗般的著作也熠熠生辉，群星不能夺其芒。

“老子的《道德经》这部书，内容丰富，包含着智慧的光芒，是中华民族，也是全人类的珍贵遗产。”任继愈先生如是说。为了“关心中华民族的发展和前途”，先生踏上了研究《老子》的漫漫征程。

1. 有物混成

“道”的概念在中华文化中早已有之，它并非老子独有，但只有老子

"以道为体"，构建出繁复却绚丽的哲学殿堂。

"道"是一种宏观的世界观，它无形无相，不生不灭，无增无减。"道"能铸"德"，"德"能现"道"，一个是载体，一个是表现形态，互为表里。这种世界观和哲学观在先秦时期慢慢形成，并在后世的文化发展进程中逐渐完善。

"道"作为《老子》中最重要的基本概念，出现过74次，但老子本人没有自觉或主动对"道"进行充分的定义。

任继愈先生通过对《老子》的梳理，在《中国哲学发展史·先秦卷》中做出精准的整理和归纳，并将"道"的内涵和外延进行条分缕析，得出如下结论：

其一，"道"是混沌未分的原始状态，是"有物混成"；"道生一，一生二，二生三，三生万物"，它"寂兮寥兮"地存在于天地之前，所以它是万事万物的起源，无"道"无以生万物。这里的"道"带有物质属性。

其二，"道"是自然界的运动，它"独立而不改，周行而不殆"，"道"不依靠任何外力就能独立长存、永不消亡，它循环运行，永不衰竭，所以它有客观的、必然的、稳定的形式。

其三，"道"是最原始的材料，"道常无名，朴虽小，天下莫能臣也"。"道"本无物质的、概念的实体，所以"无名""微小"，但天下、王侯都要顺"道"，守"道"，这样就能顺其自然获得天下。

其四，"道"是幽微玄妙，它"视之不见""听之不闻""搏之不得"，"夷""希""微"都是感官不能直接到达的状态，"道"在摸不着、虚无缥缈的状态下真实地支配万物的运转。

其五，"道"是事物发展的规律，"天之道"和"人之道"是两种治世之道，"人之道"应效法"天之道"，它"利而不害""为而弗争"，这是对贫富悬殊、不合理社会现象的认知和补救。

"道"是多义的，任继愈先生清楚解读出它具有模糊性的原因——因为老子试图用同一个哲学概念解释两个方面的内容："道"既是物质实体，又是世界变化的规律。这种模糊性在当时是可以理解的：老子对自然界和人类社会的发展有自己的理解，他悟出了自然界和人类社会发展过程中一些规律性的东西，但当哲学处于蒙昧状态时，老子尚不能在全知全觉的层面上予以阐释。

老子没有讲透彻的思想，任继愈先生用自己半个世纪的研究将之厘清：

1959 年，任继愈先生的《老子的研究》一文认为，"老子的'道'不过是物质范畴"，"但并不是说天地间有这么一个'物质'"。先生将老子大而化之的"道"归入广义物质概念，而非狭义物质，其定位应当是准确的。

1963 年，任继愈先生在《中国哲学史》中将老子的"道"归入客观唯心主义，称"所谓'道'不过是雕琢得更加精致的宗教而已"。这一时期，先生看清了老子"道"的绝对精神属性。

1983 年，《中国哲学发展史·先秦卷》中，任继愈先生认为不可用臆断替老子发声，他说："我想替老子说清楚，结果反而弄得不清楚了。"先生放弃了意识形态之争，真正从客观的角度、哲学的层面，用更符合中国社会的历史唯物主义去解读老子之"道"。

任继愈先生认为《老子》书中的"道"是具体而真实的，"道"生于万物之先的"无"，万物生于"道"；"道"是无限的规律和法则，但"道"不是超现实力量，它不主宰万物、创造万物，但它体现所有发展变化规律的总和。

这种研究方式有很多共鸣者，如长期从事中国思想文化史研究的张岂之先生说过："对于上层建筑中的哲学思维的分析，需要研究者付出更多的精力，并进行具体的历史分析。"[①]

在不同的时代里，哲学基本问题有不同解读和表现形式这是客观事实，理应运用不同的方式加以研究。在对《老子》补过拾遗、不断精进的研究过程中，任继愈先生最终擎起历史唯物主义的大旗，结合老子的生平、社会现实以及在中国社会文化中的真实发展做了具体的、辩证的分析。

这段研究和探索中有多少韦编三绝的批阅和兀兀穷年的思考已无从考证，但这种解读应当已经比较接近《老子》的真意——因为任继愈先生循大"道"自然之理，寸步心不离"道"，最终自然深谙此"道"！

2. 有无相生

春秋战国时期，学派迭现，诸子争鸣，哲学得以空前发展，思想与思想之间争奇斗艳，学说与学说之间互相争高，孔孟老庄在中国第一次文化发展高峰时期处尊居显。

当此社会急剧动荡变化之际，诸子百家都从解决社会现实问题出发，探讨"天"和"天道"，众说纷纭。任继愈先生明确指出："只有老子的《道德经》把'道'作为最高范畴，集中阐发，提高到中国哲学史的重要地位，老子是第一人。"

在充分肯定哲学概念"道"的重要性的同时，任继愈先生发现，老子对"道"的概念阐述具有多意性：当老子把"道"设想为产生天地万物的

---

① 张岂之：《深切怀念任继愈先生——谈谈任继愈先生对〈老子〉书的研究》，五台山研究，2013 年第 4 期，总第 117 期。

总根源时，他把"道"称为"大"；当他把"道"设想为混沌未分之际的原始材料时，又谓之"朴""无名"。最终，老子用"无形""无物""无状"这些否定词来描述"道"，从而为"无"的提出做了理论铺垫——而"无"的概念的提出，是老子"另一个贡献"，是"中国哲学史的第一座里程碑"。

帛书《老子》中，"无"出现了近 90 次。除了作为否定词使用，"无"还作为哲学概念单独使用，其丰富的内涵令人瞩目。

回到人类思想史发展的起点，人类的认知都是从具体、有形开始的，人在自然实践中形成"有"的概念，也就是西方哲学的物质概念——"存在"。天有云雨雷电，地有草木鸟兽，物质概念是具象化的，是人类感受的外化。虽"有"丰富无穷，但"有"的概念在思维层面却是表象的。随着认知的发展，人类开始由外向内、由表及里、由具体到抽象地认知这个复杂的世界和自己的精神。

任继愈先生在《老子绎读》的前言中对此有很明确的表述："'存在'的原始意义本来是'在这里'，是给你看得见的东西，是具体的'有'。'有'大小、形状、颜色等，'有'软硬、轻重、香臭等，'有'能得到也可能失去，各种'有'都可见闻、可感知、可推得结果，这都属于人类认识的幼年期。"

老子作为使中国哲学脱离"幼年期"的思想家，他的哲学主张和思维能力似乎来自天赋，如同一个运动员的身高、一个数学家的数感。相传老子自幼极慧，师从齐桓公时通天地、博古今的贤士商容苦学。

一日，商容说："天地之间人为贵，众人之中王为本。"

老子问："天为何物？"

商先生道："天者，在上之清清者也。"

老子又问："清清者又是何物？"

商先生道："清清者，太空是也。"

老子又问："太空之上，又是何物？"

……

师生二人一直探究到"清清之清者穷尽处"，但商容无法解答这个问题，因为"先贤未传，古籍未载"。这一次师生间的探讨大概是老子思考宇宙人生并将概念延伸至"无"之缘起。

作为春秋时期的古代哲学家，老子时代的哲学思想尚处于原始的"天人合一"阶段，还没有达到主观与客观、思维与存在的明显分化。这是老子哲学有模糊性和矛盾性的原因，也是老子哲学可以达到扪天问星高度的原因。

老子之前的思想家虽不可具考，但他们都没能如老子般意识到"有"具有对立面——"无"。《老子》第十四章详细论述了"无"：

> 视之不见名曰夷。听之不闻名曰希。搏之不得名曰微。此三者不可致诘。故混而为一。其上不皎，其下不昧，绳绳不可名，复归于无物。是谓无状之状，无物之象，是谓惚恍。迎之不见其首，随之不见其后。执古之道，以御今之有，以知古始，是谓道纪。

老子认为，世界万物起源于"无"，一切生于不可感知的"无名""无象""无形""无状之状""无物之象"，甚至"天下万物生于有，有生于无"。对老子来说，"无"是万物的最初源头，也是最终归宿。

"有"是有所得，无论是内涵还是外延，无论是具体还是抽象；但"无"也不是空无、虚无，而是思想精神、哲学概念上的有所得。发现

"无"而有得，让"无"而能述，且用"无"去观照这个世界，是老子的伟大之处。老子的抽象化思维实际上完成了中国哲学的一个认知飞跃。而任继愈先生认识到这个飞跃，是哲学思维的又一个"飞跃"。

在注释《老子》之初，任继愈先生一度认为："这（'无'）是老子的唯心主义世界观。"① 但越到后期，先生越发意识到"无"作为老子哲学向相反方向发展的契机，既包含唯心主义的可能，也包含唯物主义的可能。他不再拘泥于两大哲学阵营的论战，而是更加客观、真实地还原老子的"无"。

以对"无"做了较多阐释的《老子绎读》为例——

任继愈先生认为，"无"这个概念具有"有"不具备的"实际存在"，它虽从表象上看"视之不可见，听之不可闻，搏之不可得"，但老子的"无"中含着"有"的内在，所以它也是万物的总和与来源。

但"无"具有不同于"有"的特点，它无形无相、不能被感觉，这一点和"道"相同，老子把"无"作为"负概念"②，但它不是消极性概念，而是多样性概念，是物质世界、精神世界和国家社会运作的指导原则。

"无"和"道"相生相应，因为"无"，"道"不能被人所感知；因为"道"，"无"更具玄妙和虚无的特性。所以"无"就是"道"。任继愈先生指出要重视"无"的地位和作用，并高度肯定："'无'是中国哲学史上第一个作为万物之本的负概念，是人类认识前进的重要里程碑。"③

《老子》对任继愈先生来说不仅是古籍经典，更是可以"根据当时当地的新形势、新问题予以阐释、发挥"的"丰富遗产"，先生"掌握历史

---

① 任继愈著:《老子全译》，巴蜀书社，1992年版，第8页。
② 任继愈著:《老子绎读》，国家图书馆出版社，2015年版，第6页。
③ 任继愈著:《老子新译》，上海古籍出版社，1978年版，第78页。

唯物主义这个新工具","充分利用多学科、多门类，从不同的角度协同作战"，其思想高度已经达到"新的水平"。

3. 无为而治

《汉书·艺文志》提出"诸子出于王官"的说法，《淮南子·要略》则谓诸子之学起于"救时之弊"，这种观点可以在老子的"道济天下之溺"和"无为而治"中得到鲜明的佐证。

春秋时期是一个连孔子都无可施为的时代，"仁义不施，战乱不止，国乱不治"。当"大道不行"时，老子试图从哲学的高度，用"道"和"无"去解决社会问题，这是一次积极有益且开创先河的尝试。

《老子》第七十七章讲到两个概念，"天道"和"人道"：

> 天之道，其犹张弓欤！高者抑之，下者举之，有余者损之，不足者与之，天之道损有余而补不足。人道则不然，损不足，奉有余。孰能有余以奉天下？其唯有道者。

"天道"即"自然规律"，它损有余而补不足，万物遵道，自然运行不息；"人道"即"人伦关系"，它损不足以奉有余，背道离仁，被老子所否定。

任继愈先生通过对《老子》成书的考证，找到了老子"天道"说的自然起源：他认为，根据先秦时期的相关记载，当时的历法已有充分的条件使科学家和哲学家认识到天道的运行是自然规律。

老子寻求"天道"有社会现实的原因。清华大学教授张岂之在怀念任继愈先生的同时，曾谈及他对任继愈先生研读《老子》的理解：

任先生在《老子绎读》中对老子思想的来源进行了分析。认为一是继承荆楚文化的特点，贵淳朴自然，反雕琢文饰；二是吸取古代文化遗产，总结前人经验，老子在东周做过管理王室图书的工作，便于他接受并审视以前的文化成果；三是来源于社会现实，老子是春秋末期人，亲眼看到春秋时期社会的混乱、旧礼制的崩溃和仁义口号的虚伪性，思考怎样才能拯救时弊。[①]

在对自然规律和社会现实进行思考后，老子试图用"天道""人道"的平衡来解决社会现实问题。老子把社会动荡、战乱频发、人民贫困归咎于统治者的横征暴敛。百姓轻生冒死，起而为"盗"，其责任完全在于统治者的多欲无德。老子主张用"天之道"来取代"人之道"，以解决社会的困顿和弊端。在自然和社会双重理论基础上，老子提出了"无为而治"的政治主张，他将之表述为不可取、不可为、不可执："将欲取天下而为之，吾见其不得已。"天下并非私人之器，所以"不可为"，否则必然遭遇"败之""失之"的结果。

既然"不可为"，那就只能"无为"——"我无为，而民自化；我好静，而民自正；我无事，而民自富；我无欲，而民自朴"，老子希望通过不干预而做到"民"的自我实现，建立一个"使民复结绳而用之，甘其食，美其服，安其居，乐其俗"的和谐社会。

"无为而治"的理论依据是"道"，现实依据是"乱"，既然"无为"，那如何治呢？老子提供的解决方法是"为无为"和"无为而无不为"，具

---

① 张岂之：《深切怀念任继愈先生——谈谈任继愈先生对〈老子〉书的研究》，[J]．五台山研究，2013 年第 4 期，总第 117 期。

体措施是"欢统治者少干涉"和"使民众无知无欲"。

对于老子的社会理想，任继愈先生进行了反复比较思考。

在《老子新译》中，任继愈先生批判老子提出的"非以明民，将以愚之"。先生认为"无为之治"的本质"虚其心，实其腹，弱其志，强其骨，常使民无知无欲"，是在麻醉人民，这是消极和落后的。

不过，任继愈先生以辩证的方法看待这个问题，他说："老子是中国哲学史上抨击剥削制度不合理并有较为系统的言论的第一个思想家。尽管他的方案是错的，但是对后来的进步思想家和空想社会改革家有着深远的影响。"①

到了《老子绎读》成书后，晚年的任继愈先生对"无为"的看法发生了根本性改变，他认为就老子的本意来讲，绝不是为迎合统治者的需要而提出愚民之术。先生认为"无为"，是对统治阶级"有为"的反抗。这和陈鼓应先生的看法契合：

> 老子认为政治的好坏，常系于统治者的处心和做法。统治者若是真诚朴质，才能导出良好的政风，有良好的政风，社会才能趋于安宁；如果统治者机巧黠滑，就会产生败坏的政风。政风败坏，人们就相互伪诈，彼此贼害，而社会将无宁日了。居于这个观点，所以老子期望统治者导民以"愚"。老子生当乱世，感于世乱的根源莫过于大家攻心斗智，竞相伪饰，因此呼吁人们扬弃世俗价值的纠纷，而返璞归真。老子针对时弊，而作为这种愤世矫枉的言论。②

① 任继愈著：《老子新译（修订版）》，上海古籍出版社，1985年版，第25页。
② 陈鼓应著：《老子注译及评价》，中华书局，2009年版，第315页。

这些真知灼见在中国几千年的历史里得到印证，每逢变革战乱，统治阶级都会采取"内用黄老，外示儒术"的折中之法治国，这是裨补缺漏的治世良方。

《西南联大启示录》的创作者张曼菱因联大与任继愈先生结缘，她曾与先生畅谈传统文化，记录过这样一段对话：

> 我信口说："道"就是智慧。"诸子"都是思想。而思想是受"道"所统领的。所以，孔子求教于老子，"诸子百家"不与老子辩论。无论从个体生命，到世事沉浮，天下归属，无不与"道"有关。曹操、韩愈的文章大气磅礴，皆与"道家"相通。陶潜的诗受人喜爱，因他有"纵浪大化中"的理念。大乘佛教和禅，都有道家的影子。
>
> 任先生高屋建瓴，经世致用。他说：如果没有道家，中国政权更迭的历史会更加残酷。是道家的理念，给了社会、人民与文化休养生息的空间。①

传统的"天下"在近代转型为国家和国际关系，但传统中国天下观中"无"的政治智慧，在今天依然有转化与实践的可能性。任继愈先生致力于发掘、揭示哲学史与社会史、思想史之间的内在联系，力求把中国哲学史与中国社会史联系起来，以便找出社会发展的内驱力，"高屋建瓴，经世致用"八字大概就是任继愈先生四译《老子》的意义所在。

---

① 张曼菱：《任继愈：气节是中国人重视的精神情操》，[N]．人民日报，2017-5-3。

在 50 年旳研究中，任继愈先生对老子哲学思想内涵和老学源流、价值等做了深入的探讨，重视对老子哲学思想的提炼和阐述，得到了许多真知灼见，这对老子学说、道家思想乃至传统哲学研究都意义非凡。

（三）处弱贵柔

水善利万物而不争，处众人之所恶，故几于道。居，善地；心，善渊；与，善仁；言，善信；政，善治；事，善能；动，善时。夫唯不争，故无尤。

——老子《道德经·第八章》

夫黄老之道，民主之国之所用也，故能长而宰，无为而无不为。

——严复

《老子》的意义永无穷尽，也是不可思议的。它是一本关于人类行为的教科书。

——约翰·高

《老子》原文上篇《德经》，下篇《道经》，不分章，后改为《道经》在前，《德经》在后，分81章。

作为中国传统典籍中的珠玉之作，《老子》创造了一套完整自洽的哲学理论体系，不仅为经世致用提供良方，更在修身立命、出世入世等方面提供人类生活的基本方法。

在古代典籍中，任继愈先生尤其喜爱《论语》和《老子》，因为它们分别代表儒家和道家思想，是中国文化的根基，对中华文化的形成发展有着不可磨灭的影响。先生将这种发自肺腑的热爱转变成孜孜以求的研究，以期将传统文化发扬光大。

1. 圣人之德

《道德经》五千言博大精深、纯雅幽邃，美国《纽约时报》将老子列为世界古今十大作家之首，足证其智慧。

老子的哲学概念层层相因："道""自然""无为""无不为""贵柔处弱"，它们相互依存，形成闭环，即：道法自然、自然无为、无为无不为、贵柔处弱。这种哲学思想语言含蓄有韵，举例简明生动，道理深刻明晰，逻辑缜密严谨，紧密联系社会实践，不仅对后世的哲学传承、文化发展进行了推动，也对中国人的处事原则、自省修养，更甚者对民族性格、社会变革都产生了深远影响。

老子崇"道"，提出"无为"，根源在于那个礼崩乐坏的春秋社会，其战争、刑法、苛税等社会矛盾已经到了无可挽救的地步。出于对统治阶级的批评和对现实社会的失望，老子无奈叹息："天地不仁，以万物为刍狗；圣人不仁，以百姓为刍狗。"这时候，老子一边批判，一边还将希望放在"圣人"身上。

在诸子百家的典籍中，"圣人"一词俯仰皆是，它在五千言的《老子》中出现31次，足可见在改革时弊时，老子对"圣人"寄予了何等的厚望。

"圣人"在《老子》里是多解的，它可以理解成统治者，比如在十二章中提到："五色令人目盲，五音令人耳聋，五味令人口爽，驰骋畋猎令人心发狂，难得之货令人行妨。是以圣人为腹不为目，故去彼取此。"

春秋时代，统治者沉迷于色、音、味等感官享受，享受游猎纵欲、奢侈荒淫的生活，对百姓的疾苦和社会的混乱视而不见，充耳不闻，混淆黑白，乱政害民，老子正是针对以上的情况对统治者即"圣人"予以批判。

不过，更多的时候，老子将"圣人"当成最高智慧、最高道德、最高人格理想的象征，这样的人能在"无为"中传达并施行这种智慧、道德、理想，因为"圣人"是体"道"者，他"豫兮，若冬涉川；犹兮，若畏四邻；俨兮，其若客；涣兮，其若凌释；敦兮，其若朴；旷兮，其若谷；混兮，其若浊"，他们是同"道"而无可迹寻者。

老子对"圣人"的标准设定极高，他们不但要舍弃一般层面的物欲享受，"去甚，去奢，去泰"，而且要静修己身，慷慨无私，谦虚内省，返璞归真，无欲知足，对纯化民风、散布圣德起到自然而然的领袖作用，只有这样的人才能成为符合民望的统治者。

如此这般，"圣人"执老子哲学之圭臬，"得无为之事，行不言之教""将欲取天下而为之，吾见其不得已。天下神器，不可为也，不可执也"，他们"无为""柔弱"地教化着，最终使国家自然而然大治，因为"道常无为而无不为。侯王若能守之，万物将自化"。

大概可以推测，老子不认可占有天下的统治者，反而更推崇那些具有大智绝胜、知行完备、品德无暇、至善至美等理想人格的"圣人"。

对于老子的"圣人"观，历来有臧有否，如严复就对这种"圣人"无为的统治极为赞赏，他在研究传统文化的过程中，发现这种"无为"与西方的自由、民主思想非常相似，且与达尔文的进化论完美契合。严复把老子的"无为之道"解释为民主国家的治国方式，可谓独辟蹊径。

老子的哲学思想内涵丰富，见仁见智很正常。任继愈先生对老子所谓"圣人"的认识也几经变化。

在《老子今译》中，老子提出"使民无知无欲"，但任继愈先生认为老子不是提倡绝对愚昧，他的政治思想也不是愚民政策，恰恰相反，老子的"无为"是让具有大智慧的"圣人"垂范人民，让统治者不能胡作非"为"。

在《老子新译》中，任继愈先生认为老子把"圣人"作为社会政治发展的主导，将"圣人"的高层次人格理想和人民"虚其心，实其腹"的蒙昧状态对立，是消极思想的表现，"老子对战国以来封建制度的改革深感不满，他从理论上反对一切变革，对新事物采取消极抵抗的立场"。[①]

在《老子全译》中，任继愈先生进一步改变自己对"圣人"之治的看法。翻译时将"听从'圣人'支配"改为"顺应自然"，并且认为要"用'无为'去处事，用'不言'去教导"。这种"无为""不言"不是无所作为和装聋作哑　而是不违背自然，不胡乱阻碍社会发展，这是对于统治者的良言。

在《老子绎读》中，任继愈先生指出，老子将社会上的不安定归咎于"新"和"变"，只要将它杜绝，人们就不会有过多的欲望，先生认为"这一消极的预防思想，反映了中国古代农业社会小生产者的心态"。但先生也肯定圣人的"无为"是一种思维方式，这种原则"可以用于处事，可以用于治国，任凭事物自己生长、变化，而不要干涉。万物长成了，人类不要居功"。这是对乱世进行匡扶，而不是社会和历史的倒退。

客观地说，老子追求"无为"的圣人之治，其目的和孔子的"民可使由之，不可使知之"不尽相同。老子的思想出发点是使"圣人"治理天下，达到"无不治"，他更倾向于获得原始朴素的社会形态，让百姓过上和平安宁的现世生活，没有"愚民"的本意。不过，历代的统治者从老子的思想中断章取义地"使民无知无欲"，获得统治的权柄，这是权术使然。

研究像老子这样伟大的哲学家、全面评价他的思想，不是一蹴而就的事情。任继愈先生自己说："我们研究古人的哲学，也要避免简单化。"

为了避免"简单化"，就要深刻地、丰富地去思考探究。因此，任继

---

① 任继愈著:《老子新译》，上海古籍出版社，1978年版，第28页。

愈先生脚踏实地，补偏救弊，不断更易。

在不断深化研究的过程中，任继愈先生辩证地把哲学史看成人类认识发展史，看到了老子对社会民生的热切关注，看到了老子哲学高于其时代的先进性，看到了老子解决社会问题的积极态度，而这一切都是对历史和社会的发展有推动作用的。因此，先生断言，老子哲学无论是对唯物主义还是对唯心主义，都有其独特的研究价值。

2. 上善若水

《道德经》作为哲学著作，不仅在中国被视为经典，在全世界也具有广泛的影响，托尔斯泰认为"上善若水"是人的理想状态，海德格尔对东方智慧钦佩不已，这些都是不同文化之间的思想共鸣。

作为一位深耕于传统文化的哲学家，任继愈先生更是将传承和发扬的使命感牢牢刻印在自己的心头。先生尤爱老子，他认为老子的哲学思想比孔子、孟子都丰富，对后世许多哲学流派影响也更深远。在《老子绎读》中，先生明确其独特价值——"老子哲学影响了中华文化两千多年"！

如果说"圣人"之德是老子在道德上的至高要求，那么老子哲学对中华民族的性格塑造也起到了无可估量的作用，中国人的人生哲学和生存智慧有很大一部分来自那短短的五千言！

老子独创了"无"这个"负概念"的积极含义，"无为"并不是不为，而是以"无"的原则有所作为，从反面促进事物发展——"反者，道之动；弱者，道之用"。这样的理念在人生哲学中，就演化成老子的"贵柔"思想。

任继愈先生指出老子思想具有鲜明的荆楚文化特征，他在《老子绎读》第八章的引言中特别说明："老子多以水为喻，就近取譬，比北方邹鲁各流派不同。"

荆楚多水　以水滋养万物，水是人民生活、社会发展、文化繁荣的依托。老子贵淳朴自然，对行自然之"道"的水极度推崇，认为它具有最高美德，与"道"相近："上善若水。水善利万物而不争，处众人之所恶，故几于道。居，善地；心，善渊；与，善仁；言，善信；政，善治；事，善能；动，善时。夫唯不争，故无尤。"

合于"道"的人，好比水，性利万物而不相争，他停留在众人所厌的地方，却最接近于无穷无尽、玄妙至极的"道"。具有水"德"的人与地位低下者相处，十分平和，赤诚相爱，言语诚信，行事举动能使国泰民安，因为不争，言语、进退合宜，所以从无过失。

老子将水的智慧投射在人格修养上，提倡虚静、谦让、自守，这是"进道若退"的辩证思想。从表面看来，有德之人谦退居下，"不敢为天下先"，而实际上"退"正是一种"进"的方式。老子以水之汇聚江海为例，阐述道："江海所以能为百谷王者，以其善下之，故能为百谷王。"

从水不争无尤而近"道"，老子演绎出柔弱终会战胜刚强的道理——"弱之胜强，柔之胜刚"。在老子看来，真正的强大无须炫露于外，水无固定形态，借他力以动，随圆而圆，随方而方，至柔至弱，但它却有无坚不摧的力量，冲刷、腐蚀、造物，无所不能；且柔弱的水以少聚众，以微为众，翻涌澎湃，一往无前，其内含的威力不可估量。

由此，老子对水德的向往转化成对道德修养和人格力量的渴望——"明道若昧，进道若退，夷道若类。上德若谷，大白若辱，广德若不足，建（健）德若偷，质真若渝。"这是一种大智若愚的智慧，是一种退守却进取的原则，谦卑若下，处雌守弱，不彰显强大却内守刚强力量。

老子主张"坚强处下，柔弱处上""守柔曰强"，并将这种原则运用到人生中："将欲歙之，必固张之；将欲弱之，必固强之；将欲废之，必固兴之；将欲夺之，必故与之。"

任继愈先生在数次译注《老子》后，对这种人生哲学产生了强烈共鸣，他认为这种以柔克刚，以退为进，用不争达到争的目的是为人处事之道。他几经修改，在《老子绎读》中对"上善若水"做了最符合他自己生活感悟和心灵共鸣的今译：

> 最高尚的善像水那样，水善于帮助万物而不与争利；
> 它停留在众人所不喜欢的地方，所以最接近"道"。
> 居住要（像水那样）安于卑下，存心要（像水那样）深沉，
> 交友要（像水那样）相亲，言语要（像水那样）诚实，
> 为政要（像水那样）有条有理，办事要（像水那样）无所不能，
> 行为要（像水那样）待机而动。正因他（像水那样）与万物无争，所以才不犯过失。[1]

虽然，老子思想在未来可能有变化万端的解读，但他在观察事物的过程中认识事物发展的规律，并把这种规律上升到抽象的道德修养中，用直观感悟的方法去认识"道"，用致虚守静的方法去实践"无"，在后世是有很多知音的。

任继愈先生在《老子今译》中分析了这种现象："古代唯物主义的哲学家都主张在认识过程中尽量抛弃主观成见，冷静地观察事物。《荀子·解蔽篇》'虚一而静'的道理，与本章的'致虚极，守静笃'互相参看。"

---

[1] 周赟著：《任继愈〈老子〉四译合刊研究》，广西师范大学出版社，2021 年 11 月版，第 28 页。

在《老子全译》和《老子绎读》中，任继愈先生认为老子将"静"当作万物运动的状态，以"无为"来指导统治者的治理和人的道德修养，这并不是消极的不作为，而是老子思想的可贵之处。先生将老子这种返璞归真的追求归因于"对当时的虚假浮华的不满"，并指出"在《老子》的体系中'道'是最高境界，其次是德，依次向下排，仁、义、礼，一层比一层低"。

在老子看来，在动荡不安的时代和兵祸连绵的社会中，即使是"德"也不能救世，追求仁、义、礼反而成为致乱的根源。以"道"为根本，以"无"为原则，以"柔"去处世，天下就恢复成上古社会的自然状态。这样的人格理想逐渐成为中华民族性格中很重要的一个组成部分。《中国科学技术史》作者李约瑟总结说："中国人的性格中有许多最吸引人的因素都源于道家思想。"

老子的哲学思想起源于人类高度文明发生的"轴心时代"，中国的"百家争鸣"、西方的古希腊文化和古印度的佛教文化几乎不约而同地产生。老子能在这种文化大繁荣中脱颖而出，足以证明其学说的积极意义巨大。

任继愈先生肯定老子以柔克刚、以弱胜强的思想，因为他认识到这不是绝对的"退守"，而是寄望于"克""胜"。先生深受老子这种"贵柔"思想的影响是确信无疑的，他的为人处事深谙进退之道，被污蔑了不争执，被打压了不反抗，被误会了不辩解，以静气支撑多舛的人生，故而常伴先生左右的学生李申无数次用沉默安宁来形容他的老师。

任继愈先生一生固善守直、谦虚隐忍，自守宁静的精神世界，投入到纯粹的学术研究中，就是奉行了老子"无为而无不为"的智者抉择，这绝不是懦弱畏缩。思想深处，传统儒家思想引导先生"入世"为学，但道家思想影响先生"出世"为人，他贵柔守弱，不诱于誉，不恐于谤，他循老子的上善若水，循庄子的外化内不化，循孔子的仁者爱人，这是哲学家的大智慧。

3. 辩证哲学

老子思想体系的建立宣告了中国最伟大哲学时代的来临，他的思想渗透到中国文化传统的方方面面，诸如盈亏、祸福、否泰、消长等。这种古老且柔韧的东方智慧是中国传统文化所独有的，且在森严的西方哲学体系里无法对等匹配。

老子之前亦有这样的观点，《易经》有阴阳转化，古代哲学有五行相生相克，晏婴有相济相成，但这些都只是零星提及，并不成理论体系。正如陈鼓应先生所言："中国哲学的突破始于老子。"老子最终将朴素的辩证法理论化、体系化，然后运用到思想文化的方方面面。

《老子》第二章提出了具有辩证法思想的内容。老子观察到水"柔弱胜刚强"，联想到宇宙间万事万物都存在互相矛盾的两个对立面，它们可以"有无相生，难易相成，长短相形"；这些对立面如阴阳、刚柔、废立等还可以相互转化——"物壮则老""兵强则灭""木强则折""祸兮福之所倚，福兮祸之所伏"。为了防止物极必反，导致衰落，老子主张去除"甚""奢""泰"的绝对值顶点，保持如"道"那般冲虚而不盈的状态，这就是老子的辩证法思想。

在这种初步、朴素的辩证法思想指导下，老子对至高无上、至大无极的"道"的运行规律做了探索，睿智地看到"反者道之动，弱者道之用"。

老子认为对立面可以相互转化，也可以无限循环变化。"弱者"可以用柔弱"无为"的方法"为"，"有"和"无"成为"道"的两个属性，它们的同一性和矛盾性相互依存。

老子多次说"事物的矛盾和对立转化是永恒不变"之理，抽象概括自然运行和人类发展的现象与本质，这是十分光辉和精辟的见解。

首先，老子揭示了事物的矛盾统一。任继愈先生赞赏说"矛盾统一观念的进一步明确，是当时人类认识世界深化的表现"。

其次，老子发现事物都是向着它们相反的方向变化的，这种反对主观、传统天道统治的观念，在任继愈先生看来具有强烈的进步意义。

另外，老子发现量的积累可以引起质的变化，并把这一原则有意识地运用到生活哲理中，"故飘风不终朝，骤雨不终日""其安易持；其未兆易谋；其脆易泮；其微易散"。

虽然老子的这些思想还不成熟，譬如他没有看到变化中条件的重要性，譬如他忽视矛盾对立的斗争性，但老子看到万事万物存在于矛盾统一体内，所有事物和"道"的运行规律都在"生""复"之间，这是可贵的；老子确定万事万物都在不断发展、变化、生灭、运动，唯一不变的是"变"，这是深刻的。老子成为中国哲学史上第一个广泛而深刻地发现、运用、探究辩证规律的人，这种运动发展的思想和朴素的唯物主义在那个时代意义巨大。

任继愈先生认同老子辩证法的可贵，究其原因，恰是因为先生是用同样的方法去看待老子，即"辩证地"看待和评价。

任继愈先生对《老子》进行了大浪淘沙般的艰苦研究淘漉，以精深的古汉语训诂为根底进行译注，且对老子生活的时代和文化发展做了全面理解，他的译注符合先秦老子的思想，接近历史的原貌，确切地做到"知人论世"。这是一种客观、科学的研究态度，任继愈先生认为要把思想家放在他所处的时代中讨论，客观还原这些思想的本来面貌，指出其不足之处，并考量这种思想对于社会发展、科学进步的积极影响。

在先秦诸子百家中，真正对后世文化和社会产生重大影响的是孔子和老子。他们本人的原著皆是精简的语录体，之所以产生如此深远的影响，应要归功于后代学者不断的注释与阐发，每个学者都在经典中注入属于自己的思考和阐释，并将每个时代的专属印记打入典籍——这是一种继承，更是一种发扬。

任继愈先生对老子的研究硕果累累，除《老子今译》《老子新译》《老子全译》《老子绎读》外，还有《中国哲学史简编》《中国哲学史论》《中国哲学发展史》中的专章论述，其他还有《皓首学术随笔·任继愈卷》中的《老子源流》和《关于〈道德经〉》等篇章。

《老子》采用诗歌般的形式来表达高深的抽象道理，这对注释和研究者来说有利有弊，弊者，老子用简约的文字表达丰富的含义，增加了研究难度；利者，老子思想之深广，给后世学者留下无穷思考和发挥的空间。

老子研究意义非凡，任继愈先生说："对老子《道德经》这部人类知识宝库，要充分认识它的价值。中华文化如果缺了老子思想，就不会有今天的成就，同时，一味顶礼膜拜，也会走偏了方向，止步不前。"[①]

任继愈先生广泛采用各种版本互相补充，尽量借鉴历代专家学者研究的成果，例如韩非子、严遵的解，河上公、王弼的注，朱熹、王夫之、姚鼐、余樾的著作，这是一个庞大的梳理和理解的过程，先生为之付出了巨大的精力。

文化界对任继愈先生的老子研究之赞誉纷至沓来：熊铁基等人编写的《二十世纪中国老学》介绍了任继愈先生《老子》研究方法的变革与突破，

---

① 任继愈著：《皓首学术随笔·任继愈卷》，中华书局，2006 年 10 月版，第 202 页。

胡道静的《十家论老》中将先生的老子研究尊立为与冯友兰、陈鼓应等学者并重的一家……

《左传·襄公》有言："太上有立德，其次有立功，其次有立言，虽久不废，此之谓不朽。"

任继愈先生担当了传统文化的传承之责，再现了传统文化的灿烂辉煌，其不朽如是也！

六

"微不足道的功劳"
何巨之有？

我就像鲁迅笔下的那一位过客那样，我的任务就是向前走，向前走。

——季羡林

现在不是哲学家的季节。乾嘉盛世，是清朝百年后才出现。唐朝是贞观之治，政治上统一了，而创作的繁荣是在开元时代，也近百年了。几代做准备才有了高潮。我们现在这个时代做什么呢？承前启后，真正的文化勃兴期还在几十年以后。

——任继愈

老子出关，哲人逝矣，蓬莱柱下五千精妙谁藏守；释迦涅槃，宗师生焉，大藏大典四库文明有传人。

——詹福瑞

子曰："吾十有五而志于学，三十而立，四十而不惑，五十而知天命，六十而耳顺，七十而从心所欲，不逾矩。"

任继愈先生八十岁高龄时，请人治一枚章，上面是"不敢从心所欲"六个字。

孔子没有计到八十岁的人生理想和规划，那应该是人生的另一个境界——圆融的智慧、精深的学问、高远的眼界、豁达的心态都是智者在这个年龄的收获。当一个学者德高望重到任继愈先生的地步，他为何不敢从心所欲？

1987年，任继愈先生71岁，北京大学哲学系教授、中国社科院宗教所所长这样光辉的履历足以让先生坐享荣耀，但是老骥伏枥，他又挑重担，进入人生的第三个角色——国家图书馆馆长。

任继愈先生是国图任职时间最久的馆长，十八载坎坷岁月，历经风尘无数，国图终得日新月异。离任之际，本可躺在功劳簿上酣眠的任继愈先生认领了微不足道的一件"功劳"：

在一块经常被无意打破的玻璃门上钉上一条木板，提醒人们小心，这块玻璃从此安然无恙。

如此而已。

与国图相携而行多年，任继愈先生始终将自己定位成一个传统文化的资料整理者，从不居功，亦不自傲。

（一）得报惠泽

藏书万卷可教子，遗金满籝常作灾。

——黄庭坚

图书馆里只有书没有教员，却是求学的好地方。

——吴稚晖

我是一个受图书馆惠泽极多的人，对图书馆、读者，我应该有所回报。

——任继愈

2005 年 4 月 14 日，经任继愈先生再三请求，他终于卸任国家图书馆馆长一职，那天，是他 89 岁生日的前一天。不过，这位耄耋老人依然是国图的荣誉馆长，他忙碌的背影依然是国图的压舱石，所以，记者黄晶华在完成了对先生的采访工作后，曾经这样写道：

初春的阳光潮水般涌进窗户，暖暖地铺在地板上，包围了房间里的 25 个大书柜和藤椅中的中国国家图书馆名誉馆长、国学大师任继愈先生……和任继愈这样的国学大师促膝而谈，请教知识、文明、人类、现代化以及宗教这些犀利明亮的问题，其言说令人如沐春风。然而，作为采访者则内心充满矛盾。想尽可能多问一些问题，但又不忍过多耗费老人精力；想尽可能获得他的人生故事和独特经验，但很难凭借一面之缘走进这位智者博大而保守的内心世界。①

面对这样一个腰板挺直、双脚合拢、双手置膝、精气神十足的学者，聆听他的教诲、采访他的智慧，成为一种幸福，记者无以言表心中的敬意，临别时向这位一生与书结缘的智者深深鞠了一躬……

1. 结缘经笥

中国的图书馆历史悠久，可以追溯到商王室藏书、周王室藏书（老子就是当时的图书馆馆长），春秋战国后开始出现私人藏书。早期图书馆以收藏和保存文献为目的，大致称为"阁""楼""台"等。能历数其名的有古代四大藏书阁和七大藏书楼，如北京文渊阁、沈阳文溯阁、承德文津阁和杭州文澜阁等是官修藏书阁，江苏常熟的铁琴铜剑楼、山东聊城的海源阁、浙江湖州的皕宋楼和浙江杭州的八千卷楼、浙江宁波的天一阁等则是著名的私人藏书楼。

图书馆在文化传播中的作用之巨，可用中国现存年代最早的私家藏书楼宁波的天一阁为例来阐述。

天一阁始建于明嘉靖四十年（1561 年），坐落在浙江省宁波市的月湖之西，由当时的兵部右侍郎范钦主持建造。天一阁之名，取意于汉代郑燮《易经注》，火是藏书楼最大的祸患，而"天一生水"，可以克火，故取名为"天一阁"。书阁是硬山顶式重楼，面阔、进深各有六间，前后有长廊相互沟通。楼前有"天一池"，引水入池，蓄水防火，景物秀美，曲水潋波，颇具江南私家园林风貌。

---

① 黄晶华：《学界玉柱，携归极乐；先生风骨，长存人间！》，[N].国际金融报，2009-7-13。

范钦一生酷爱典籍，为官在外，广搜图书，其他藏书家不屑的地方志、诗文集等都是他的心头好，又得鄞县李氏万卷楼的残存藏书，爱之若命。范钦辞世时，天一阁藏书已达 7 万余册，数量和种类都堪称翘楚，其中以地方志和登科录最为珍稀。

乾隆三十七年（1772 年），朝廷下诏修撰《四库全书》并向天下征书，范钦的八世孙范懋柱进献所藏之书 638 种。乾隆爱范家藏书百年不毁，敕命测绘天一阁的房屋、书柜的款式，兴建了著名的"南北七阁"，用来收藏七套官修的《四库全书》，天一阁从此闻名天下。

历代藏书家很多，但其藏书能保存百年以上的并不多见，范氏藏书之所以能够保存至今，与范钦制定的藏书管理制度密不可分——天一阁制定了严格的防火、防水、防虫、防鼠、防盗等措施；严格规定"烟酒切忌登楼""代不分弓，书不出阁"、外姓人不得入阁、不得私自领亲友入阁等，违反者将受到严厉的处罚。"外姓人不得入阁"一条，使得非范氏子孙很难亲近天一阁藏书，直到康熙十二年（1673 年），明末清初思想家黄宗羲才有幸成为登堂入室第一人！天一阁开始成为真正的"图书馆"。

19 世纪末，"图书馆"一词从一衣带水的日本传入中国，逐渐为普通百姓所熟知。1904 年，浙江人徐树兰仿效西方图书馆，开办了向社会开放的古越藏书楼，成为我国第一个公共图书馆。随后，越来越多的图书馆在中国各地生根开花。

在任继愈先生的学生时代，图书馆已是一种常见的公共设施，随着社会的发展和文明的进步，人们逐渐意识到了图书馆的重要地位。

任继愈先生的一生是与图书馆结缘的一生，似乎冥冥之中早有安排。

任继愈先生在高小时有幸遇到夏育轩老师，这是一个热血的文学青年，他为了打开孩子们的视野，让他们多读好书，让学生们自办了小图书馆。这个占用教室小小一角的图书馆煞有介事,设两个书柜加一把锁,并推举一位同学掌管,半年轮换一次"图书管理员"。

更长梦短,任继愈先生一生步履匆匆,但回忆那段无忧的岁月时,那些生动的细节依旧清晰地刻印在先生的脑海里:当时,师生共同出资,订阅几种杂志,有《小朋友》《儿童世界》等(还有几种记不清了),还有同学捐助的一些文艺小说,如《水浒传》《红楼梦》《镜花缘》《说岳全传》《三国演义》《老残游记》等,也有十几种之多。先生还做过一任小"图书馆长",这让幼小的任继愈对于图书馆有了初步的概念。

战火突燃,当小任继愈从前任"馆长"陈运畴同学手中接过书柜的钥匙、走马上任之际,正好赶上济南"五三惨案"爆发,学校因此停课,先生所在的班级也被迫提前毕业,自此,先生结束了在济南的学习生活,第一次从"图书馆长"之位上卸职归家。

因为战乱,也为了能接受更好的教育,任继愈先生初中毕业后离开山东,独自到北平求学。北平大学附属高中的地理位置得天独厚,在中南海西门附近,尤其靠近北海图书馆,即现在的国家图书馆分馆。勤奋好学的青年任继愈成为该馆的常客,常常流连忘返。

当时的中国战火已起,社会动荡,人们为了温饱而辛苦奔波,有闲情逸致去图书馆的人越来越少,馆内异常静谧,任继愈先生尽情徜徉在知识的海洋里。据先生回忆,当时的图书馆工作细致入微,读者进入馆内,取一个座位牌号,填写一张借书单子,工作人员就会将需要的书送到座位上,服务极为周到热情。就这样,先生沉浸在书海中,心灵得到净化,知识得到充盈,人生的方向渐渐明晰。

进入北大后,北大图书馆成了任继愈先生的精神家园。北大原图书馆设在沙滩松公府,这里是先生学习的乐土,他还专门写过《松公府旧北大图书馆杂忆》来记录之。先生说，松公府图书馆的夏季颇可留恋，那时，古槐参天，深荫匝地，蝉声长鸣，寂若空谷，静如古刹，实在是个读书的好地方。任继愈先生还非常清楚地记得那个如落魄名士般的图书馆长毛准和他那件旧长衫。

后来，北大新建了图书馆，窗明几净，宽敞豁亮，一扫旧日的沉闷幽暗，在当时是颇为先进的。新北大图书馆采用开放式借阅，常用书、工具书，如《四部丛刊》《二十四史》《通典》等沿墙排列一周，随用随取，十分方便。在这个没有围墙的大学里，任何人都可以出入教室听课，也可以在图书馆中享有查阅中西文开架书刊文献的一切便利。

给任继愈先生留下深刻印象的是，当时北大图书馆允许学生凭一张借书卡到书库里去看书，先生认为这样大有裨益，因为在书库里亲手翻一翻，看一看，得来的知识似乎更为厚重亲切。

战火和硝烟纷乱，偌大的北平放不下一张安静的书桌，任继愈先生随北大去往长沙，去往云南。联大时期，是任继愈先生求学最为艰难的时期，必要的教室、仪器、书籍都极度缺乏，图书馆里只有几排书架、几张桌椅和一些长凳，馆藏中英文书籍总共只有 6000 来册。学生缺少课本，只能依赖上课听讲；老师也缺乏资料，不得不凭借记忆开展教学。但蒋梦麟校长说："虽然设备简陋，学校大致还差强人意，师生精神极佳，图书馆虽然有限，阅读室却座无虚席。"

中华人民共和国成立后，任继愈先生在北大任教。所有人都确信，一个中国历史上从未有过的新的时代已经到来。在那个激情燃烧的时代里，刻苦学习、努力成为国家所需要的人才，成为北大人共同的理想。清晨，图书馆尚未开放，门口就排满了长龙；图书馆中，身穿补丁衣服的学子人满为患，晚到的人根本没有座位；图书馆给各系各班分配了座位号，但依然有很多人没有座位，站着读书。

一路走来，人生风雨坎坷，行途艰难困苦，书籍像任继愈先生前行途中的北极星——虽弱小，却明亮，指引先生最终走向国图。先生一生情系图书馆，他说道："我自己的成长过程，得益于图书馆比大学多。在大学只能认认路、确定专业，以后的充实提高是靠图书馆。"①

这是最朴实的告白，也是任继愈先生恪尽职守做好"微不足道小事"的恒久动力。

2. 守护国图

任继愈先生和图书馆之间的缘分让人惊叹、歆羡，同时先生本人也在图书馆的熏陶下成长为一座渊博无涯的巨型"图书馆"，等待着后辈学人去细细品读和探究。

踏进图书馆的大门意味着知识的传承、文化的普及，它是知识的殿堂和心灵的港湾，是陪伴任继愈先生一生的良师益友：学生时代，图书馆是他的心灵港湾，给他丰富美好的精神世界；工作后，先生依旧流连图书馆，努力获取更多的知识；担任国家图书馆馆长后，图书馆就成了先生的家；从馆长到荣誉馆长，先生永远是图书馆不离不弃的老朋友。

中国国家图书馆是我国最大的图书馆，同时也是世界五大图书馆之一。他的诞生本就有负重致远之责：宣统元年（1909 年），军机大臣张之洞奏请筹建京师图书馆，此举目的是善藏内阁大库、翰林院、国子监南学书，文津阁《四库全书》和敦煌劫余遗书也是基本馆藏。

民国时期，称"国立北平图书馆"；抗战时期，历经风雨，终得守藏

---

① 蒋弘：《国家图书馆馆长任继愈先生专访》，[N].光明日报，2003-9-11。

除美国国会图书馆、南京运台之外的大量珍贵图书；1951 年，国立北平图书馆更名为北京图书馆；1998 年，北京图书馆更名为中国国家图书馆，简称国图。

国图位于海淀区白石桥南长河畔，紧邻紫竹院公园，占地面积 7.24 公顷，建筑面积 14 万平方米。主建筑以蓝色为基调，有用水慎火之意。主楼为双重檐双塔形高楼，孔雀蓝琉璃屋顶明丽大气，淡乳灰色外墙复古典雅，花岗岩基座石阶古朴稳重，汉白玉栏杆雍容华贵，大雅如同君子。

国图藏书之富难以计数，共计地上书库 19 层、地下书库 3 层，设计藏书能力 2000 万册，卷帙浩繁，汗牛充栋。国图的 46 个阅览室"全年候"开放，约 210 万册书刊供读者自行选阅，日文献流通量 70000 余册（件）次，以知识的汪洋大海譬喻国图，亦不觉夸张。

国图藏书种类繁多，还有许多价值连城的古籍文献。作为秉轴持钧的中枢，国图还与全国 558 家文献信息提供单位正式建立馆际互借关系，并与 67 个国家和地区的 550 家图书馆保持国际互借关系。

从张之洞倡议之始，到国图改建至今，共历任 27 位馆长，他们大都是声名远播的名流巨子，非一个时代极富影响力、德高望重的学者大儒是没有资格忝列其中的。

首任国图馆长为宣统年间的四品翰林院编修缪荃孙。他是中国近代著名的藏书家、校勘家、教育家、目录学家、史学家、方志学家和金石学家。其后，光绪年间举人傅岳棻以及杰出的历史学家、教育家陈垣等相继赴任，学术泰斗梁启超也曾为国图掌舵；还有北大校长蔡元培、现代学者马叙伦、著名剧作家丁西林等先后担任馆长，可谓群贤毕至。

任继愈先生于 1987 年 5 月起成为中华人民共和国成立以来的第四任国图馆长，也是国图历史上的第 22 位馆长。谁也不曾想到，先生成为国图历史上任职时间最长的一位馆长，与国图血脉相连。

有这么多出类拔萃的文人学者珠玉在前，任继愈先生如何当好国图的家，为国存史、为民传书，显然成为一个难题。

说到对国图和自己这个馆长的定位，任继愈先生有着清晰的认识。曾有记者采访任继愈先生，请他"与前任如马叙伦、梁启超、蔡元培、丁西林诸公相比"。先生说"梁启超先生政治上失意后，就到图书馆来了，他说，我们这个图书馆的任务应当区别于一般公共图书馆，性质属于贵族图书馆"，但先生对"贵族图书馆"的名称并不认同，他觉得图书馆是国家总书库，应该为国家、人民、读者提供书籍和服务。

任继愈先生看到了国图非同一般的性质——它是为社会服务、传播知识的国家公共设施，而不是贵族专享的风雅标签。

任继愈先生对国图的定位非常明晰：

首先，国家图书馆要发挥图书馆的基本职能，要保护和传播博大精深的文化遗产。任继愈先生特别重视国图的社会功能，他认为图书馆要为读者提供使用文献的场所，还要面向广大的社会成员开放，服务于社会；其次，国图不仅是由图书和场馆构筑的建筑，而且是文化、教育和科研的基地，在先生任职期间，国图的文献研究和课题研究始终拔新领异，如敦煌遗书等文化成果相继被成功列入馆藏；最后，新的时代赋予国图新的机遇。随着科学技术的日新月异，知识更新换代的速度加快，覆盖互联网、移动通信网、广播电视网等多种载体的服务网络在任继愈先生任职时日渐发端，逐渐完善，最后成熟。

看一个人对什么事情重视、投入，就可以了解这个人的信念和价值观。任继愈先生如此看重国图，却淡然看轻自己的馆长身份，他觉得图书馆馆长是一份工作，是他回馈社会的一次机会，他把为图书馆工作和为读者服务当作一种人生的幸福，并乐此不疲。先生认为职称是身外之物，没有这个不行，但只为职称而活着，就把自己看渺小了，看低了。

古老又现代的国图在任继愈先生掌舵的十八年间，既保持了中国文化的固有特色，也不落后于世界文化发展之速；既充满古典气息，又与现代化的元素紧密结合，这些都是任继愈先生的功绩。先生日以继夜地耕耘，披星戴月地进取，从而保证国图如磅礴巨舟乘风而起，扬帆远航。

3. 情系丹铅

1987 年，任继愈先生履新国家图书馆馆长之职，他把这看作是一次"报答"的机会——报答书籍对他的滋养，报答时代对他的礼遇，报答文化对他的馈赠。

2005 年，任继愈先生卸下国家图书馆馆长之职，历十八年兢兢业业之操劳，穷十八载鞠躬尽瘁之时光，但他仍留有一个最大的遗憾：没能将国图的"家底"全部摸清，遗憾的原因是"图书不同于古瓷器，它们不仅有文物价值，还要发挥作用。只有让人们能阅读、能利用，它们的价值才能真正发挥出来"。

"坐拥书城"的任继愈先生是"国宝"级人物，人们崇敬他精深渊博的学识。不少人羡慕他能执掌国图，饱读天下华章，他却犹嫌不足——先生爱书藏书，已经到了嗜之如命的地步。推己及人，让他人多读书，读好书，成了先生对后辈学者最大的关爱。

任继愈先生的家中十分简朴，桌椅均有旧痕，餐具亦不能成套，沙发得贴着墙边摆放才能不倒，但先生书房里的书柜古朴典雅，书籍如堆山积海，深具中国传统读书人的雅趣。

任继愈先生著作等身，但他的子女却从未享受这个"著名学者"的恩荫,他们能继承的只有家中堆积如山的书籍,而这些书籍中的一部分存放在 25 个古朴的澄庵书柜中。

任继愈先生书房的一面墙边顶天立地排布着一套"澄庵藏书"的书柜,古色古香,雅致有韵,颇具来历——澄庵是康熙二年(1663 年)的举人,自幼聪慧异常,博通经史子集,生性恬淡不慕荣利,酷爱藏书,家中书籍充箱盈架。

时光匆匆,沧海桑田,澄庵家道中落后,子孙为了谋生,变卖古书度日,所藏之书散落民间,书柜堆积在古旧家具当中。任继愈先生在淘逛旧货市场时看到这些书柜无人问津,便把 25 个残破的柜子买下,修理完好,摆在自家的书房、花厅中。先生买下这些书柜并不是为了添置家具,而是出于对澄庵藏书的仰慕,也是对这些珍贵藏书命运的唏嘘感叹。

旧式的中国文人均有爱书藏书之癖,因为书籍足以怡情养性,开阔心胸,在传播知识的过程中,转化成社会进步和文化发展的力量。但藏书的命运亦如人的命运,波折起伏,不可预测。如若子孙肖祖,嗜书如命,一心问学,则典籍得遇君子;若子孙不肖,那么藏书的命运则如风中飘絮,飘摇无着。所以任继愈先生爱藏书却不爱藏私,他把大量书籍捐赠给社会图书馆,将人类积淀下来的文化遗产转交给知识探索者和学者,这是一种薪火相传,也是一种慷慨和无私。

古今藏书家多为性情中人,任继愈先生藏书多、珍书切,境界高雅,但书柜再大也装不下汗牛充栋的藏书,为了在所有热爱中国文化的心灵中掌一盏明灯,先生将大量珍贵书籍捐赠出去,正如清末许益斋所言:"得之不易失之易,物无尽藏亦此理。但愿得者如我辈,即非我有亦可喜。"

平原是山东的一个小县,是任继愈先生的故乡。平原县图书馆辟有一间专门的图书室,门口"任继愈赠书"五个大字鲜明醒目。在这间阔大宁静的图书室里，先生捐赠的 7000 册私人藏书静静地散发着墨香，这些书籍中有些堪称国宝级的珍品，价值上百万，但先生却说"把藏书捐给故乡，这样心里能够踏实些"。之所以"踏实"，大概是因为先生已为这些书籍找到了最好的归宿吧！

《齐鲁晚报》的记者曾为这些藏书做过追踪报道，任继愈先生少年读书便离开家乡，经年治学，焚膏继晷，兀兀穷年，不得空闲。他一直以不能回到家乡为憾，于是乎，先生便把自己最宝贵的财富——书籍捐赠给故乡的图书馆。

记者在平原县图书馆看到任继愈先生的亲笔手书："赠图书馆的书已备好，希望下周的上半周来取回。近来又有三箱书捐赠县图书馆，如县里有人来京，望通知他们顺便捎回去。明年春天，还有一批书送给图书馆，到时再联系……'

"顺便捎回"和"明年春天"不是因为任继愈先生拖延时日，而是因为先生公务繁忙，他又极公私分明，不愿挪用国家图书馆的公车给自己的家乡办"私事"。为了不给别人添麻烦，先生想出个一带两便的好办法——每次平原县有车或人到北京办事，就提前打电话给他，接到电话，先生便从自己的藏书中精挑细选，准备好图书，让车带回去。

就这样，从 1996 年开始，任继愈先生把自己视之如命的珍贵文史资料、书籍交给了养育自己的家乡。《十三经注疏》《西学基本经典》《中国佛教经典》《全上古三代秦汉三国六朝文》等珍贵古籍在"顺便"的情况下回归到先生的故乡，定居平原县图书馆。

这些书籍之贵重无法用金钱衡量。"任继愈赠书"图书室内有一套乾隆版、用 20 个特制的木盒保存的《钦定全唐文》，它是六十多年前任继愈先生用黄金换来的。那时战火连绵，很多教授学者都饿着肚子熬生活，先生看到这套字迹清晰、纸张保存完好的《钦定全唐文》欢喜异常，准备买下。但当时物价飞涨，金圆券满天飞，书店老板只认黄金，先生硬是咬着牙借了钱，才急急忙忙在那个战火纷飞的傍晚用黄金买下这套书。对于先生而言，买书是得到大雅的知音，捐书是对殷殷故土的回馈，二者对先生都意义重大。

任继愈先生这种淡泊名利已成为家风，在子女身上得以传承，清华大学有任继愈、冯钟芸藏书，藏书柜上那小小的解说昭示了一切：

任继愈冯钟芸藏书

馆藏地点：文科图书馆四层专题馆藏区

服务时间：8:00—22:00

资源详情：任先生作为任职时间最长的国家图书馆馆长，始终认为图书馆对于学者成长和学术发展具有极其重要的意义，图书的价值最主要的体现应是为学者和读者提供服务。任远、任重等家人下决心把父母的藏书捐赠给清华大学的重要原因，正是源于任继愈、冯钟芸先生与清华大学的历史渊源和对图书价值的理解。任继愈冯钟芸藏书涵盖了人文社会科学的各个领域，数量众多，目前书架上陈列的只是其中的一小部分，更多的藏书待今后陆续入藏。

（二）力广石渠

书卷多情似故人，晨昏忧乐每相亲。

——于谦《观书》

如果再选择一次，假设现在返老还童重新开始的话，我还是选择读书，因为读书开智慧，让我不糊涂，避免愚昧。我这个家庭，老的传统嘛，从明朝以来一直是读书的，并且读书的路走得最顺。

——任继愈

儒者之风道家之骨从来学人本色，中华大典佛教大藏毕生文化传灯。

——张志清

书籍是国家和民族文化的最高象征，集科学知识、社会历史和人文艺术的精粹于一体。没有一个民族、国家的文化和文明能漠视书籍而得以延绵，因此无论是在东方还是在西方，修撰、保护、收藏书籍都是国家繁荣兴盛的标志。

图书馆被誉为人类文明世界的太阳，它的起源或可追溯到古代两河流域：早在公元前 3200 年左右，苏美尔人就有了人类历史上最早的图书馆图书目录；在美索不达米亚文明时期，古巴比伦王国已经拥有成熟的国家图书馆；亚述巴尼拔图书馆以其保存最完整、规模最宏大、书籍最齐全而闻名于世；四百年后，埃及的亚历山大图书馆成为和金字塔齐名的古代奇迹……

实现"世界知识总汇"是每一个国家最重要的文化建设项目，早在西周时期，我国古代国家图书馆已经成熟和完备，《庄子·天道》称"孔子西藏书于周室"，老子也曾任周王室图书馆"馆长"一职。由此可见，书籍的保护和收藏、图书馆的建设和管理确是所有国家民族历久弥新的共同文化现象。

1987 年 5 月，任继愈先生就任北京图书馆（国家图书馆前身）馆长。聘请知名学者担任国图馆长是一种传统，国图将此重担交在先生肩上，先生当仁不让开启了守护中国传统文化的新历程。

任继愈先生清楚地知道，国家图书馆不仅是一组煌煌的建筑群，而且是为喜爱、使用图书的读者提供学习机会的地方。先生大事着眼，小事用功，他设置专藏阅览室，关注图书编目工作，收集名家手稿，开创文献缩微事业……

更为重要的是，任继愈先生对于文化典籍毫不藏私，在他的主持下，《永乐大典》劫余卷帙 161 册仿真再版，《四库全书》影印出版……这些都是嘉惠学林的大举措。先生就是这样兢兢业业地从事着这项伟大而神圣的工作，我国的图书馆事业能欣欣向荣、日新月异地发展，先生居功至伟。

1. 文化传灯

国家图书馆的馆长办公室共有两个房间，面积都不大。里间是馆长任继愈先生办公的地方，除了一排颇有岁月感的书柜，就只剩一套办公桌椅，白色的椅套、绿色的桌布、一部电话、一台电脑和一个保温杯就是先生全部的家当，若想寻找些亮色，那么书桌上鲜红的国旗和党旗颇能给这朴素的屋子增添一抹亮色；外间是接待室，品字形排列的三对白色布沙发和几盆高低错落的绿植动静得宜，互为呼应，再无他物。

作为国家图书馆馆长，任继愈先生即便是在八十高龄，依旧拄着拐杖，仪容端整、风度翩翩地来上班。每周一、四是先生雷打不动的工作日，主要处理图书馆事务并接待来访的宾客。

国图常务副馆长詹福瑞回忆说："一个老人精神矍铄地登上通往五楼的楼梯。从来不让人拎包，从来不用人陪同，一个人走过楼道，开门，进入办公室。我与他的办公室紧邻，每到此时，总会感受到一个老人轻缓但又坚定的步履，没有喧嚣，没有张扬，但是他的气场却充盈着整个楼道，他使国家图书馆、使在这里工作的每一个员工，都充满了底气。我知道，那不是权力的力量，是思想、学问与人格的力道。"①

其实，国图的同事们很少一本正经称呼任继愈先生为"任馆长"，因为那是一个行政职务，大家都亲切地称呼他为"任先生"，因为在大家心里，先生为古书典籍和文化传播事业不遗余力地奔忙，值得一声敬称。

《赵城金藏》《永乐大典》《四库全书》和《敦煌遗书》是国家图书馆四大镇馆之宝。古籍善本价值连城，普通读者不能一睹其真颜，更不可能随意查阅使用。任继愈先生清醒地认识到古籍善本文献价值和文物价值都十分巨大，是珍贵的不可再生资源，但若将这些珍贵的古籍束之高阁、藏于箱箧就失去了书籍本来的价值，为了解决读者使用与古籍保护之间的矛盾，任继愈先生大力开展古籍影印出版工作，在他的带引下，国家图书馆开展了大规模的修史工程，而国图出版社则当仁不让膺此大任。

任继愈先生说："过去我们馆偏重文献资源的收藏和整理，流通考虑得少。我来之后，在努力扭转，越是稀见的东西，越要跟社会见面，不要锁

① 詹福瑞：《忆任继愈：国家图书馆的 310 室》．［2024-3-25］．http://www.360doc.com/content/24/0325/09/39564225_1118275131.shtml

起来。重藏轻用的局面现在已经得到了改善。"①

以清乾隆时编纂的《四库全书》为例，这是中国古代最大的一部图书丛书，也是中国古代最大的一部官修书。这部编纂于乾隆年间的丛书，由纪昀等360多位学者耗时13年编撰而成。全书分经、史、子、集四部，故名"四库"。文津阁藏本共收录3462种图书，共计79338卷，容量相当于《永乐大典》的3.5倍，约8亿字，已经庞大到包罗万象的程度。

尽管《四库全书》的体量庞大到任何普通人终其一生也难以通读，但任继愈先认定了它在思想界和学术界具有难以估量的价值，他说"书不像瓷器，不能用就失去了作用"，于是国家图书馆文津馆将封存的《四库全书》进行了影印，终于让这套古老的书籍焕发新生，发挥其应有的文学价值和历史价值。

敦煌遗书的整理、保护也是国图的重大工程。任继愈先生主持整理了《国家图书馆藏敦煌遗书》，这是迄今为止敦煌遗书藏品最大最全的一部大型图录，涵盖了16000多件敦煌遗书。在先生的指导下，国图的敦煌遗书整理工作取得了显著成果，完整呈现了国图藏品的全貌。

毋庸置疑，让那些尘封已久、藏于深馆高阁中的古代文献出现在普通读者视野里殊为不易！

首先，缺乏资金。对于这个颇有些羞于启齿的问题，任继愈先生没有犹豫，为了国图和古籍，他鲜明地提出来，竭力地去争取，这种事情劳心劳力却得不到任何好处，时任国图出版社社长的郭又陵对个中缘由最为清楚。他始终记得先生和他探讨国图重大事项的时候，专门把古籍的修印提出来。他还记得先生说过，不能什么书赚钱就出什么书，出版事业不能一

---

① 詹福瑞：《图书馆的参天大树——纪念任继愈先生94周年诞辰》，[N].光明日报，2015-5-8。

切向钱看。古籍影印成本高、印数少、利润薄，但只要对读者有益，我们就要做下去。所以，在出版社影印《敦煌遗书》和《四库全书》时遇到了资金困难、工作难以维系时，先生全然抛却读书人的清高傲气，亲自给国家新闻出版总署领导写信，终于要来了资金。

如此这般的情形反反复复，任继愈先生积极申请财政支持、努力缩减编辑费用、寻求社会资金参与，凡能成就这项重大工程之事，先生都殚精竭虑地去做，最终，深藏于幽静府库中的古籍善本化身为普通书籍，成为学术之公器、重器。

其次，人才难得。到20世纪80年代，老一辈学贯中西、博通古今的学者泰半凋零；中年学者又经"文革"蹉跎，没能接受系统且精深的专业培养；改革开放，社会急剧变革，青年学者亦很难耐得住寂寞。

古籍整理工作是一门深奥又枯燥的学问，也是一项坐冷板凳的工作。精通目录、版本、训诂、音韵的人才本来就很稀缺；能进行古代文字、少数民族文字等研究的专业人才更是凤毛麟角；更何况，古籍整理不仅是文学的、文化的事业，更是跨学科的事业。如整理古代科学典籍时，就要求研究人员既看得懂古籍，又懂自然科学，这种人才几乎不存在，因此国图在整理古籍时陷入了人才严重青黄不接的困境。面对浮躁的学风，任继愈先生提议建立国图自己的人才库、培养研究生、对整理出版人才加强训练等措施，避免出现"礼失而求诸野"的困局。

人才之养成需要漫长的时间，其中没有任何捷径，任继愈先生谆谆教导国图的工作人员多读书，不仅要认真看，还要仔细记，要利用好自己东道主的优势，从国图这个取之不尽用之不竭的宝藏中，汲取有营养的知识。先生以自己为例说："我读的书再多，也比不上图书馆的书多。"

为了给古籍整理人员以信心和勇气，任继愈先生身先士卒，充当定海神针的角色。在国图行政楼 310 办公室里，在排满书架的馆长室里，在唯一一张简陋的办公桌前，在灰布面旧沙发中，任继愈先生稳坐如泰山，这里既是古籍整理工作的指挥部，也是先生的组稿室、审稿部、宣发部。先生在那里，古籍整理就有了方向和动力，编纂组的所有人就有了目标。于是，古籍大典的整理在艰难中稳健进行。

最后，任务繁重。任继愈先生看到了古籍新生、古籍公用的迫切性，更看到了此项工作的繁重性。《赵城金藏》《永乐大典》《四库全书》和《敦煌遗书》，任意一套都是凝聚着传统文化精髓、皇皇数亿言的鸿篇巨著，想要让旧日堂前燕飞入寻常读书人家，必须要有极大的耐心和韧性去完成这项工作，先生对此的预估是"不能急于求成，得搞上百年才行"，其难度不啻于重修万里长城。

虽然前路坎坷，困难重重，但任继愈先生依旧迎朝阳，踏坦途，不断前行。因为他深知自己的方向正确、工作意义重大，他说："我们的镇馆宝书之一《赵城金藏》，是当年八路军赶在日军动作之前保护下来的，非常珍贵，我主张公开出版，制作成书给大伙儿来读。图书馆是社会的一面镜子。"

任继愈先生将图书馆看成社会的镜子，那么图书就是时代和社会的镜中投射，这是先生在为文化繁荣而做的准备，是他对民族文化复兴寄予的厚望。

在古籍整理、保护方面，任继愈先生无私而不懈地奋斗着，他的忘我形象和铿锵的言语给后辈学者和图书人留下了深刻的印象，朝夕与先生一起废寝忘食工作的国图副馆长张志清最有发言权：

任先生对善本特藏的收藏、整理和保护十分关注。他说在被任命为北京图书馆馆长第一天晚上，年过八旬的藏学专家于道泉先生骑自行车专程到寓所去拜访他，开门见山谈藏文文献收藏问题，希望任先生关注和支持。于先生是中央民族大学教授，也是国图唯一不拿工资的资深馆员，为国图藏文文献收集倾注了半生心力，作出了很大贡献。任先生对于道泉的话印象深刻，更赞赏他年老不懈的奋斗精神。任先生说，少数民族文献语种多，可以仿效于道泉这个例子，请社会各界共同参与藏书建设。目前，这种"于道泉方式"在民语文献采访中广泛采用，许多珍贵典籍得以入藏。任先生特别重视学者藏书和名人手稿的收集、整理、保护。他说 学者一生搜集的图书，可以看作一个小型专业图书馆，书里面的批注和夹条反映学者治学心路，都很有价值，收过来不要分散，要保持一个整体给大家看。

……

（任继愈先生）为"中华再造善本工程"题词"兰台秘笈分身有术，宋椠元刊原貌长存——再造善本嘉惠学林"，寄托了他对古籍保护、传播的殷切期望。①

对于自己肩上的第三副文化重担——国家图书馆馆长一职，任继愈先生不计劳苦，负重而行，他从不抱怨自己的艰辛与无奈，而是更多地诉说他人的苦累，他将这不世之功归于每一个国图人，而将自己的付出看成理所当然。

---

① 张志清：《学人本色 文化传灯——怀念任继愈先生》，［N］．光明日报，2009-7-16。

值得欣慰的是，经过几代国图人的不懈努力，古籍整理出版取得了丰硕的成果，除前述的四大镇馆之宝外，其他学术界急需且稀缺的断代文史资料汇编、大型工具书、资料性丛书大多已出版，另有重大的项目，如《汉语大词典》《甲骨文合集》《全宋诗》和《尔雅释诂》等仍需继续努力以待功成。

文史资料的汇整不是简单的学术研究，其中包含任继愈先生对民族文化的强烈认同感和自豪感，这是任重道远却意义重大的文化建设，先生对此甘之如饴。

2. 梵天藏经

中华文明可上溯至五千年前，亘古通今，遗存浩如烟海。大规模的修史修传、辑录书籍的文化工程历代都有，这是事关国体的要务，国家的礼制对其有严格规定。

《礼记·中庸》说，"非天子，不议礼，不制度，不考文。"孔子的意思是说，不是天子，就不要讨论制定礼仪制度，不要讨论制定法律规范，不要讨论制定文史修订。由此可观，大规模图书整理工作是由天子主持、儒者协助的一件盛事，而且都是在国家稳定强盛、天下昌平的情况下完成的，如唐代《艺文类聚》、宋代《太平御览》、明代《永乐大典》、清代（康熙朝）《古今图书汇编》、（乾隆朝）《四库全书》等均体现了"盛世修书"的特点。

古籍浩若烟海，纲目庞杂，传世已久，如未经校勘、标点、注释，不仅一般读者难以阅读，就是专家学者也难以使用。20 世纪 20 年代，学者陈垣与陈寅恪并称为"史学二陈"，他著作甚丰，《校勘学释例》《史讳举例》《通鉴胡注表微》等都是史学领域的经典之作，连毛泽东都誉他为

"国宝"。就是这样一个博学的通儒在查阅典籍资料的时候也深受其苦，说中国"有长远的历史、丰富的史料，而无详细的索引"，调侃为"中国四大怪"之一。

什么时候，才能把中国重要典籍全部整理、校勘出来以飨读者呢？忧心于中华文化命运的任继愈先生不断追问自己，也追问国图。

1987年，任继愈先生走马上任，用李申教授的话说"这是国家实事求是的安排，也是对先生学术贡献的认可"。[①]

在接受国图馆长之职前，任继愈先生身负繁重的研究任务，并努力将中国的宗教和宗教史研究事业领上通衢大道。但出于对书籍的挚爱和对文化传承的使命感，先生毅然决然挑起了国图馆长这一重担，而这一担就是18年之久。先生接了冯仲云、丁西林、刘季平等人的班，但他常戏称自己是"补缺"馆长，因为从1981年到1987年，国图馆长之位一直空悬——这个岗位需要的不仅是一个有魄力的领导，更需要一位可敬可亲、甘于寂寞的一流学者。

在国图的18年，任继愈先生的功绩不可胜数，除了古籍善本的收藏、整理、修印，先生还兢兢业业地带领国图及众多学者，完成了中国文化史上又一次文化繁荣期的"盛世修典"！

《中华大藏经》和《中华大典》是其中的扛鼎拔山之作。

佛教传入中国后，汉译佛经和中原人著经大量涌现，经录之学蓬勃发展，由于长时间口头传播与文字传播并行，开始出现经录体例不同、译注者理解不同、佛经的内容和分类标准分歧的现象。中华人民共和国成立后，宗教研究工作在毛泽东同志的重视下得以蓬勃开展，任继愈先生成为

---

① 李申著:《任继愈传》，河北人民出版社，2016年9月版，第242页。

中国社科院世界宗教研究所所长。

《中华大藏经》的编纂工作是新时代、新文化的迫切要求，宗教界亟待一部统一的、清晰的"住世的法宝"来作为佛教经典的总集，但是这项工作却一波三折。

1982 年，国务院恢复古籍整理出版规划小组，在成立大会上，任继愈先生提出了《关于影印汉文大藏经的设想》。当时国际通行的《大藏经》以日本所编的《大正藏》为底本，断句等错误每页都有，且编写之初就取版不全。先生坚定地认为中国图书人有条件也有能力编辑一套完整的、以《赵城金藏》和《房山石经》为底本的《大藏经》，这是繁荣学术、维护国家荣誉的大好事。

编纂《中华大藏经》所涉人员、资金、事务繁多，直到 1987 年，任继愈先生荣任国图馆长才正式开始，历经 13 年，最终完成，后由中华书局出版。

《中华大藏经》（汉文卷）是以《赵城金藏》为基础收录整理的佛教藏经。1933 年，在广胜上寺弥陀殿 12 个藏经柜中发现金代民间刻印佛藏《赵城金藏》，国际学术界为之轰动，甚至引起侵华日军之觊觎。烽火硝烟中，《赵城金藏》历经辗转，终得保全。1949 年，《赵城金藏》被移交至北平图书馆（今国家图书馆）收藏，后历时 17 年才得以装裱修复。

《赵城金藏》和任继愈先生颇有渊源。七七事变前，汤用彤先生曾计划让任继愈先生到山西广胜寺查阅并拍摄金代《赵城藏》中的珍贵史料，惜因战乱而中止。中华人民共和国成立后，汤先生更加注重历史文献的整理工作，积极倡导刊印《中华大藏经》等大型古籍，这个心愿终于在任继愈先生主持下得以实现。

《中华大藏经》汇总了历代大藏经有"千字文"帙号部分，会勘了包括《房山石经》在内的 8 种有代表性的藏经，卷帙浩繁，共计 107 册，为研究佛教传统文化提供了典籍和文化的强有力依托。

大藏宏光，其耀如同日月，但其最初缘由却是一件小事：

一天，任继愈先生在馆内巡视，突见老朋友季羡林坐在古籍善本阅览室里。季先生枯坐于前，既不看书，也不查找资料。询问之下才知，国家图书馆有规定，不达到一定级别没资格查阅善本，所以季先生不得不陪他的学生前来查阅《赵城金藏》——于是，"有资格"看的，枯坐着；"没资格"看的，"沾光"看善本。

此事如同一根导火索，让任继愈先生深埋心底的修撰大藏大典的梦想被激发出来。这样优秀的典籍和经书，躺在故纸堆里，怎能发挥其应有的作用，怎么能为我们的文化事业做出应有的贡献？

当时，国图还处于建设初期，各方面条件都很困难。任继愈先生志坚行毅开始修编工作，没有编制、没有资金，他就依靠几名助手和学生，并向社会招聘，组织了一个汰劣留良、能进能出的流动编校班子。虽报酬甚微，但编校班子渐渐壮大，《中华大藏经》的编纂工作在那简朴的办公室里如火如荼地展开。小室如斗，只能错落地放三四张桌子，上面堆满斑驳的古籍和各种资料，凌乱里透着浓浓的书香气。两名工作人员常常合用一张桌子，相互补充校对，如若起座转身动作稍大，就很难腾挪。

走进《中华大藏经》编纂室，如同走进了书的海洋。寒来暑往，无数学者往来伏案，任继愈先生如同稳定人心的定海神针，靠左眼仅存的模糊视力坚持工作，经年不辍。在先生的带领下，国图及无数学者用漫长的 16 年，合力编撰了我国历史上最重要的佛教经典——107 卷、总字数过亿的鸿篇巨制《中华大藏经》。这套典籍收集了大量佛教经典，涵盖了从早期佛典到明清时期的诸多版本，为研究佛教思想、历史、文化提供了宝贵的资料，这标志着中国古代佛教文献的整理和研究进入了新阶段。

随着《中华大藏经》的出版，任继愈先生更加认识到"致用"才是最终的目的，为了方便阅读、研究、引用这套珍贵的文献，先生又组织专家编辑了《中华大藏经总目》，《总目》以现代图书索引的方式详细罗列了《中华大藏经》所收的佛教经典，包括经文的名称、版本、作者、来源等，大大提高了文献的利用率。

《中华大藏经》（汉文卷）和《中华大藏经总目》是在任继愈先生的力主下完成的，是中国学术界对古代佛教文献整理和研究的一次重大成功。佛教典籍借此转变成研究佛教文化不可或缺的工具，这让中国古代佛教的丰富内容、历史演变直观地呈现在读者和研究者面前，对佛教研究的学术界乃至整个社会的文化建设都产生了深远的影响。

在耄耋之年主编这样一部典籍，对任继愈先生来说，意义是重大的。他为什么这样做，这样做有什么意义，先生自己说得很明白：

我们要求集诸版本之长，不主张"定于一尊"。

博采众本之长，避免众本之短，会同诸本合校，标出异同，不下案断，正是极端负责的客观精神。

我们编辑"大藏经"，既为僧众讽诵供奉之用，同时也供学术界研究者使用。

《中华大藏经》体现了中华民族对外来文化高度融化吸收能力。

我们没有把佛经整理看作是宗教界的少数佛教徒的事，而是看作中华民族共同的文化遗产事业之一。

如果我们资料工作做得好，即在充分占有资料的前提下，开展科学研究，我们新中国的文化史会比过去充实得多。它不但对中国文化有贡献，也将对世界人类文化有贡献。

就在《中华大藏经》这艘巨型航船艰难前行的同时，另一部大典也同时在有条不紊地展开编纂，那就是《中华大典》。

作为主任，编纂总计约7亿字的古籍文献资料汇编，任继愈先生的胆魄和实干又一次得到验证。《中华大典》是中华人民共和国成立以来最大的文化工程，如何开展这项工作，先生是经过深思熟虑的，他停带研究生，搁置自己的学术研究，只为在有生之年做好这件神圣的、事关国运的大事。

《中华大典》顾名思义就是汇总中华民族文化的大典，也就是"中国古代百科全书"的汇编，是一部全面的、中华古籍大型类书，论其体量、内容，足可与《永乐大典》相媲美。

《中华大典》参照现代图书分类的方式，运用现代科学方法对起于先秦、止于1911年的中国优秀文化典籍进行分类汇编，大典涵纳了儒家、道家、法家等诸子百家，佛道诸教以及志书、史书等优秀文献资料中最有价值、最具代表性的整部、整篇或整段原始资料，分门别类地加以汇编。大典计划分22个学科，每个学科一典，截至目前，已陆续启动《文学典》《医药卫生典》《历史地理典》《历史典》等，部分成书出版近100册。《中华大典》规模磅礴浩大，包罗万象，汪洋恣肆，是利在千秋的伟大文化瑰宝。

《中华大典》是关系五千年文明传承的桥梁，但其立项过程可谓一波三折。这一设想最早由巴蜀书社的社长段文桂提出，经由钱钟书、冯友兰、钱学森、任继愈、季羡林等知名学者共同呼吁，后被正式批准编纂。

这个过程中，反对声有之，非议声有之，怀疑声有之。所幸，大典的编纂工作看起来难如登天，但没有人否定大典是中华民族源远流长伟大文化的象征，没有人认为这件事不该做。

那么，最大的问题就是谁来做？怎么做？

《中华大典》编纂委员会主任的头衔又落在了任继愈先生头上，这既是荣誉和认可，也是历练和重压。

大典编纂工作绝非埋头在故纸堆里可以完成，要协调3000余名学者，要制定切实可行的编纂方针，要为这部皇皇大作规划最合理的蓝图，这些都需要任继愈先生呕心沥血去完成，否则难免出现闭门造车不合辙的尴尬局面，成为传统文化白璧上的巨瑕。

回顾这段往事时，任继愈先生不禁唏嘘感慨："文化传统无法割裂，也不可能推倒重来。希望在我的有生之年能把《中华大典》完成。"

一句"完成"耗尽任继愈先生一生最后的时光，直到病重垂危，先生心里想的、脑里思的、嘴上念的都是他的《中华大典》，其情其景让人泪目。

任继愈先生晚年倾心尽力为古籍整理、出版、修编所做的工作耗尽了先生所有时间，甚至侵占了先生著述自己哲学体系的时间——在先生的日程表里，这些大藏大典永远"置顶"。

任继愈先生"文献资料汇集整理工作必须先行"的思想观点，超越于当代，投射于未来，扩展到整个中国文化建设领域，其贡献已不限于中国文化的过去与当下，更着眼于中国文化的未来。

任继愈先生所期待的"文化高潮"何时到来？到时候人们是否能想起属于先生的那一份光彩，都未可知。不过，先生不在乎，不计较，他心甘情愿为文化传灯，为文化事业的新高潮做一块铺路石。为此，他真正做到了无私奉献的最高境界——鞠躬尽瘁，死而后已！

3. 文化津梁

2009 年 12 月 20 日，国家图书馆。

文津讲坛一如既往的火热，读者云集临琼楼二层报告厅，作家王蒙"遍看满满堂堂的听众"，觉得少了个人，于是他悄然肃立，默哀。

那个空缺的位置上曾坐着一个清癯寡言的听众、一个独立思考的学者、一个谦虚自抑的君子。而现在，那个座位空缺了，任继愈先生遽归道山，这不仅是文津讲坛的一个空缺，更是中国传统文化赓续中永远的空缺……

王蒙曾列席讲坛，动情地说道："即使将来我们都不存在了，《红楼梦》里的眷眷之情仍将永远弥漫在天地间。"

此时此刻，王蒙的旧友溘然而去，不在了，任继愈先生离开了国图，离开了挚爱一生的传统文化，王蒙先生再也听不到"善哉斯言"的铿锵之音，再也找不到"这样学问、这样见识、这样责任感"的人。

王蒙先生肃立于前，那种同道者稀的孤独感恐怕难以言表吧！

"文津讲坛"得名于国图文津街老馆。

国图旧时曾几易其址，最初借居于广化寺，后搬迁至安定门内方家胡同国子监南学旧址，后又更易至中南海居仁堂。20 世纪 20 年代，"新图书馆运动"渐入高潮，为了改变无立馆之基的窘境，在有识之士的奔走下，京师图书馆（国图前身）新馆舍于 1931 年落成并开放，就是现在所说的文津街老馆。

文津街老馆以《四库全书》中的"文津阁"命名，以收藏古籍为主，建筑古香古色。主楼前庭有从圆明园迁来的一对华表，恭肃大气；往西北行去，能看到高大茂密的银杏和乾隆年间的两道石碑；行至分馆主楼前，两对石狮古朴活泼；东部庭苑还有形如圭器、造型独特的太湖石，和古趣盎然的石像、钥仙鹤、蟠龙石丹陛等交相辉映。

国图文津街老馆环境优美，文化气息、学术氛围浓厚，内藏清廷学部调拨"南学典籍"和"内阁大库"残本、朱批御旨、《赋役全书》、清时各省市县志、海盐朱氏旧藏明清词曲小说等各类古籍善本，其数量之庞大、内容之丰富、品类之齐全难以计数。但是让老馆重新焕发生机、謦声遐迩的是任继愈先生从 2001 年开始主持举办的文津学术讲座。

作为一个图书馆的建设者和领导者，任继愈先生最关心的一个问题就是文化的传承。五千年文明绵延于斯，独步于世界文明之林，我们该怎样将这份骄傲传承下去？

20 世纪 50 年代，老舍、郭沫若等大师就曾在文津街老馆抱着"得天下英才而教育之"的理想开设讲座，形成永葆国粹薪火相传的优良传统。

2001 年元旦，在任继愈先生的主持下，文津讲坛系列学术讲座开讲。"文津讲坛"之名是任继愈先生亲命，大概取"使文人不迷，知识有渡"之意。先生研墨提笔书写匾额，请朱家溍先生设计匾额样式，并以九十高龄不辞劳苦地策划选题。

为彰显其隆重，任继愈先生亲自主持了第一期的文津讲坛，请到张岂之先生作"中华文化与二十一世纪"的讲演。其后，红学家周汝昌、经济学家厉以宁、古文献学家启功、漫画家华君武、作家王蒙、工程院院士秦伯益等先生纷纷到来，形成"保国粹而惠士林"的文化风气，让文津街老馆成为文化建设的重镇和人文精神荟萃的理想国。

文津讲坛内容不拘一格，形式丰富多样，讲座者登坛树帜，答疑解惑，将历史、哲学、政经、文学、艺术、科学、建筑、文物、考古各个领域的知识带上讲坛，受到广大读者和社会大众的高度褒奖。

任继愈先生书房的墙上总是贴着文津讲坛的时间和内容表。每逢著名学者到文津街老馆讲演，不管风雨，无论寒暑，先生总是亲自到场，坐在听众席上听讲。这是先生在为文津讲坛"助阵"。许多讲座嘉宾并不知道，在听众席上有一个永远的忠实听众，就是任继愈先生。《文献》主编张廷银在讲坛将要开讲时，才发现九旬的先生独自坐车前来，然后就像个普通听众一样，安安静静坐在那里等待开讲。王蒙先生讲座时，也总是看到先生坐在第一排，听得十分认真。

任继愈的学生、西北大学名誉校长张岂之回忆道："任先生在国家图书馆举办了个'人文大讲堂'，2008年元旦邀我去演讲，他和女儿都去听了，给了我很大的鼓励；2009年再度邀我去，我演讲的内容就是任继愈先生《老子绎读》一书的解读。"①

除了作为文津讲坛的倡导者和听众，任继愈先生还是文津讲坛的主讲者，先生也曾亲临讲台，登高一呼，用自己深厚的学养、精妙的见解为听众带来文化的宴飨。

2005年12月10日，任继愈先生进行了题为"汉字的再认识"的演讲。先生首先分析汉字音、形、意的特点，得出汉字比拼音文字更丰富、完整、合理的结论。然后，先生以极大的热情宣讲了汉字对中华文化、中华民族、国家治理的至伟之功。最后，先生指出汉语汉字的危机，提倡要弘扬汉字，使之纯洁，因为这是积累传统文化、提高国民素质、增强国家凝聚力的精神所在。

在此后的岁月里，文津讲台最忠实的组织者和拥护者任继愈先生数次

---

① 张静：《中国思想文化研究所发去唁电 17 日送别任继愈》，[N].西安晚报，2009-7-13。

登台立言，他讲历史，讲经典，主讲过《中华五千年的历史经验》《关于道德经》《今日看易经》等内容，为这个讲台增加了厚实的分量。

物换星移几度秋，文津讲坛迎来送走无数专家学者，涵养滋润无数听众，它的内容百花齐放、兼收并蓄，几乎涵盖社会科学、自然科学的各个方面，成为广受读者和听众喜爱的文化盛宴。

2008 年，为永珍这些睿智的思想和声音，北京国家图书馆出版社出版《文津演讲录》。书中收录许多蜚声士林的学者的精彩演讲，如周汝昌《从中华文化看〈红楼梦〉》、朱家溍《清代礼俗》、钱逊《儒学与人生》、何祚庥《生产国的发展规律》、叶秀山《哲学的意义》、韩毓海《20 世纪初的德国思想趋势》等。

文津讲坛魅力无穷，任继愈先生用登坛开讲的诸位学者的道德文章、风度见识为我们构筑起一个绚烂的文化殿堂，让文津讲台成为读者永远的精神家园。

（三）上下求索

路漫漫其修远兮，吾将上下而求索。

——屈原

任继愈先生是图书馆界的一面旗帜，作为一名德高望重的资深学者，这面旗帜和国家图书馆的地位是相称的，把许多专家学者、知识界以及社会上关心图书馆事业的人们吸引、聚集到这面旗帜下，大大提高了国家图书馆崇高的学术地位、文化形象。

——孙家正

有的人把纪念馆建在了地上，有的人却把纪念馆建在人们的心里，任先生当属于后一种吧。

——詹福瑞

在国图的博士论文厅里，挂着一句摘自屈原《楚辞》的话："路漫漫其修远兮，吾将上下而求索"，任继愈先生将这种"上下而求索"的精神发扬到极致，大事着眼，小事用功，引领国图乘风破浪，不断前行。

任继愈先生也曾开玩笑说，这句话不适合挂在国图的墙上，"上下求索"需劳神费力地探索，仿佛到国图找书很困难似的，而图书馆应该提供最优质的服务，不应该让读者跑上跑下地"求索"。幽默是智慧的产物，玩笑之中，任继愈先生重视图书馆的社会功能、服务于大众的责任感了然可见。

作为一个严谨的哲学家，任继愈先生不断探索，登高望远；作为一图书馆馆长，任继愈先生严谨求实，努力回报社会，他将做好服务工作当作自己分所应当之责，所以从不计较得失，诚如有人评价的那般，"任老的一生就如同一部厚书、一个蕴藏丰厚的图书馆"。

1. 服务立馆

"图书馆对人是终身教育的地方，因为一个新知识变成教材至少要到三四年以后，学生在学校学到的知识，毕业后就陈旧了，永远跟不上要求，知识更新太快，最近五年来更快，所以图书馆特别重要，可以随时随地补充大学的不足。光靠大学不够，必须要有图书馆。"①

在任继愈先生看来，首先，图书馆是知识信息的传播者和全民阅读的引领者，它有很深重广远的社会责任；其次，图书馆是知识新旧交替融合、更新迭代的重地，而不是堆放发黄故纸的仓库。所以图书馆要争做走在时代发展前沿、焕发出新生命力的领跑员。

任继愈先生的看法是有他的依据的。小学时，从夏老师设立的教室图书馆起，先生就懂得了图书馆是读书的地方，而多读书、读好书直接影响到国家和民族的未来，图书馆在国家的文化建设中有着不可或缺的作用。

在国图馆长任上，任继愈先生有着双重身份：一方面他是"学者"，从事学术研究；另一方面他担任"领导"，追求与时俱进。

国图作为世界图书馆中的重量级存在，它的到馆读者、服务对象都是全世界最多的，任继愈先生看到这样的现象既深感自豪，又常惕惕然深思。

国图是文化风向标，任继愈先生坚持把读者放在第一位，提出"服务

---

① 蒋弘：《国家图书馆馆长任继愈先生专访》，[N].光明日报，2003-9-11。

立馆"的方针。先生常讲，图书馆没有读者，就如同鱼儿失于水，很难生存。国图是国家的、社会的、百姓的图书馆，为普通读者服务，天经地义。

那么，国图应该提供什么样的服务？

说得通俗一点就是始终把读者放在第一位，读者怎样方便就怎样服务。任继愈先生对图书馆的定位从不故示清高，他认为图书馆就是一个服务性的行业，必须要讲究服务质量，只不过它提供的是文化服务，是一件更烦琐、更细致的工作。先生举例说："比如说读者来借书，哦，这本书没有。那没有就没有吧，这也没什么错。但是如果你能告诉他，这本书虽然没有，那本书也能够代替，这两种服务就不一样了。读者的收获也就不一样了。"①

其例一：任继愈先生履职后，为了能让读者方便阅读，提高寻找资料的效率，设置了9个专藏阅览室，如国际组织和外国政府出版物阅览室、日本出版物阅览室、软科学资料阅览室等，后又开放了善本特藏阅览室、少数民族语文文献阅览室等专室。分类设置专题阅览室为国图增添了很多工作量，但却能方便分类整理收藏资料，也能帮专门的研究人员提高效率。

其例二：工欲善其事，必先利其器。国图文献著作穷山极海，按一定体例和检索方式编排增加索引，整理资料，能极大方便各类读者。任继愈先生是十分严谨的哲学家和思想家，他惯常于在自己的作品后加上索引或附录。他的《老子绎读》后附有《重要名词索引》及帛书《老子》甲、乙本释文等补充材料，极大地方便了读者阅读。

---

① 梅辰：《任继愈：继绝存真传本扬学——记原中国国家图书馆馆长》，[N].北京晚报，2006-7-30。

这一做学问的好习惯为图书编著工作提供了有益的启示。国图编著的典籍均体例分明、索引便捷，如《中国文化大典》不但有词目笔画索引，还有《中国历代纪年表》《中国文化大事记》等附录。专业的索引能使研究、思考、参照、比较、查阅文献成为便捷之事，是书山探宝、学海求知的利器。

其例三：任继愈先生敏锐意识到中国图书馆事业发展的不平衡性，他在当选人大代表期间不断呼吁建议发展社区公共图书馆。

读者如果为了借还一本普通图书、常见期刊而"挤"到国家图书馆，就会产生诸多不便，但如果用社区图书馆来补充服务，让普通读者省时省力，让国图这艘航母集中精力履行国家图书馆的馆藏、科研等"高端服务"职能，这就是"服务立馆"。

其例四：大部分图书馆会大量购置、收藏工具书。任继愈先生慧眼独具，他认为，"沟通读者和作者的方式是多样的。利用图书馆的优势，编撰一批大型的工具书，便是一种良好形式"。先生认为这样做能充分地调动图书馆的收藏资源，更好地达到为读者服务的目的，从而密切图书馆与社会的关系。

……

这样的例子不胜枚举，正是在任继愈先生的提倡、呼吁和努力实践下，国家图书馆的定位逐步清晰，其学术地位和文化形象不断提升，昂首阔步迈进世界一流图书馆的行列。

2. 大事着眼

任继愈先生在担任国图馆长之前，头衔是著名的"哲学家""宗教学家""历史学家"，从 1987 年起，又多了国图馆长一职。

"单纯埋头搞学术的学者往往缺乏领袖群伦的能力，学术上没有卓越成就的人大家又不服气。环顾国内，也就只有学术上卓有建树、为人冲和恬淡但又极有主见的任先生堪此重任矣。"[①] 北大教授、任继愈先生的学生白化文这样说。

担任国图馆长，不仅要有博大精深的学问、超凡脱俗的交流管理能力，更重要的是要有开阔的视野和卓越的见识，因为这个位置上需要的是一个能为国家文化建设扛大旗的人。

1982 年，任继愈先生向时任中国社会科学院院长胡乔木提议，把孔府档案馆全部微缩照片做成微缩胶片，以便保存和阅读。

2003 年，国图锐意进取，积极创新，提出了"人才兴馆，科技强馆，服务立馆"三大发展战略。

2005 年，国图提出建设现代化和国际化的国家图书馆的目标。

三件看起来毫无关联的事情，实则脉络贯通，其中彰显了任继愈先生二十余年的高瞻远瞩和二十余年的长远规划布局。

1982 年，任继愈先生尚在宗教研究所任职，按照所内规定，研究人员每年需有一定时间进行调查实践。那一年，先生带中国哲学发展史写作组学生调研曲阜师范学校学潮，先生对于孔府档案馆微缩照片的保存向上级有关部门提出了合理化建议。

曲阜孔府作为中国历史和文化的核心象征，保存了大量微缩照片，其中不乏珍贵史料。任继愈先生颇有忧患意识，建议将微缩照片全部转成微缩胶片，这样既方便调阅，且可生成大量复刻版本，以便各省市大图书馆保存使用，即便发生天灾人祸，也不至于孤本遗失。这种分存珍贵典籍资

---

① 《我们心中的任继愈》编委会：《我们心中的任继愈·白化文：追随任又之（继愈）先生的一些怀念》，中华书局，2010 年 4 月版，第 31 页。

料的传统自古有之，如《四库全书》成书后，乾隆皇帝下令手抄七部全书以藏于京畿、长三角以及清朝发祥地辽宁沈阳，以期“为往圣继绝学，为万世开太平”。

任继愈先生的深思长计得到胡乔木和邓力群的高度重视，并转报文化部图书馆局和文物局。1985 年，文化部成立全国图书馆文献微缩复制中心，先生对文献微缩事业的积极推动作用不言而喻。而先生之所以被推荐做国图馆长，也应与他提出的文献微缩保存有很大关系。先生到任国图后，大力推进微缩文献保存工作，为文献建设提供了新思路。

国家图书馆馆长任重而道远，除了做好基础建设、典籍整理、读者服务、人才管理之外，对于国家图书馆的进一步发展，必须站得高，看得远，始终保持开阔的视野，方能掌稳舵盘。

从 20 世纪六七十年代起，随着信息技术的高度发达，有些人开始提出图书馆消亡论，如 20 世纪 80 年代，英国图书馆学家詹姆斯·汤普森的《图书馆的未来》曾预言：“技术进步产生了优越无比的技术，到时候它将取代人类目前以图书为中心的公共记忆的较大部分。”

这种技术主义的唱衰不无道理，但任继愈先生对图书馆的前景始终保持乐观的预期，因为他认为“图书馆会存在。方式可以不一样。因为知识总是有的，求知总是有的”。人类的个体完善势必要依赖知识的更新，因而图书馆将会永远存在下去，只是，图书馆如何永存、以何种形式永存，是个新课题。

对此，任继愈先生具洞若观火的远见，他预见，“二十一世纪图书馆的存在和发展模式将有根本性的变化。对推动国家图书馆在下一世纪的可持续发展，我们要作出战略性、前瞻性的规划和部署。"① 先生之见领异拔萃——图书馆如果故步自封，只做故纸堆的研究，也许真有消亡的一天，要使之具有常青树的生命力，那么图书馆就要做顺势应变的改革，以现代化的姿态、科技化的手段、信息化的进步去转型成未来的图书馆。

因此，任继愈先生非常重视图书馆管理中的科学研究与现代技术的应用，并且身体力行。他在庆祝国图建馆 90 周年大会上的讲话中多次提到了图书馆事业的新前景和新发展：

网络建设发展迅速，数据库建设有了较大进展，中国数字图书馆工程开始筹备。

积极探索文化产业发展的新路子。

文献资源数字化建设等方面与国家图书馆的地位和发展要求尚不适应，有待努力解决。二十一世纪图书馆的存在和发展模式将有根本性的变化。

对推动国家图书馆在下一世纪的可持续发展，我们要作出战略性、前瞻性的规划和部署。如何服务于实施"科教兴国"战略和国家知识创新体系，促进知识经济发展，发挥国图文献信息资源的巨大优势，是我们现在面临的重大课题。

积极参与国家知识创新体系的建设，依托丰富的馆藏信息资源，提供多方位的服务。

要全面推进自动化、网络化，加强数据库建设，加快文献信息资源数字化进程，积极推进中国数字图书馆工程的发展；在开

① 詹福瑞：《忆任继愈：国家图书馆的 310 室》．［2024-3-25］．http://www.360doc.com/content/24/0325/09/39564225_1118275131.shtml

展文献信息资源共建共享方面，发挥龙头作用，积极促成文献信息资源共建共享大协作局面的形成。[①]

知行合一是任继愈先生做人做事的准则之一，他是这样说的，他在国图的这些年也是这样做的。

社会现代化和网络化使得传统图书馆面临数字化的现实问题。任继愈先生在大藏大典上做"旧"的文章，在现代化图书馆建设上做"新"的构想。为了使国图焕发出新的生命力，先生亲自构建并主持了国家数字图书馆工程。除了馆藏书籍，又构筑起一个庞大的、交流的、迭代的网络书籍空间，使得数字图书馆和信息检索成为知识获得的另一种有效途径，为古老的国图增添全新的辅助装备，让国图在知识储存、服务形态、发展类别等方面都有了质的飞跃。

任继愈先生的新见层出迭现，他建议整理古籍可以适配新的技术手段，给天文志配以天象图，给礼乐志配以音像光盘、无线乐谱，这样形式多样的"新"式书籍必能使读者喜闻乐见。

任继愈先生还倡议国图不要故步自封，要加强和其他图书馆、高等院校交流合作，以新的思想和技术手段推动国图走在时代的前端。

苏步青被誉为"东方国度上灿烂的数学明星"，他曾说过："丹心未泯创新愿，白发犹残求是辉。"这句诗仿佛是任继愈先生的真实写照，他是一个耄耋之年的名师硕儒，却更像一个思想超前、高瞻远瞩、富有创造性的、"未泯新愿"的年轻人！

[①] 任继愈：《任继愈馆长在庆祝国家图书馆建馆 90 周年大会上的讲话》，北京图书馆馆刊，1999 年第 4 期。

3. 小事用功

国图馆长一职责任重大，并非单纯年高德劭或学养深厚的学者即可担任。1987 年，任继愈先生担此重任时，冯友兰、钱穆等先生依然健在，和先生同时代的牟宗三、钱钟书、季羡林等先生也正当其时，学问、道德与任先生相埒者不少。但任继愈先生有吃苦耐劳、甘做小事的奉献精神，他能"服众"，又能"从众"，还能"为众"，这种"小题大做"的精神十分可贵。

在担任国图馆长之始，工作安排是"任先生担任馆长，按分工主要是把握国家图书馆的办馆方向、人才队伍建设，至于具体的日常管理工作，则由党委书记兼常务副馆长负责"。[①]

也许在任继愈先生心里，关于国图的事，没有一件是小事，也许是因为先生本来就是一个愿意做小事、甘于做琐事的人，对于方便读者、服务大众、传承文化的事，他从无怨言，默默承担，认真履行，"不以善小而不为"在他身上体现得淋漓尽致。

从 20 世纪 70 年代起，国图馆藏书籍超量、服务超荷载的情况慢慢凸显，国图新馆 1983 年奠基开工，1987 年 10 月 15 日正式开馆接待读者。

1987 年国图土建完成、一期工程竣工后，国图门前的中关村南大街也开始改造。中关村南大街北起北三环西路，南至白石新桥，是海淀区的一条重要的主干路。由于图书馆工程和市政建设工程没有完全衔接，完工后的国图门口虽是宽敞的中关村南大街，但既没有过街天桥，也没有地下通道，甚至连斑马线都没画，附近也没有公交车站，读者从路东到路西的国图正门需要绕很大一个弯，造成了极大的不便。

---

① 陈力:《任继愈先生是怎样当国家图书馆馆长的》,［N］.中华读书报，2016-4-15。

国图和北京市政府相关部门协商一年多而无进展。任继愈先生看在眼里，急在心里，他亲自去找北京市长改进规划，国图门口终于有了可供行人穿行的斑马线。

国图从文津街老馆搬迁至白石桥后，新馆由 13 个单体建筑组成，建筑面积 142162 平方米，预计藏书 2000 万册，甫一开馆就赢得了社会各界的普遍赞誉。但规模建制一下子扩大数倍，占地面积和工作人员成倍增长，用电量也陡然增加。可北京供电局供给的用电量基数不变，一旦超过就要罚款，给国图造成了巨大的经济压力。

任继愈先生再次出马，找到相关部门协商，将国图的实际情况进行汇报，最后供电局提高了国图的用电基数，顺利解决了问题。

一处路口、一个公交车站、几度电，看起来都是零星琐屑的微小之事，但在任继愈先生心里都是大事，"只要是方便读者的事，他什么都愿意去做"，曾任国图办公室主任的黄润华这样说。

与国图的事必躬亲形成鲜明对比的是，任继愈先生觉得自己的事都是小事，都不值一提，"少想想自己，多为别人考虑"是他一贯的处世原则。

国图行政楼的 310 室，一间 30 多平方米的办公室被隔成内外两间，内室为学，外屋会客。室内布帘轻垂，几案简朴，斗室无华，一如它的主人，素朴简约，温文尔雅；唯有书柜里书籍盈架，翰墨生香，彰显主人的博学和睿智，这就是任继愈先生工作了 18 年的地方，他说："我刚来图书馆的时候，这里就是这个样子。"

年满九旬的任继愈先生腰板挺直，温和地笑着，对他来说一直"这个样子"是一种生活追求，也是一种人格理想——他从不为自己要什么特权，在生活上"朝食有麦饘，晨起有布衣"就足够了。

任继愈先生到国图任职时已七十有余，每到周一和周四，先生都会衣着朴素却风度翩翩地来到国图，他那拄着拐杖、精神矍铄的身影深深镌刻在很多国图人心中。虽然拐杖已成为先生不可或缺的助手，但他每每到来，无一例外都细心地嘱咐司机要将车停得远一些，因为先生不愿意妨碍其他车辆和行人的通行。

国图的工作人员曾经向任继愈先生提议在办公室内加设一个独立的卫生间，这样就不用每次来回穿过长廊，这能让先生的工作和生活更加便利，但先生毫不犹豫地谢绝了："我每周只有两天在这里，没有这个必要。"

馆长室的大门没有门槛，一个心怀敬意的员工、一个先生著作的拥趸者、一个慕名而来的读者，任意一个人，临时来馆，任继愈先生的办公室大门永远为他们敞开，先生有空就一定会见，并和众人合影留念。

在坐镇国图的近二十年的时间里，任继愈先生主持编纂了许多大藏大典，可谓皓首穷经，其代价便是先生暂时搁置了自己的研究。曾经有不止一家出版社想出版先生的文集，但先生对学生说："你们都有更重要的事情要做，有自己的科研项目，你们好好干自己的事情吧。"

自己多走几步路、自己多花一点时间、自己少出版一些文集都不是要紧的事。总而言之，在任继愈先生的行事准则里，他永远将研究、工作、他人、读者放在第一位，而将自己放在最末位，他克己奉公到了极致，以至于在国图人眼中，先生是一位细致温和的长者、是一位卓有建树的哲学家、一个颇具智慧的领导者，却从来没人将他视作身居高位的官员。

国图人说"任老做人有持操，想到他，就不感到孤独；想到他，就对自己有要求。"

这也许是对任继愈先生的最高褒奖吧！

"为真理而活"
难在什么地方?

信言不美，美言不信。善者不辩，辩者不善。知者不博，博者不知。圣人不积，既以为人己愈有，既以与人己愈多。天之道，利而不害。圣人之道，为而不争。

——《道德经》

为真理而死不容易，为真理而活就更难。

——斯宾诺莎

一个真正的君子一定讷于言而敏于事，他绝不自以为知，绝不虚伪诏媚，他善于体察世间疾苦，他对祖国无比忠诚热爱。任继愈先生就是这样一个深受儒家传统文化熏陶的谦谦君子，襟怀坦白，情致高远，厚德流光。

仁者爱人，任继愈先生待人宽厚，尊重他人，质朴深沉。

义者正直，任继愈先生行事公正，刚直固善，坚守原则。

智者聪慧，任继愈先生为学博识，慧心巧思，明辨是非。

无论什么人，只要同任继愈先生交往过，无不为他的人格折服倾倒，在所有人眼中，先生就是一个真正的君子，散发着温润如玉的魅力。

上海师范大学哲学系教授李申是任继愈先生的爱徒，师徒相伴多年。在他看来，先生身上保留了先贤哲人最优秀的品质：他风度儒雅，行则步履从容，目不斜视；止则双腿并拢，正襟危坐；言则口齿清楚，从不含糊其词；做则严格肃正，从不疾言厉色。三十年间，李申听过先生对人最严厉的斥责，也不过是说某人是"无耻之徒"。

(一)君子其赤

苟利国家生死以，岂因祸福避趋之。

——林则徐

爱国之心，实为一国之命脉。

——蔡元培

各出所学，各尽所知，使国家富强不受外侮，足以自立于地球之上。

——詹天佑

1. 匹夫有责

以学问报效祖国，担负起"深挚而悲苦的文化使命"，是任继愈先生的人生目标，也是他的治学动力，因为他真切地看到了中华文化绵延不绝的生命力，并为之自豪不已。

作为中华民族的一员，不管在治学上、为人上、处事上，任继愈先生都拥有一颗清澈而热忱的爱国心。这颗心坚定而厚重，从不随岁月的流逝而褪色，反而历久弥坚，因为他知道自己为什么爱国，更知道爱国需要做什么和怎么做。

人民论坛记者蒋荣华对任继愈先生有过一次访谈，谈话中，先生明确表示知识分子要在传承传统文化的基础上推动社会进步。

蒋荣华：时代变了，对学者群体的要求也应改变。那么，您对现在的学者群体有什么样的期待？

任继愈：要做一个健全的学者，我认为，首先要爱国，这是个基础。我们那一代是屈辱感非常深非常痛心的一代。我们那一辈搞自然科学的人，他们不知道什么是马克思主义，但是他们知道爱国。当时很多人从国外回到祖国，他们不是因为条件好回来的，不是冲着待遇高回来的，就是因为爱国才回来的。

……

要熟悉祖国的历史，要爱惜祖国的一切，这是做人的基础。学历史很重要的，对中国人来说尤为重要。美国建国的历史只有二百多年，而我们有五千年，我们有资格讲历史。中华民族经过无数挫折，五千年来却持续前进，这是很难得的，我们一直在克服困难往前走。其他的古文明没有像中国文化这样顽强。比如说古埃及、古巴比伦，他们自己的文化没有保存好。[①]

中华民族的伟大在于文化悠久厚重，文明璀璨生辉，这是值得每一个华夏子孙自豪和颂扬的。

任继愈先生认为，一个人如果爱祖国，就要能够一五一十地把祖国的光荣历史说出来，他说这就像年轻人交朋友一样，了解了以后才能发掘优点和可爱的地方，不了解就无从爱起。他们那一辈人革命时期为什么要去延安？就是因为看到中华民族到了最危难的关头，强烈的爱国主义激情促使他们走上革命的道路。

---

① 蒋荣华：《任继愈：觉悟了的群体才能推动社会》.［2008-3-20］.https://culture.ifeng.com/gundong/detail_2011_06/01/6757674_0.shtml

再比如，中华人民共和国成立后从美国回来的一批人，包括钱学森、华罗庚、李四光、邓稼先等，他们为什么舍弃国外优厚的条件，义无反顾地回到祖国母亲的怀抱？那就是一种对祖国的热爱！国家站起来了，他们想为国家奉献力量。在他们身上，爱国主义成了一种巨大的动力。任继愈先生亦如是——正是因为这种发自内心的爱，才使得他在学术上、工作上有了巨大的源动力，终于摘取了哲学皇冠上最迷人的明珠。

苏轼在为韩文公庙写碑时想到韩愈发起古文运动，不由叹服他"文起八代之衰，道济天下之溺"。"继愈"这个名字是"继承韩愈"的意思，不过汕头大学教授隗芾却有别样的理解："他继承韩愈更多的是继承他的爱国主义精神。"任继愈先生平日与朋友交谈，除了学术交流，说得最多的就是国家大事，他同韩愈一样，常怀匹夫有责之心，以"济天下溺"为己任，这一切足见先生的悠悠中华情何其深切。

李申以《任继愈：承担重荷的大师走了》为题悼念恩师，文中说先生从不为自己着想，只为他人和家国着想，甚至为此而不惜苦己身：

苦着自己，为国家节省着每一分钱；苦着自己，盼望青少年们好好成长。先生的心里，满是对国家和人民的赤诚。

先生的辛劳和刻苦，不是多数人愿意接受的。这无可厚非，先生也不会希望大家都如此辛苦，就像鲁迅先生也不希望他的下一代还像他辛苦辗转一样。但是，人类要进步，国家要富强，高尚的献身精神，是永远都需要的。无论古今中外，那些活在人们心中的仁人志士、圣贤伟人，都是有理想、有志向，为社会做出过杰出贡献的，都是信念坚定矢志不渝为国家为民族英勇献身的。这样的人虽然历来都不是多数，但却是高尚者的选择。

任继愈先生逝世后，他的学生吴泰昌在《新民晚报》上发表《琐忆任继愈先生》，文中说："我牢记最后一次见他时他说的话：觉着自己的精力还能做点事就想多做点，这样的生命才充实，才有价值。"也许，我们可以说，先生正是在清醒执着的爱国情怀里找到了属于自己的生命价值，并且通过一生实践实现了这个永驻他心中的理想，给后人留下了可瞻可仰的光辉形象。

2. 读史明志

章士钊有句话叫"灭人之国先去其史"。

有人曾经问任继愈先生："您对青年一代最大的希望是什么？"

先生回答说，年轻人应该多了解历史，因为中国的历史文化从古至今绵延不断，只有我们中国人才有这个条件。而且真理本身非常朴素，希望年轻人不仅要自己掌握真理，还要传播真理，只有全社会的人都掌握真理，社会才能进步——实际上，这也是先生对自己的希望和要求，因为先生在研究、传承中国历史和文化时，就是抱着强民兴国之心殚精竭虑去做的。

既然读史那么重要，那应该怎样阅读历史，了解我们的传统文化呢？

据任继愈先生说，一个了解自己国家历史的人才能做到真真实实地爱国。他曾引用美国南北战争时的名将罗伯特·李将军的名言奉劝年轻人："人短暂的一生里，所见到的大多数是悲惨和苦难，是卑劣和失望，为了对人性、对人类的前途保持信心，所以必须读史。年轻人一定要读史，读懂历史，才能感觉自己活在今天的幸运！"可见，在先生的心里，读懂历史、了解国家的既往和未来至关重要。

任继愈先生对中华民族历史文化了如指掌，他在分析事物时总能站在历史的高度，让听者无不从内心理解并震撼。任继愈先生曾经写过一篇《北大的"老"与"大"》，史料翔实，充分表现出自己的真知灼见：

> 如果照欧洲中世纪的大学标准来看中国古代的大学，中国的大学比欧洲的大学起码要早一千多年。汉武帝元朔五年（公元前124年）设五经博士弟子五十人，是西汉太学建立之始。中国不叫大学叫太学，意思是一样的。……东汉开国皇帝刘秀就当过太学生。东汉顺帝、质帝时，太学人数又有大量增加，达到三万人。
>
> 从西汉历魏晋南北朝、唐、宋、元、明、清，直到京师大学堂的建立，二千多年，太学的教学内容以儒家经学为主要课程，以三纲五常教育学生。
>
> ……
>
> 古代太学生有关心国家大事的传统，他们不大甘心读死书，王莽要当皇帝，太学生上过书；嵇康被判死刑，太学生上过书；京师大学堂时期，1902年，清朝向沙俄出卖中国的权利，大学堂学生上"抗争俄约疏"。1905年美国排华，北大同学刊印"广劝抵制美约说"，广为散发，抵制美货。1907年，慈禧对这批大学生很不放心，发出"上谕"，严禁学生"干预国家政治，及离经叛道，联盟纠众，立会演说"，禁止学生"悖弃圣教"，"变易衣冠"。在十月革命影响下，爆发了"五四"运动，大学生运动达到高潮。[①]

[①] 任继愈著：《念旧企新·北大的"老"与"大"》，人民日报出版社，2011年1月版，第49页。

两千年悠长的太学传统和新时代曙光的五四运动被任继愈先生勾连在一起，让人清晰地看到历史的脉络和文化的传承。

1998 年 3 月 3 日，任继愈先生致函《文史知识》杂志，旗帜鲜明地表达自己的观点：

在中国历史上，真正忧国忧民的人都是对中华民族历史有着深切认识的，因为了解，所以哪怕在艰苦卓绝的岁月里，他们的民族情仍然生生不息。需要强调的是，很多人是在民族最危难的关头才明白自己对祖国的爱之深切。

任继愈先生举例提到，抗战时候，他的几位老师都是忧国忧民之士，像熊十力、汤用彤、冯友兰、郑天挺等先生，蒋介石派专机来接，他们俱不愿离开自己挚爱的、苦难深重的祖国。这些教授的行为并未经过集体商讨，而是有着相当的自觉意识。很显然，先生也从这些大师身上汲取和继承了这种可敬的品质。

任继愈先生觉得，加强历史教育，历史课是必要的补充。历史中有一个国家民族发展的过程，历史课讲得好是非常生动有益的。里面有中华民族克服困难、创造发明、抵抗外来侵略的种种事迹，历史课讲好了，年轻人就会看到我们中华民族的强韧不息、古老伟大。我们的祖国虽经百转千回的磨难，但是我们一一克服，这很值得骄傲，足以培养中华儿女的民族自信心和自强精神。

顾炎武说过，"国家兴亡，匹夫有责"。这不仅是一个口号，也是一种宣言，更是一种内驱力和赤诚心。

正如任继愈先生在其《旧中国知识分子的爱国主义》一文中所言：

每一个爱国的知识分子都深知"多民族统一大国",是中国几千年来立国的基石。靠了它,形成了中国特色的思想文化传统,生活准则、宗教信仰、伦理规范,都要符合这一基本国情。这一现实,连反对中国的敌对势力也看到了它的重要性,有的力图破坏民族的团结,有的制造国家领土的分裂,阻挠统一。①

任继愈先生深受儒家心系天下及万民忧乐思想的影响,他曾饱受战争之痛,眼见民生疾苦,这反而使他对这土地爱得更加深沉。中华人民共和国成立后,先生殷殷切盼祖国繁荣昌盛,文化万古长青,因此希望年轻人都能读史,以史为鉴,以史为镜,增强民族自强和自信,拳拳爱国之心令人动容。

3. 文化立国

任继愈先生将自己的书房命名为"潜斋",意思是要以打持久战的精神来抗战,而作为一个学者,他抗战的方式就是潜下心来研究中国的传统文化,因为他坚信,这其中一定有他找寻的济世良方。先生运用历史比较的方法研究世界古代文明,从中发现了中华文化的一个显著特点,就是持续不断地前进且能与时俱进,全世界只此一家。

不管过去如何辉煌灿烂,但古印度、古巴比伦、古埃及、古希腊的文化和文明皆已断层倾覆。时至今日,只有中国的传统文化和国家建制没有中断,诚如梁启超所言:"然彼四地者,其国亡,其文明与之俱亡。今试一游其墟,但有摩诃末遗裔铁骑蹂躏之迹,与高加索强族金粉歌舞之场耳。

---

① 任继愈著:《皓首学术随笔·任继愈卷》,中华书局,2006年10月版,第246页。

而我中华者，屹然独立，继继绳绳，增长光大，以迄今日。"

任继愈先生认为中国的历史会出现暂时的徘徊，但依旧会如江河汇海，一往无前。埃及文明发端比中国早一千多年，发明了造纸术，但没有延续下来，国家变成了殖民地；古代的巴比伦屡遭战火，残破不全，旧的文明也全部毁灭；唯有中国，汉族统治者是亡过国，但这不过是兄弟内斗，中国的传统文化没有变，文字没有变，思想意识没有变，这一切不但没有变而且持续发展，更具生命力。

这种蓬勃的发展、抵抗外侮的团结，都让任继愈先生感到无比自豪。在湘黔滇旅行团的途中，先生看到即便是偏僻封闭的乡野间，"汉奸"亦是骂人最凶的词，一个中国人若被骂作"汉奸"，比骂他祖宗十八代还厉害，这是奇耻大辱。先生常说，清代杨守敬品评书法说"品高则下笔妍雅"，秦桧考上了状元，官至宰相，书法风流，可历史就是没有保留他的笔墨，因为他卖国，下笔纵有万般"妍雅"，也只得千古唾弃，万古骂名。

中华文明的"继继绳绳"跟大一统的国家样式密切相关。中华民族在秦汉时形成统一，这给中华民族带来文明的巨大进步，政治、文化、经济、宗教、科学等都迅速发展，使中国崛起于世界的东方。任继愈先生说："这次统一使得中华民族的凝聚力得到了大大的加强。"

任继愈先生的观点颠扑不破——秦王朝不仅使"六王毕，四海一"的统一国家建立，而且使文化思想融合繁荣。秦始皇以雷霆手段"一法度衡石丈尺，车同轨，书同文字"，统一货币、统一计量单位、统一道路宽度、统一文字是表象的统一，更深层次的统一是"行同伦"，即在中央集权的国家内部建立大一统思想体系，在伦理道德范畴内进行规范，形成国家和民族的凝聚力，"大义休明，垂于后世，顺承勿革"，绵延至今。由此可见，文化思想对民族家国能起到巩固加强作用，尤其是面对外来侵略，中华民族的文化思想便成为抵御外侮的指导精神。

任继愈先生还认为，过去只谈黄河流域是中华文明的发祥地是不够的，长江流域的长江文化也很重要。从上游三星堆到下游河姆渡、良渚文化等考古发现，中国文化有多源性。

任继愈先生的一位博士生研究商周青铜器，对商代妇好墓中的青铜器成分作了研究，铜、锡、铅中，铅的成分与三星堆的一样，妇好墓中的玉器原料来自和田。这一切都证明，我们的文明是融合的文明，是发展的文明，是强韧的文明。

现代考古证明了任继愈先生的观点——长江流域的良渚文化盛产玉琮，材质贵重、工艺精美，并且作为先进文明的代言人扩散到长江、珠江和黄河下游广袤的区域，遍及大半个中国。2021 年，四川三星堆遗址 3 号祭坑出土商晚期神树纹玉琮，它由灰白色玉石加工而成，对应两侧各线刻一棵神树纹，神树枝杈上伸，形制和良渚玉琮类似，这是长江文明和黄河文明的又一次"握手"。

任继愈先生虽不能亲见这一考古成果，但应当大呼快哉吧？他说，我们对古代文化交流的能力常常估计不足，我们中华五千年文化根底是有着巨大潜能的，需大力挖掘和弘扬我们的传统文化。

文化自信无疑是一个社会发展前进的动力和灵魂，一个有灵魂的国家必定是一个文化健全的国家。为此，任继愈先生一直致力于中国的文化建设事业，以推动整个民族、社会文化的繁荣。

2004 年，已 88 岁高龄的任继愈先生和季羡林、杨振宁、白先勇、吕厚民、王蒙、阿来、谢晋等 70 多位文化界人士联合发表了著名的"甲申文化宣言"，宣言呼吁："我们应当与时俱进，反思自己的传统文化，学习和吸收世界各国文化的优长，以发展中国的文化……我们确信，中华文化注重人格、注重伦理、注重利他、注重和谐的东方品格和释放着和平信息的人文精神，对于思考和消解当今世界个人至上、物欲至上、恶性竞争、掠夺性开发以及种种令人忧虑的现象，对于追求人类的安宁与幸福，必将提供重要的思想启示。"宣言的中心即"文化是家国支点"。

耄耋之年的任继愈先生是文化的代名词，他一生以学术为生命，始终挑着一份沉甸甸的文化担当。国家图书馆馆长詹福瑞说："很多人的学术研究，往往成就的是自己的名山事业。纵观任先生一生的学术研究，尽管跨越多个领域，但我们却能真切地感到：传承中华文化，把国家和民族的兴衰系于心头，始终是他学术研究的主线。如此强烈的文化担当意识，是很多人所不具备的。"[①]

任继愈先生认为，中国正处在一个文化积累时期，要实现真正的文化繁荣还要经过二三十年的努力。因此，他把自己全部的精力转向对中华传统古籍的整理，为未来、为后辈学人打基础、蓄实力。古稀之年，先生对文化传承有了更强烈的追求，这种自觉和自发令人钦佩感动。

任继愈先生坚信，中国传统文化是鲜活的、会生长蓬勃的活文化，知识分子天然有责任也有义务让传统文化为塑造新中华民族精神服务。这是一个伟大学者对于自己时代和民族精神需要的高度自觉、透彻理解，是先生自觉担当历史使命的因由，是一次承前启后的伟大致敬。

4. 家国支点

任继愈先生转向中国哲学研究，不是个人兴趣使然，也不是彪炳史册所求，他在接受《辽宁日报》记者高慧斌采访时说："这个转向我不是为

---

① 邢宇皓:《把知识奉献给人民》.［2009-7-17］.https://www.gmw.cn/01gmrb/2009-07/17/content_949796.htm

了个人兴趣。我觉得这个问题应该有人研究且要研究好,这样对社会、国家、民族都有好处。"

当记者问及任继愈先生在搞中国哲学研究时是否动摇过信心时,先生无半丝犹疑道:"研究中国哲学我一直没动摇过。中华民族该有自己的东西,不然抗战怎么居然胜了? 是什么东西让我们现代化? 根子在哪儿?"[①]

任继愈先生在《我的追求》一文中进一步解释说:"我深信探究高深的学问,不能离开哺育我的这块灾难深重的中国土地。从此,我带着一种沉重的心情来探究中国传统文化和传统哲学。"[②]

显然,这种"沉重之心"贯注在任继愈先生一生的学术研究之中,可追溯到抗战时期的西南联大。先生回忆说,那时候办学条件相当艰苦,但艰难困苦的环境不仅没有动摇联大师生们克服困难、追求真理的信心,反而更加坚定了他们的求学意志,激发了他们的创造才能,从而做出了一流的成果。西南联大的学习与生活,让任继愈先生更加坚信,在人与环境的博弈中,人的作用是十分重要、关键的,而人最重要的就是要有那根支撑家国精神的脊梁。

"士君子不为贫穷怠乎道",越是国难深重,越能激发知识分子内心的家国挚爱。任继愈先生后来在《抗战时期西南联大散记》中写了一段很珍贵的话:

> 办学的目的是培养建国人才。建设国家,首先要爱这个国家,必须是关心民族命运的爱国者。联大师生有不同的政治立场,有"左"的,也有"右"的,绝大多数是中间群众。他们政治立场虽

---

① 高慧斌:《不敢从心所欲 任继愈访谈》,[N].辽宁日报,2001-10-18。
② 邢宇皓:《任继愈:天风海浪自悠悠》,[N].光明日报,2006-4-9。

有分歧，但共同的信念是爱国、保卫国家，抵抗外来侵略者，争取民族独立。这种情况与当时抗战时期的总形势和中华民族的历史使命是一致的。

这是君子"公义胜私欲"的无私无畏，这是学者"跬步不休，累土不辍"的执着坚定，这是任继愈先生"横行天下，虽困四夷，人莫不贵"的高尚人格！

（二）君子其诚

诚者天之道也，诚之者人之道也。

——《中庸》

物格而后知至，知至而后意诚，意诚而后心正，心正而后身修，身修而后家齐，家齐而后国治，国治而后天下平。

——《大学》

大哉一诚天下动，

如鼎三足兮，曰知、曰仁、曰勇。

——南京大学校歌《大哉一诚天下动》

世间至大、足以震动于时的品质是什么呢？莫过于一个"诚"字吧。君子立身处世之本如同三足之鼎，智慧、仁爱、刚勇具备，就能使众圣归聚，君子彰行。

一个"诚"字几乎涵盖任继愈先生的全部品质，他的学生李申教授曾写过《诚者物之始终》一文，说先生"诚者天之道"，用诚意明理治学；还说先生"诚者物之始终"，以诚信待人；更说先生"诚则明"，总能正直无畏、明辨是非地处时、处世。

1. 博闻智识

任继愈先生的治学和为人始于博闻，行于严谨，终于明辨。

李申教授认为他的老师属于中国学术发展之河的深流，而不是表面飞溅的浪花和光怪陆离的泡沫。

任继愈先生是中国哲学界、宗教界的大师泰斗，他著作宏大丰富，学问淹博通达。先生一生努力把中国佛教思想纳入中国哲学史的主流，取得了丰硕的成果；他希望学界重视道教对中华民族文化的贡献，认为这是自己的未竟事业；他采用马克思主义世界观和方法论从事研究，为中国哲学史、宗教史开辟了新路；他四次译注《老子》，有疑必究，有错必迁，坚守唯物史观……

后辈学人张志清在缅怀任继愈先生时说："读任先生的著作，深刻感受他的眼界之宽，学问之通，毫不拘泥刻板。我从以下四个方面都受到他的教益：一是科学严谨的态度……二是历史唯物主义的立场……三是辩证和实践方法……四是扎根本土的研究特点……"①

汕头大学隗芾教授曾说，任继愈先生对我国古代文学的贡献也很大。据隗教授回忆，1986 年的时候，汕头大学打算召开首届国际韩愈学术讨论会，那时学界就已有"南饶北季"的说法，于是隗芾给二老打了电话。饶宗颐先生对隗教授说，出席此会必须还有一人，那就是任继愈。隗教授颇感奇怪，任继愈是宗教和哲学领域的大师，怎么会对韩愈也有研究？不过，疑惑中的隗教授依然向先生发出了邀请。

当隗芾亲见任继愈先生后，不禁对这位古稀老人充满了敬佩，因为在那次会上，先生提出要从文学、哲学和宗教的角度继承韩愈的精神。那时学界对韩愈的佛家和哲学思想还未定论，皆以为韩愈斥佛。但任继愈先生透过现象看本质，他认为韩愈时任刑部侍郎，出于维护儒家思想正统地位的需要，反对佞佛，冒死写下了《谏迎佛骨表》，但实际上"韩愈反的是

---

① 张志清：《学人本色　文化传灯——怀念任继愈先生》，［N］．光明日报，2009-7-16。

那个朝代佛教的做法，而不是反佛教的根本"。这次会议为后人研究韩愈奠定了基础。任继愈先生的观点客观而独到，虽标新领异，但却在时间的检验中站住了脚跟，充分显示了他深厚的学养。

任继愈先生不仅勤学勤思，孜孜以求，而且还能"特立独行"地拨云见日，发现问题的本源。

当代诗人叶匡政在撰文纪念任继愈先生时提到，特立独行是任继愈先生追求的学术精神。彰显个性常常被认为是西方的舶来品，但其实源于唐代大儒韩愈，他"特立独行，穷天地，亘万世而不顾者也"。任继愈先生无论是早年提出用唯物史观研究佛教，还是后来的"儒教是教说"，都显露出了"亘万世而不顾"的意味。特立独行，并不等于出风头、赚人气，而是只为真理做学问，先生一直不惧险，不畏难，勇往直前。

在任继愈先生看来，学术一定要创新，"师承"或许可以成为一个人的荣耀，甚至是一份学术资本，然而，沿袭守旧等于无知倒退，真知灼见和经纶济世的学问才是立身之本。所以，尽管汤用彤、贺麟这两位学界的泰山北斗曾是他的正、副导师，他却很少提及以为自己增光添彩。先生埋头博采众长，努力有所建树，以研究成果来说话。

任继愈先生经年苦学，发现学问皆有相通之处，而独到的思辨精神是其中的要旨，他举例说，欧阳修、司马光做学问就怀疑《孟子》、怀疑《易传》等古代的思想；朱熹也走这个路子，他从不拘于章句，只做自己的发现，近代的林琴南反对白话文，但翻译小说又是现代化的一个表现。先生认为要把文史哲融会贯通起来，所谓不通群经就不能通一经，正是这个道理。

在学术上，任继愈先生极有洞见，在社会生活中，先生也慧眼独具。

2. 仁者爱人

仁者爱人是孟子的理想，他说："君子以仁存心，以礼存心。仁者爱人，有礼者敬人。爱人者，人恒爱之；敬人者，人恒敬之。"孟子认为仁者具有大智慧，充满慈爱心，以善良和博爱作为行事的准则，平等对待每个人，真正做到"有均无上，亦无下"，只有这样的人才会得到人们的敬爱。

在这一点上，老子的看法和孟子趋同。老子说："体恭敬而心忠信，术礼义而情爱人，横行天下，虽困四夷，人莫不贵。"也就是说，以谦逊恭敬的态度对待他人、内心真诚无妄、遵循礼仪和道义、满怀爱心和善意，这样的人即使遇到再多的困难和险阻，也能得到众人的珍爱和仰望。

任继愈先生就是这样一个"爱人"的仁者——诚心守善，温纯敦厚，因此先生受到他身边几乎所有人的敬爱。先生将自己的"爱"用在亲近的人身上，也用在素不相识的人身上，善良、宽容、平等地对待每一个人。

最能被这种慈爱照耀的就是任继愈先生的学生。

李泽厚家境极贫寒，在北大读书时，常一块钱掰成几瓣用。任继愈先生知道后，既要解决李泽厚的经济问题，又要照顾他的自尊心，于是就让他帮自己誊抄稿子，每次给他5块或10块钱。那时候，李泽厚在北大的补贴一个月是3块钱，得到先生的帮助，他的困境一下子得到了解决。

对于这种温暖的善意，李泽厚永远铭记于心。2006年，任继愈先生九十大寿时，李泽厚特地挑了贺卡寄给先生，"我现在都还没确定他是否收到"，因为那个对学生慷慨无私的老师是极其简朴、从不做寿的。

李泽厚每次去看任继愈先生，都在他家里吃饭。吃着简单的棒子粥、馒头、小菜，师生两人慢慢闲话家常。李泽厚到现在还保存着一张剪报，上面有一篇任继愈先生谈闭目养生的文章，仿佛留着这张剪报就留住了那久远岁月中的温馨。

经济的帮助、学业的指导、工作的安排，凡是能为青年找到发挥才能的机会，任继愈先生都竭尽心力去做，好善无厌，助人无数。

任继愈先生常说自己从社会、他人得到的甚多，所以他要付出，而且要抱有热情、不问回报地付出。任继愈先生的学生、北大白化文教授说先生对很多朋友都有过无私的帮助，并且不求回报，事成后绝不张扬，特别是对马学良先生在彝族地区做研究时帮助甚大——

> 那时的彝族地区交通十分不便，生活异常艰苦。马先生几次给任先生写信，说顶不住了。任先生就几次带着大批生活用品与书籍报刊，翻山越岭去慰问，鼓励他不可半途而废。任先生还多次对我说，马先生的毕生心血凝聚在《彝文经籍文化辞典》一书中。此书的每一个词条都是彝文文字打头，然后才是汉文解释，印刷十分不便。出版社说，一条词头按一幅画收费。马先生自愿放弃稿费。任先生叫我帮助推出。他自己也往往亲自出马……先生精诚所至，金石为开……此书后来由京华出版社于 1998 年 12 月出版，印数 1000 册，至今尚有存货。马先生在 1999 年初即逝世，总算看见了自己一生的最大最后成果问世。[①]

任继愈先生和马学良先生在西南联大一起读研究生，是同学，也是朋友，两人友谊甚笃。先生不仅给老友物质上的帮助，更可贵的是给他精神上的鼓励，而对于自己的善行，他从不夸耀，每每谈到此事，辄以弘一法

---

① 白化文：《深切悼念任又之先生》．［2009-7-13］．https://www.gmw.cn/01gmrb/2009-07/13/content_947375.htm

师"欣慨交心"一语结束。

侯外庐先生是社科院历史研究所研究员，也是马克思主义历史学家、思想史家、教育家，与任继愈先生常有知音唱和，他的学生步近智回忆过一件小事：

2006年4月，步近智与张安奇合作研撰《中国学术思想史稿》，他们产生了请任继愈先生为《中国学术思想史稿》题写书名的想法。作为后辈学者，又是有求于人，步近智来到先生家里很是惴惴，但先生和颜悦色、热情接待。

彼时，已经92岁的学术前辈，细致认真地翻阅了《史稿》的全部目录，看到尽兴之处，任继愈先生还会欢喜地说："这就是侯外庐学派！"看完文稿，先生充分肯定了《史稿》的学派特色，肯定侯外庐先生研究思想史要"通"而言"专"、"博"而后"深"的教诲。先生的赞许让后辈学者得到亲切的关心和热情的鼓励，先生颔首微笑的感人情景，永远留在步近智的记忆深处。

除了对学生和朋友，任继愈先生对任何人都不吝于一伸援手，他的"仁者"之善如旭日暖阳，普照到每一个角落。

1971年，'文化大革命"荼毒甚烈，学校停课，科研工作全面停摆，任继愈先生靠边站后，去了干校。激烈的阶级斗争和严厉的管制使他的学术研究暂停，难得可以偷得浮生半日闲。当时，和先生一起去的乐峰因为学过中医，临行前带了一套针灸用针。任继愈先生看到很高兴，就利用这闲暇时光学习针灸，拿了本穴位图自己比画。一天深夜，室友突然肚子疼，先生比着穴位图在其足三里、内关、肚脐等穴位扎了五针。半小时后，室友的肚子就不疼了，"赤脚医生"任继愈也从此出名，当地农民有病时都慕名而来。后来，任继愈先生于劳动之余给附近的农民看病、针灸。他说："我现在下地劳动不行了，力不从心，但我用银针减轻当地老百姓一些病痛，还是可以的。"

那时，农民很穷，住的是黄泥糊的房子，做饭连烟囱都没有；而且粮食紧缺，家里没有余钱，生病全靠硬抗。大家听说任继愈先生会扎针，能治病，不明究竟的村民以为北京来了一个老中医，上门求医者甚众。先生的医术颇高，不少病人都被他的针灸治愈，包括横行的疟疾。

任继愈先生的工资在当时的知识分子里算是很高的，但他给村民们看病不收钱，还自己为他们买药，以至于从干校那个几乎不花钱的地方回家，他不但将工资和积蓄花光了，还欠了很多钱。

对于贫苦者、弱势者，任继愈先生以"行微无怠"的仁心和"忠信无倦"的爱怜对待，事不辞难、坚持不懈地去助人爱人。更有甚者，先生宽广的心胸、善良的品行还能兼顾到他的敌对者。

有段话有些拗口，但却是任继愈先生深刻思考后得出的结论，他说对"反对过自己证明反对错了的人"要宽容，更难能可贵的是对"反对过自己证明反对对了的人"也要宽容。

"文化大革命"开始，北大哲学系书记聂元梓及教师宋一秀等7人贴出了《宋硕、陆平、彭珮云在文化革命中究竟干些什么？》的大字报，矛头指向北京大学党委和北京市委，当时，聂元梓势如烈火烹油，而任继愈先生属于"反动学术权威"之一，挨批斗、靠边站、下干校，其地位、境遇与聂元梓之流有云泥之别。

道不同不相为谋，本是风马牛不相及的两个人，但在任继愈先生的追悼会上，聂元梓却冒雨拄拐而来。聂元梓说，"文革"结束后她被判刑，1986年出狱后，人生跌入低谷，绝望不堪，所有人对她避之不及，有鄙视者，有避嫌者，有嘲笑者，有观望者，唯任继愈先生冒着大雪亲自去探望她，这是真正的雪中送炭，让聂元梓终于获得一些人世间的暖意。二三十年过去了，谁也不知道此事，随着聂元梓的叙述，这段公案才为人所知……

"能在他人显赫时清静自持，落难时给予同情和帮助，自古以来，就是只有少许德高者能行的事。"[①] 鲜花着锦、烈火烹油时，任继愈先生总是淡泊相对，静默自处，从不趋炎附势，阿其所好；繁华散尽，凄凉冷落时，任继愈先生总是温柔敦厚，不彰不矜，从不踩低拜高，落井下石。

任继愈先生的哲学态度是"先公后私"，主张公而无私。人是社会中的人，如果离开了社会，就失去了生存意义和社会意义。人对社会索取得少，贡献得多，那么社会就会进步。

于是，对青年、对人民，甚至是对"敌人"，任继愈先生都用火热心肠，尽己所能地提供帮助。

"不自见，故明；不自是，故彰；不自伐，故有功；不自矜，故长。夫唯不争，故天下莫能与之争。"两千多年前，老子如是说，是在说任继愈先生，也是在说一切坦荡赤诚的真君子。

3. 铮铮风骨

任继愈先生对真理有自己的看法，他将斯宾诺莎的"为真理而死不容易，为真理而活就更难"奉为至理名言。熟悉先生的人都知道，他做学问穷理致知，待人温良恭俭，但先生身上更突出的品质是刚直不阿，他从不俯身巴结。

"学术不是弓斋里的文字游戏"，任继愈先生对治学的急功近利一贯予

---

① 李申著：《任继愈传》，河北人民出版社，2016年9月版，第358页。

以严肃的批评,一反平时的温文。先生自己扎扎实实做了一辈子的学问,他很希望年轻学者们也能踏踏实实求学,否则无论对学术发展还是个人提升都是很大的障碍,岂不闻"千里之堤,毁于蚁穴"?

任继愈先生举了司马光的例子,说他光是一部《资治通鉴》就写了19年。由此可见天下学问没有速成的,而必须要积累——积累资料,积累知识,积累见地。没有各种积累,学识就托举不起来,更遑论"究天人之际,通古今之变"了。

在老一辈学人中,有不少人耗费毕生精力才获得一项发现、完成一本著作,王国维先生的《人间词话》一经发表即洛阳纸贵,孙诒让先生的《契文举例》得到学界的一致叹服,汤用彤先生的《汉魏两晋南北朝佛教史》独出机杼,他们无不潜心治学,将做学问看作天下第一等大事。

随着时代发展,学术界的浮躁之风越来越盛,年轻人急于求成,任继愈先生希望年轻人要有长远的眼光、扎实的基本功,对此,先生以极其严肃的态度说:"学术文章,先有学术,再谈文章,因为文章的支柱是它的学术内容,而不是辞藻、结构、章法。有的文章连一两年的寿命也没有维持下来,一点也不奇怪,理应如此,因为这些文章缺少科学性。"[1]

任继愈先生注重文化传承,类于古风,他貌和神谦,内藏风骨,将信念贯穿学术与人生。他最为奉行的是延安时期的学风:自由讨论,各抒己见;坚持真理,修正错误;服从真理,知错就改。[2] 作为一个学者,"不能讲话的时候,可以不讲,但决不能乱讲"。迄今为止,在任继愈先生的论著中,也许会有你不同意的主张,但绝没有不关现实痛痒的无病呻吟,也没有迎合一时潮流的诌媚之文。

---

[1] 邢宇浩:《把知识奉献给人民》,[N].光明日报,2009-7-17。
[2] 李申著:《任继愈传》,河北人民出版社,2016年9月版,第349页。

　　任继愈先生的得意门生李申在《中国哲学发展史》的秦汉卷中分析了董仲舒天人感应观念产生的基础，乃是"当时自然科学的发展"，先生给的评价是"很精彩"。短短三个字已是先生对学生的至高赞誉，他看学生的文章，一般就是说"可以了"，而正是这极少的称赞、极高的要求、极严谨的态度激励着学生们认真治学，从不懈怠。

　　《中国佛教史》第一卷出版时，李申写了一个书评，且自鸣得意。几天后，任继愈先生指着《光明日报》已经印成的清样，严厉批评说"熟人之间不要写这样的东西"。其言铮铮，其貌肃肃，从此李申再也不敢为膺获虚名浮利去写"这样的东西"，他自己的书出版，也不请别人写"这样的东西"。大约在先生眼里，只有清华校歌所唱的"学问笃实生光辉"才是他看中的，其他的花团锦簇都为他所扬弃。

　　任继愈先生的胞弟、中国工程院院士任继周说，家兄认为"儒佛道是中华传统文化的主要载体"，他用毕生精力把马克思主义和中国传统文化嫁接在一起。"文革"前他因质疑日丹诺夫对哲学的定义被称为修正主义，险划右派；"文革"中他不参与"批儒评法"让江青大为光火；"文革"后他对马克思主义和社会主义的坚持又被当成"左"的靶子。

　　"文革"前后的三件事：质疑日丹诺夫体系、拒绝儒法斗争、正确评价毛泽东，大概可以证实任继愈先生的风采傲骨。

　　1924年，列宁逝世，斯大林握权，日丹诺夫成为宣传部长，他编织出所谓的"日丹诺夫体系"，绝对排斥唯心主义，疏远辩证法，奉行僵化的逻辑体系。

　　由于日丹诺夫体系在苏联的极端权威，传播到中国时也少有人敢于质疑和讨论，大部分人采取囫囵吞枣、全盘接受的态度，任继愈先生却"不合时宜"地同贺麟、冯友兰两位老先生站在一起，指出日丹诺夫理论"忽略了社会历史观的研究""对形而上学的内容注意不够""没有给唯心主义应有的地位"。

正是因为在万马齐喑的运动中，任继愈先生始终只发出自己认为对的声音，在随后到来的反右运动中，他受到了各种责难批判，被戴上"右倾""机会主义"等各种帽子。但先生始终守着是非黑白的底线，保持谦虚沉着的态度，有理有据地给唯心主义应有的评价："唯心主义是错误的，但是它是人类认知过程中的进步。"

任继愈先生的观点这样客观，说的是最朴素的真理。人类的认知过程本不可能一帆风顺，思维会碰撞，会矛盾，会交锋，但只要思考，只要质疑，就有其价值，哪怕中间走了弯路，错误亦如有力的臂膀，推动正确在真理的道路上飞跃奋进。大约正是因为具备这样的认知，任继愈先生才"不欲琭琭如玉"，更愿"珞珞如石"吧！

20世纪50年代，由于质疑日丹诺夫，任继愈先生险些置身激流险浪中，但他坚守己见，始终如一。

任继愈先生从前衷心信服儒家，后面转而接受马克思主义，对孔子有了批判的态度。运动之初，在党的号召下，先生也写了一篇文章发表自己对传统儒家和孔子的看法。但先生很快发现，"批林批孔"根本不是哲学争论，也不是思想交锋，而是一次政治阵地的争夺战。从此，先生不再撰写"批林批孔"的文章，采取了沉默回避的态度。

当时的任继愈先生正在主编《中国哲学史简编》。即便流俗如潮，他坚决不肯人云亦云，坚决拒绝以所谓"儒法斗争"为主线去描述中国哲学的发展历程，而是比较客观地讲了思维和存在的关系，但绝不上升到政治。这部著作在当时被批判为一部"脱离阶级斗争、脱离政治斗争"的哲学史，一部从"思想到思想，从概念到概念"的哲学史。换而言之，是一部典型的"资产阶级的哲学史",江青跳将出来说:"任继愈不是我们的人!"

任继愈先生的子女在回忆文章里写道:"中国哲学史,被要求按照'儒法斗争'的观点进行改写。即必须贯彻法家是革命的、进步的,儒家是反动的、倒退的、要打倒的观点。在这样的政治重压下,出于一个知识分子的良知,父亲没有照办。由于父亲主编的《中国哲学史简编》不合当时斗争的需要,刚刚出版,就受到党刊《红旗杂志》的批判。"[①]

这样的批判在那个人鬼不分的年代几乎是致命的,随时都可能被以莫须有之罪批斗,但任继愈先生仍然坚持不与当时的中央"文革"小组合作,坚持客观立场,只讲真话,严守哲学阵地的纯洁性。正是由于先生矢志不渝的坚持,猜忌、怀疑甚至谩骂随之而来,先生自身受到批判,甚至还牵连到出版社的编辑。"四人帮"被粉碎后,先生和几位编写者才结束了担惊受怕的日子。

在非常时刻,不从众,不从俗,不混入大流,任继愈先生固守"是是、非非谓之知,非是、是非谓之愚"的态度,这是对他学识和灵魂的考验,而先生身劳心安,从无怨言,毫无牢骚,无论怎样遭难,总是静默自守。

在"文化大革命"中,他作为世界宗教研究所所长,没有发表过一句对待宗教问题的"极左"言论。面对当时破坏寺庙、粗暴对待宗教徒等违背党的宗教政策的言行,他抱着深深的忧虑——他忧虑的是文化不能存续,道将不道,但却从不考虑自身的得失荣辱。

任继愈先生的女儿任远的朋友定宜庄教授回忆说,"文革"期间,她

---

① 任重、任远:《一份谈话记录和半个世纪的演绎》,[N].中华读书报,2016-4-6。

曾经是一名红卫兵小将，响应号召去藏边地区串联，跋山涉水到了拉萨。先生对她路上的所见所闻非常感兴趣，但当定宜庄讲到西藏两派武斗，讲到大昭寺被夷为废墟，讲到造反派剥下佛像身上的金子，讲到把哈达染红来做红缨枪的穗子，先生越听越沉默。作为一个宗教研究的学者，看到奢华壮丽的大昭寺沦为废墟，看到历史倒退，看到浩劫已至，先生却无能为力，他对美好覆灭、文化磨难，深感忧虑。

任继愈先生曾多次接受毛泽东的接见和会谈，被钦点为宗教研究所的主持人，在那个红色狂潮席卷一切的时代，这是莫大的殊荣，而先生一生从未向任何人谈这荣耀的瞬间，哪怕是在"文革"中遭受学术迫害，他也从未拿毛泽东的褒奖作为自己的保命符。

时代是一股摧枯拉朽的浪潮，任继愈先生本可随声附和，吠形吠声；也可耀武扬威，自吹自擂。但在一片欢呼、鼓噪、骚动中，先生却说"这样集君师于一身是非常危险的"，这是一个精研中国传统文化的学者最客观冷静的断言。

儒家一直宣扬君师，人君统治天下，极端占有天下；师者，辅助君王治理天下，孔子就是最典型的以统治工具而存在的君师。出于大一统的政治目的，儒家学者常鼓吹君师合一，宋代朱熹说："则天必命之以为亿兆之君师，使之治而教之。"

任继愈先生对毛泽东的评价非常客观，那是历史学家、哲学家看待历史人物的客观——他认为毛泽东是实现中华民族独立的伟人，将之定性为"摆脱帝国主义侵略势力和封建势力、建立现代化人民民主国家的参与者、推动者和领导者"。

在那个极端的年代中，任继愈先生不肯高举着红旗紧跟追捧，甚至始终如一敢于质疑，敢于说真话，这也许是"功成而不处"的清高，也许是

"从道不从君"的刚直，也许是"道义重则轻王公"的坦然，也许没有那么多也许，只是因为这个知识分子内心清澈，怀着一颗赤子之心，先生堪称至诚君子。

（三）君子其方

　　君子可欺其以方，难罔以非其道。

　　　　　　　　　　　　　　　　　　——《论语·卫灵公》

　　正直者顺道而行，顺礼而言，公平无私，不为安肆志，不为危易行。

　　　　　　　　　　　　　　　　　　　　　　　　——韩婴

　　尔心贵正，正则不敢私。

　　　　　　　　　　　　　　　　　　　　　　　　——欧阳修

　　《易经》说："君子坦荡荡，小人长戚戚。"光明磊落、胸怀坦荡、自强不息是君子承载的品德，也是他们光华的所在。

　　任继愈先生是深受儒家文化熏陶的君子，他将刚正固善作为自己的人格基本要求，一生中无论是做学问还是做人都有自己的钢骨和准则，一如他窗前那几竿修身直立的翠竹，长青不已。

1. 务实治学

　　任继愈先生一生埋头学术，目不窥园，以治学为要务。"道虽迩，不行不至；事虽小，不为不成。"他将大事做小，将小事做精，治学的每一步都踏踏实实、不骄不躁。

　　作为学问大家，任继愈先生认为治学有一个博通和专精的辩证问题，因此一定要将学问的基础打扎实。先生认为只有博览，才能达到稳定的高度。高有两种：一根竹竿很高，一座金字塔也很高，二者的绝对高度一样，但金字塔绝不摇晃，竹竿则立足不稳，这就是有没有基础的区别。

毫无疑问，任继愈先生本人是那种金字塔型的学者，他斐然的成果是用无数老老实实"坐冷板凳"的研究换来的。很多人认为资料的积累、整理与编纂工作虽然重要，但缺乏创造性，做这些细碎小事不足以彰显个人的博学精深，对此，任继愈先生心平气和地说：

> 学术界确实有一种风气，认为资料整理不算创造性的研究，写论文才算创造性的研究。有人甚至把夸夸其谈当作创造性。不务实，不从第一手材料入手，这样的"创造性"经不起风雨，不值得提倡。鄙薄资料工作，妄图一举成名，这样的名望是漂浮的虚名，只能炒作一阵子，热闹一阵子。文化是个积累的过程，文化不能暴发。炒股票一夜之间就能成为百万富翁，文化没有暴发户。要迎接中国未来文化建设的高潮，必须从现在开始一点一滴地积累。①

世界宗教研究所由任继愈先生一手创立，成立伊始，白手起家，资料、设备、人员、保障一概没有，且当时的中国与外界隔绝，即使在这样困难的环境中，先生依旧下定决心尊重科学发展的规律，做好基础工作，因为在先生心中，学术之路"有似地质队野外勘探，这支队伍要不畏荒寒，甘于寂寞"。

做这种基础性工作，很有可能吃力不讨好，以年迈之身辛勤致力于前

---

① 胡绍皆、黄奎：《修辞立其诚　无意著东风，访任继愈先生》，[J].中国宗教，2005 年第 1 期。

人栽树后人乘凉的资料积累工作，很少有人愿意，而任继愈先生却踏踏实实、不怕艰辛、年复一年地做着。因为他知道为学之道不是一步青云，不能一蹴而就，而是需要充分研究，精细准备，经过无数累积才能成功。

除了思想上有做小事、做琐事、从最细微处做学问的准备，任继愈先生治学最大的优点就是他有焚膏继晷、兀兀穷年的钻劲儿。

任继愈先生在做学问上一直坚持"三多"原则，即"多读书，多睡觉，多用脑"。先生在国图历次讲话中，说过最多的一句话就是"多读书"，先生的书籍随手而放，堆满了半个床，直到步入耄耋之年，先生仍然在学术的道路上坚持不懈地奋勇跋涉。他每天早晨四五点就起床，然后读书、写作到大约 8 点钟。他说，这样子就有了很清心不受打扰的安静思考问题的时间。

任继愈先生极谦虚地将自己定位为资质平平的那一类人，所以他还是奉行那句老话，"时间就像海绵里的水"，他抓紧时间，争分夺秒地挤着去治学。

宗教研究所成立之初，与他共事的杜继文所长常常看到任继愈先生随时都带着书，稍有机会就拿出来阅读，这是他"唯一与我们有差别的"特点。

任继愈先生曾和年轻人打趣说，我比不得你们，你们好比在时间的银行里还有一百块钱，我却只有五毛钱了，我得好好地用这五毛钱才行。也正因为如此，他从不参加任何宴请，因为那种形式主义的虚与委蛇很浪费时间，先生所有的可利用的时间都"挤出来"，涓滴不剩地用在学术研究上。

任继愈先生在"文革"艰苦的条件下损伤了视力，上楼梯、拿钥匙开门都有很大的困难，甚至有失明的危险。但先生从不谈及自己所受的苦，而是将全部的精力都投入到读书和工作中去。他觉得，在政通人和的好时光里，与其留滞不前谈苦难，不如奋发惜时看未来。

优秀的学者专注于学问时无不能达到物我两忘之境，任继愈先生的经历和陈寅恪先生何其相似。陈先生从小嗜好读书，因为读书做学问太投入而导致中年时双目失明，之后只能完全依靠助手口述进行研究，但依旧取得斐然的成就！任继愈先生的好友，和他同日与世长辞的季羡林先生晚年视力也很弱，但他坚持写作和研究，耄耋之年成果卓著。谁说"时无重至，华不再阳"，只要珍惜奋发，时时处处皆有春光。

和任继愈先生相处最久的李申对先生的夙兴夜寐、学而不厌最有发言权，他知道如果大清早有电话来，那一定是先生，因为只有那个拿时光以一当十的老人才会鸡鸣而起勤奋工作：

> 从我三十余年前追随先生读研究生开始，就知道先生的时间是"压缩饼干"。先是取消了午睡，后来又谢绝在外面吃饭。为避免杂事干扰，他把自己的研究时间放在每天早上四点到八点。每个人都可以看看自己和周围的人们，有几个像他这样拼命地工作！
>
> ……
>
> 如果不是疾病迫使他离开工作，我不知道有谁能让他停止操劳。古之君子所谓"鞠躬尽瘁，死而后已""一息尚存，此志不懈"者，就是先生这样的人。然而，他太累了。
>
> 有人问，先生为什么以九十高龄，还这么兢兢业业地工作？我说最好不用这个词汇。兢兢业业对于我们，可能是一句相当高度的褒词。然而对于先生，这个词则显得苍白和贫乏。古代那些圣人、贤人，无不认为自己肩负着神圣的使命。外国如此，中国也

是如此。孔子说"文王既没，文不在兹"，说"天生德于予"；孟子说，"如欲平治天下，当今之世舍我其谁"；苏轼说，韩愈"匹夫而为百世师，一言而为天下法"，因为他是那种"生由岳降，死为列星"类的人物。上帝鬼神是不存在的，但历史使命是真实的。先生，是我们这个时代自觉担当起自己历史使命的人。①

任继愈先生晚年因罹患膀胱癌数次住院。病重之时，学生们去看望他，只见他滔滔不绝地讲《中华大典》，讲《大藏经下编》，讲历史，讲哲学。其实，当时先生的病已经很严重……

语言寥寥，但是那幅画面却异常鲜明，似乎让我们亲眼得见任继愈先生即便在重病中，依旧朝乾夕惕勤学的场景，让人肃然起敬。

任继愈先生在驾鹤西去之前，已届耄耋，完全可以赋闲在家，躺在功勋册上颐养天年，但他从来都不愿意停下来。先生意识到，大国之大，事实上是一个很珍贵的遗产。统一的多民族国家使我们形成了民族凝聚力和灿烂的中华文化。

正是因为任继愈先生意识到中国传统文化赓续不易，所以他一生不追求醒目的桂冠、耀眼的光环，只埋头学海，因"学"而著，自觉挑起那一份沉甸甸的文化责任，成为振奋民族文化的披荆斩棘者！

2. 清白为人

任继愈先生从不计较个人的荣辱和得失，在半个多世纪的学术生涯中，他保持了学者的清白、人性的善良和党员的清廉。他常说，一流的学

---

① 李申：《承担重荷的大师走了》，[N].北京日报，2009-7-17。

者，如同一部厚重的书，很难用三言两语概括。而翻开他这本书，处处可见的是他"不以物喜，不以己悲"的淡泊宁静。

宗教研究所设立之初，由北京大学人事处处长金宜久先生到全国各地去了解情况，调进并吸收人员。当时没有电话，联系很不方便。每当任继愈先生有事情要找金宜久先生，他就从家里出来，提着一个上班时必带的蓝色布袋，骑自行车到北京大学南门24斋去找金先生。一个著作等身的哲学家、一个受到主席首肯的学者，骑着自行车，优哉游哉地骑着老式自行车，那身影如此简单，如此朴素，却异样地动人。

任继愈先生去看望四弟任继周，看到他们家的沙发围成凹字形，坐下来很舒服，于是叫儿子任重回去也这样摆沙发，任重莞尔笑道："我们家的沙发离开墙要散架的。"话中既有幽默，又有写实——沙发在任继愈先生家一用30多年，早已"摇摇欲坠"，哪堪随意搬动。

所有熟识任继愈先生的人都佩服他儒雅端正，风度翩翩，但只有他的儿女知道，先生的衣服补了又补，领子翻过来缝上再穿，鞋子只要还能掌钉就绝不买新的。为了让父亲穿得舒服，儿女们买了新鞋，并找理由说掌过钉的旧鞋会磨损新建的国家图书馆的地面，没想到先生棋高一着将旧皮鞋重新修了，还得意地说："这次补得很好，没钉，是粘上的，到哪里穿也没问题。"

"文革"中，任继愈先生的家被红卫兵洗劫一空，但所抄出的存折上只有几百块钱，红卫兵厉声质问先生："你们两口都是教授，钱到哪里去了？"

是啊，任继愈先生的钱到哪里去了呢？

任继愈先生不爱钱。他担任宗教研究所所长期间，同时在研究生院任教。当时，师资缺乏，先生本着对学生负责的态度，不辞劳苦，亲自教授中国哲学史、佛教、道教三个专业的课程。那时候，教师们讲课的报酬是每小时2元，因为课时众多，先生一个月的课时费就有50元。后来研究生院规定教师每个月最多只能开30元，可是先生对课时费浑若无觉，他充满热情的、兢兢业业地上自己的课，勤勤恳恳地为中国文化传经布道。其实30元还是50元，对任继愈先生来说没有区别，因为那课时费到手，他都转交给宗教研究所的张伟达同志管理，以应付那些无法报销的开支，先生从来分文不占。

编写《中国哲学发展史》时，稿费分配有定例，一般按照写作字数、学者资历来分配，当时，任继愈先生的学生分得了1000多元，那时普通学者每月工资才60多元，这稿费堪称巨款。余敦康、牟钟鉴等先生分得更多，牟先生说，他从未见过这么多钱。而身为主编、对每章节内容都亲力指导、审阅的任继愈先生却一分钱都不要——先生主编的书很多，他从来不取分文，稿费都分给大家。

也许有人会用"君子爱财，取之有道"来形容任继愈先生，这实在是短见了。"天下熙熙，皆为利来；天下攘攘，皆为利往"，但先生却怀抱一片冰心，视而不见。因为他担任大藏大典的主编从来不是为了名利，他所为的是"21世纪文化高潮的到来"，所为的是民族复兴时需要的"充足的文献资料"，他哪里还有余力去关注那些虚名浮利？

佛教史专家杜继文先生始终记得，是任继愈先生说服他参与编纂《中华大藏经（续编）》的。91岁高龄的老先生，在大冬天里一级台阶一级台阶地爬了5层楼，亲自找到他家里来。参与《中华大藏经》的编纂后，杜继文震惊的是，在五六个人组成的编委会中，任继愈先生拿的工资是他人的一半！

在国图同事们的口中流传着好多任继愈先生"不爱钱"的故事。

1988 年，国家图书馆人员出访日本国会图书馆，时任办公室主任的黄润华按惯例纾任继愈先生送去 500 元置装费，任继愈先生却说："我有衣服，要置装费干什么？"黄润华解释说这是规定，先生还是不要。最后，领出来的现金交给了秘书科——先生当国家图书馆馆长，知名度很高，认识他、不认识他的人都给他写信，让他帮忙查书，然后影印。影印要花钱，这笔置装费最后一分也没有花在任继愈先生身上。

有一次，任继愈先生把国家图书馆出版社社长郭又陵叫到家里，让他出书，口气很严肃，也很坚决。这部书是先生的学生写的，这位学生响应国家号召支援边疆，直到 80 年代才回到北京。任继愈先生拿了 1.5 万元，将这个学生的毕生心血付梓成书。

一笔又一笔，即使是算账的好手，也算不出这么多年来，任继愈先生为了工作、为了朋友学生，到底付出了多少金钱。算不清，也没有人算，因为先生安心恬淡，"不以一毫私利自蔽，不以一毫私欲自累"，活得坦荡清白。

如果说任继愈先生还有什么花钱的爱好，那就是买书。那一年，先生从北大中关村搬到三里河，宗教所的年轻人都去帮忙，但让他们撸起袖子、肩扛手提的除了书还是书，一件值钱的好东西都没有，当时大家开玩笑说，小偷要是进了任家门，真是要哭着出来。

这位"两袖清风"的知识分子一直将金钱看得很淡，他对精神享受上不懈追求，醉心于学术而无暇他顾，这种"贫而乐"的满足才是任继愈先生毕生所求。

3. 平和持心

熊十力先生曾赞任继愈先生"有古仁人之风"，作为老师，熊先生十分赞赏他的天性淳朴，为人忠善。

任继愈先生纯正的人品、乐观的性格、平易的心胸，使人如沐春风，久久难忘。对于先生的温文尔雅，很多人记忆犹新。

"儒雅、绅士，有一种贵族气质，他的身上有古人之风。"后辈学者陈明这样描述任继愈先生在他心目中的样子，"他总是穿着一件呢子大衣、拄着一根拐杖，就像一位英国绅士"。

"任先生有一种骨子里透出的儒雅之风，这是中外所有见到过他的学者的共识。他从骨子里透出的书卷气是千人难寻的，极为罕见的。"社科院宗教研究所研究员黄陵渝这样说。

质朴儒雅、平易近人，是大多数人对任继愈先生的一致评价。先生处事以柔为贵，对事常用平和的心态去对待，从无热络急切，更无虚伪矫饰。一个人，大其心，才能容得下纷纷扰扰，才能平静地正其色而行。

杜继文在回忆文章中写过一件小事：一次开会，先生把他案头的一卷《大正藏》拿到手里，杜继文不明所以，先生却黏贴好残脱的封皮，抚平翻卷的内页，同时若无其事地照旧发言。

陕西师范大学吕建福教授说，读研时他们很怕任继愈先生，每次上门受业，总是坐十几分钟就走，因为先生严肃沉默，不说家常闲话；做学问又要求很高，如果你提的问题不成立或者没有道理，他就不吭气，不理你，或者说"别人写过，你自己去看"。反而是毕业后，学生们才放松，吃饭时个个耍赖和先生合影，先生也好脾气地笑。

任继愈先生的"冷"和"静"是被很多人所点名的，大约那个无声、无言的学者给人的印象太过于深刻了——

吃饭时，先生总是坐在最靠墙的一角，静静地吃着自己面前那分格的不锈钢盘子里的一份。[1]

不少人觉得先生待人处事有点"冷"。有时候我带人去拜访他，谈完了事，或者寒暄之后，如果无话可说，他会和客人相对无言地坐着。[2]

他不仅不会向人"胁肩谄笑"，甚至多寒暄几句也困难。[3]

当有人说任继愈先生跟风跑，"本来认为老子是唯物主义，毛泽东说是唯心主义，他又说是唯心主义"。先生则一声不吭。[4]

一位师兄因为没有分到房子，突然大发雷霆，主要内容是指责先生作为所长，却不关心他的困难。这次会议我因事来得晚，弄不清怎么回事。师兄的指责持续了差不多四十分钟，先生则一声不吭。[5]

这样的例子不胜枚举，是任继愈先生天生寡言、笨口拙舌，抑或是先生根本就不挂不于心呢？

答案大约是后者吧，这可以从两件事得到佐证：

任继愈先生习字多年，常常有人来讨要墨宝，不管谁来，为了什么目的，先生只要答应了，就极其认真，一笔一画地写。先生的字同他的学风一样敦厚朴实，笔笔有来历、字字见功底，充满着一种古朴的正气。任继愈先生的嫡传弟子田源评价过任先生的字是一种颤颤巍巍、平凡的、正统

---

① 李申著：《任继愈传》，河北人民出版社，2016年9月版，第335页。
② 李申著：《任继愈传》，河北人民出版社，2016年9月版，第355页。
③ 李申著：《任继愈传》，河北人民出版社，2016年9月版，第357页。
④ 李申著：《任继愈传》，河北人民出版社，2016年9月版，第370页。
⑤ 李申著：《任继愈传》，河北人民出版社，2016年9月版，第372页。

的、重细节、充盈且自信的隶楷字。"充盈"无疑来自先生大学问家的底气,"平淡"大概来自他柔和却坚韧的性格,总之,真正能做到"见字如面",万般亲切。

妻子冯钟芸因心脏问题猝然去世,小友张曼菱惴惴不安地去电话吊唁。电话里,任继愈先生平静地说:"年纪大了。"不知先生说这句话时,内心是如何五味杂陈,但这句话表明了先生对生死的"平常心"——"死之短长,时也。"后来闻知,先生在休息两天后,依旧编书不已。有生必有死,有始必有终,自然之道也如此,但相伴几十载的爱侣撒手人寰,要多么豁达宁静才能做到沉静如海!

任继愈先生大约就是爱因斯坦曾感慨的那种人:"他们不追求这些物质的东西,他们追求理想和真理,得到了内心的自由和安宁。"

当然,如果只以上述例子来解读任继愈先生的形象,认为他是寡言的,甚至是寡淡的,那就失之毫厘谬以千里了。先生天性豁达,尤其是到了老年,反而有了活泼之姿。与他在宗教研究所同事多年的黄陵渝讲过几件小事,在她的描述中,我们似乎能看到一个返璞归真的"老小孩"——

2007年春节前,所里举行团拜活动,乐峰先生来到我们办公室,坐在沙发上,一边摩挲着肚子,一边说:"小黄,我今年80岁了,我准备再活上10年。"当晚,我把乐峰先生的"宏伟计划"汇报给任先生。任先生立刻明确指出:"目标定得太低了!"

前年(2008年),我无意中跟任先生提到他的学生王志远近来非常高兴,而且是发自内心的喜悦。任先生好奇地问:"为什么?"我说:"我刚刚发现,他有孙女了。""哈哈哈哈!"任先生朗声大笑着说,"他当爷爷了!"

　　任先生还很关心曹中建（宗教所现任党委书记）、吴军、张雅平、曹稼祥等宗教所"小老人"的情况，每当我给他讲起时，他都津津有味地听着。当我告诉他，曹稼祥已经被提拔当副处长时，任先生哈哈大笑地说："哈哈哈哈……，小曹都当上县太爷了！祝贺他！"

　　有一次，我给任先生打电话时提到：国内的一些年轻的宗教学者对任先生非常崇敬，在他们心里，任先生就是神。他们都不敢看任先生，更不敢跟他说话。电话那头的任先生没有说话，我却听出他一直在憋着乐。最后，他实在忍不住了，哈哈大笑，后来，一边笑一边说："说我是'神'，哈哈哈哈！哈哈哈哈！小黄，我可是中国无神论学会的会长呀！说我是'神'，哈哈哈哈……"①

　　任继愈先生是儒雅、深沉的，同时也是乐观、豁达的，他的天性淳朴，不管在什么年纪都以一种从容之姿为人处事，稳如险滩激浪中的舵手，静如狂风骤雨中的古木，永远具有安定人心的作用。

　　大音希声、大象无形，当作如是观。

① 黄陵渝：《有情有义的任继愈先生》. ［2010-8-11］.http://iwr.cass.cn/zj/zjxz/hly/zxwz/201003/t20100331_310625C.shtml

八

为何不能开
"太医院的药方"？

夫子循循然善诱人。

——《论语·子罕篇》

古之学者必有师。师者，所以传道授业解惑也。

——韩愈《师说》

教育应当是着眼一个人的全部生活，而领着他走人生大路，于身体的活泼、心理的朴实为至要。

——梁漱溟

从孔子起 "师者"既是学问的指导者，也是品德的塑造者，韩愈《师说》阐述得言简意赅——"师者，所以传道授业解惑也"。

师者最基本的职责是为学生答疑解惑，"授人以鱼"，为学生搭建知识体系；与此同时，高明的老师还能"授人以渔"，让学生自觉实践正确的学习、研究方法，引导学生增长智慧；最后，也是最重要的，师者要为学生"传道"，要以修养身心、传播美德为己任，自觉把理想、责任、良知等春风化雨般融入到学生的个体生命中，培养出更多睿智超群、向道向善的君子。

天纵之圣孔子，在杏坛讲学，培养了三千弟子、七十二贤人；纵横家鬼谷子培养苏秦和张仪，合纵连横改变天下大局；文起八代之衰的韩愈倡导古文，举荐贤才，一言而为天下法；宋儒学集大成者朱熹，一生致力于讲学、著述，为天下诸生倡理学……

大凡为师者，无不以门墙满桃李为荣。任继愈先生深知非冬寒抱冰、夏热握火不能成就学问，因此他对学生要求十分严格，总是谆谆教导，时时督促，让学生戒除华而不实，奉行脚踏实地地做学问。

任继愈先生曾形象地打比方说："中国古代有个顺口溜，叫作：太医院的药方，翰林院的文章，兵器库的刀枪，光禄寺的茶汤。"他接着解释说，太医院的大夫给皇帝看病，怕药不合适或太厉害吃出问题，就开些不关痛痒、任何人任何病都能吃的方子，治不好病也吃不死人，不致获罪；因为不打仗，兵器库里的兵器放着都生锈了，士兵也不会用，是全然无用之物；光禄寺经常施粥，但是很稀，吃不饱也饿不死；翰林院学士的文章堆砌辞藻，华而不实，缺乏实际内容。这些东西都是中看不中用的，而钻研学问切忌如此。

在学子成长的过程中，好老师的作用无法估量，任继愈先生的学生们不但如盈门桃李笑春风，而且都成为中国哲学、宗教研究领域的中流砥柱，他们获之于恩师的实在太多，感念先生的实在太深——"渊博的学识、严谨的学风、平易近人和淡泊名利的高尚品德赢得了大家对他的钦慕和敬重"[1]。著名哲学家、美学家、与任继愈先生同门的汝信先生一语中的。

---

[1] 《我们心中的任继愈》编委会：《我们心中的任继愈·汝信：深切怀念任继愈同志》，中华书局，2010 年 4 月版，第 1 页。

（一）不教之教

夫师，以身为正仪而贵自安者也。

——《荀子·修身》

谆谆如父语，殷殷似友亲。

——刘商《酬问师》

令公桃李满天下，何用堂前更种花。

——白居易《奉和令公绿野堂种花》

哲人已逝。风范长存。任继愈先生当年的学生如今都已成为学界巨擘，他们回忆恩师时，无不充满慕儒之情，交口称道先生儒雅不凡的气质和笃厚沉潜的学风。

"任先生是一位年轻的、睿智的、也是相当漂亮的副教授。"[①] 从联大哲学系开始就跟随先生学习的汪子嵩如是说。

"先生风度翩翩，谈思想、论人物，深刻而又生动，所展示的大师们斗机锋的场面，特别让我神往。"[②] 与先生有五十年师生之谊的阎韬如是说。

"先生人格高尚，平易近人，不阿时，不媚世，务实崇真，实实在在地做学问。"[③] 曾就读于北大哲学系的程静宇如是说。

---

① 《我们心中的任继愈》编委会：《我们心中的任继愈·汪子嵩：我心中的任继愈先生》，中华书局，2010 年 4 月版，第 18 页。
② 《我们心中的任继愈》编委会：《我们心中的任继愈·阎韬：纪念任先生》，中华书局，2010 年 4 月版，第 31 页。
③ 《我们心中的任继愈》编委会：《我们心中的任继愈·程静宇：怀念恩师任继愈先生》，中华书局，2010 年 4 月版，第 54 页。

……

兰之猗猗，扬扬其香。敏而好学、敦厚质朴、不骄不躁的任继愈先生被学生们发自内心地敬爱和仰慕，如同杜甫遥想宋玉之姿时所说"风流儒雅亦吾师"。

1. 十年板凳

1941年，任继愈先生从西南联大毕业留校，从联大讲师开始，继之以北大、宗教所，他为师的生涯长达半个世纪，这是先生从事最为长久、着力最为深厚的一项工作。其间，他授业传学，琢玉雕器，诲人不倦，作育无数英才。

北大哲学系和联大是任继愈先生治学的起点，他经年苦读而获哲学硕士学位。毕业后，先生选择留在西南联大执教。昆明翠湖边有一条宁静的小巷，小小的三层楼上有先生做学问的"潜斋"。小楼逼仄，暑热冬寒，但潜斋颇为宁静，因为它的前主人是大名鼎鼎的陈寅恪先生。据说陈先生体弱，大家对他极尊重，为避免打扰陈先生休息，从不敢高声语，恐惊"楼"上人。

在"惟吾德馨"的斗室里，在"四壁悄然"的宁静中，任继愈先生兀兀穷年，治经论道。远离了物欲和尘嚣，埋首经卷，乐亦无穷，先生自述期间的乐事道："西山的朝晖夕阴，岫云出没，读书倦了，抬头看看远山，顿觉心情开阔许多。那时生活穷，物价涨，'躲进小楼成一统'，倒也读了不少书。"① 那个时期，任继愈先生著有"潜斋笔记"多卷，遗憾的是，后

---

① 贾冬婷：《深沉的知识分子标本——任继愈："为大师的时代备粮草"》. [2014-8-12] .https://mp.weixin.qq.com/s?__biz=MzA4OTQxMzUyNA==&mid=200522945&idx=4&sn=71d16ec3a5e227baf1e93ccf262e93f9&scene=27

来在"文革"中全部毁于大火。

1946年7月31日，西南联大停止办学，北大、清华、南开三校北归复校，任继愈先生随校复返北平。胡适出任北京大学校长，致力于北大的全面复兴，他誓要"把北大做到最高学府，做成功今日最高的学术研究机关"。波光粼粼的未名湖、垂脊卧兽的古建筑、玲珑西山的剪影都给年轻的任继愈先生无限鼓舞，他日以继夜地钻研学问，教书育人。

1948年12月15日夜，蒋介石派专机到北平南苑机场，接走了胡适、陈寅恪、钱思亮、毛子水、姚从吾等学者，但大多数北大的学者教授们，包括任继愈等一众先生都满怀希望留在北平，他们相信共产党的赤诚，相信新中国的光明前景，愿意留下来共同迎接新中国学术建设的高潮。

中华人民共和国成立后，马寅初先生担任北大校长，北大进入新纪元，汤用彤、熊十力、郑天挺、沈钧儒等名士济济一堂，任继愈先生感觉焕然新生。书香满园，教师百家争鸣；意气飞扬，学子莘莘满座，先生感觉浑身有使不完的劲儿。也是从这一年起，任继愈先生开始兼任中国科学院哲学研究所研究员，为共和国培养了第一批博士研究生。

1978年，恢复研究生招生制度，任继愈先生提出"积累资料、培养人才"的方针，在宗教所先后培养了40余位硕士、博士。得力于先生的倾力掌舵、诲人不倦，宗教所成为国内科研实力最强、学术成果最丰的宗教研究机构，在国际上遍享美誉。

作为一名"师者"，任继愈先生鞠躬尽瘁践行孔子的师德标准——"爱之，能勿劳乎？忠焉，能勿诲乎"，终于赢得桃李满天下。

不管是联大的讲师，还是宗教所的博士生导师，任继愈先生在教导学生时最看重的是打基础。他曾讲过打基础之必要："中国古代教育人求学问，有一套规范，就是博学、审问、慎思、明辨、笃行，就是说做学问，必须先打好思想基础和知识基础，循序渐进，只有根柢深，才能枝叶茂，才会结出硕果。"

有些大一新生对先学基础课程，比如中国和世界历史、外语、数学、物理、生物等颇有疑议，认为与本业无关。但任继愈先生认为学好基础学科是万丈高楼平地起的前提，他耐心地解释给学生听，因为哲学是抽象的学科，必须要在深厚的各门科学基础上，才能便于加深理解，这就如同盖高楼要打地基一样。

任继愈先生培养学生不但注重基础学科的建设，还注重思想方法等基础问题。曾有学生问任继愈，他应该学习佛教的哪个派别？任继愈先生作了个类比说，我们去颐和园都是先上万寿山佛香阁，看了颐和园的全景，再去谐趣园、十七孔桥，对不对？没有一进门就往谐趣园跑的。学习研究一门学问也是这样，首先要掌握这一学科的全貌，把基础打好，再去研究某一派别或某一断代，你现在不要忙着想什么宗派，把基础的中国史、世界史、佛教史以及佛经都多读几遍弄通，其他的如道教史、基督教史等也要知道，到了第二年、第三年，再考虑具体的研究方向。他还语重心长地告诫学生，板凳要坐十年冷，做学问、搞工作都要有这种精神，耐得住寂寞，才能取得成就。

打好扎实的基础再做学问，在这一点上，任继愈先生是有很多知音的。

我国著名的训诂学家、文献学家周祖谟先生说，读书做学问要遵循"次第读书法"："专攻某一门学科，也要先读有关的基础书，然后兼及其他。如从事语言研究，语言学就要先学好，要会发音，会用音标记音，这是必要的一个次第；从事文学研究的，文学史概要就是必要的一个次第；关于语言文字，就得先看《说文解字》，然后才能研究古文字；研究历史，应先从通史入手，再进行断代史研究。"

我国著名教育学家古直先生曾在庐山东林寺设帐收徒，杜宣等人兴冲冲去听课，却因一本《辞源》而被古先生骂得一头雾水。据说古先生看到《辞源》勃然大怒："怎么我的学生用《辞源》？"原来古先生最嫌恶做学问靠二手货，他说："不懂的字，要查《说文》，查《尔雅》，查《水经》。要查这个字的第一次出现的地方，这样才可靠。《辞源》这一类书，是二手货。我们做学问要有穷根究底的精神才行。"

我国著名敦煌学学者方广锠教授曾受业于任继愈先生。他年轻时兴趣广泛，自述"学风相对也比较浮躁"。他在读研究生期间，一时兴致勃发，找了古今中外无数资料想要研究佛教的初传。他兴致勃勃地向任继愈先生汇报自己的心得体会，从张骞通西域到《穆天子传》和《山海经》，从《印度记》到所谓海盗赛利斯人。先生耐心倾听，然后掷地有声地说："（你讲的）都是间接材料，没有一条是直接材料，没有一条是铁证。所以，你的结论只是一种推测，不能说服人。以后这种别人不能说服你，你也不能说服别人的文章，不要写。"①

方广锠这样形容当时自己的感受："先生的话，犹如兜头一盆凉水。回过头来检讨自己，我的确拿不出铁证。当时真为自己的浅薄浮夸而羞愧，也为先生大度地容忍我滔滔不绝40分钟而感动。"②

从此，方广锠在文献学研究中重视打基础，用资料讲话，以先生"沉潜笃实"的学风要求自己，没有基础、原始的资料累积就不做空中楼阁的学问。他将《敦煌宝藏》《大正藏》等搬到宿舍，逐字逐章地阅读、记录、

---

① 《我们心中的任继愈》编委会：《我们心中的任继愈·方广锠：任继愈先生是怎样培养学生的》，中华书局，2010年4月版，第138页。
② 《我们心中的任继愈》编委会：《我们心中的任继愈·方广锠：任继愈先生是怎样培养学生的》，中华书局，2010年4月版，第138页。

整理、研究。后来，在《八—十世纪佛教大藏经史跋》中，方广锠这样总结那一段时间的生活："其后的几年，我几乎一直泡在《大藏经》及敦煌遗书中，我不敢自诩通读了大藏与《敦煌宝藏》，但确实把它们翻了几遍。春夏秋冬，日复一日，阅读、编目、录文、校勘、研究。其间的种种甘苦，诚不足与外人道。"①

在这种最基础又最扎实的治学中，恩师"为学须入地狱"的对联给方广锠前行的勇气，那种磋磨根基的"沉潜"确实艰苦，但蜕变为蝶的成就亦让人欣喜。

1988年，方广锠完成了博士论文《八—十世纪中国汉文大藏经研究》。因为一步一个脚印沉潜在原始资料中数年，他二十余万字的论文、十多万字的附录在三个月间一挥而就。这篇几乎未作改动的论文打动了季羡林先生，他赞道："方广锠的学风全变了。他的硕士论文，三份材料能讲七分话。现在的论文，扎扎实实全是材料说话。真好像变了一个人。"②

类似的例子不胜枚举，任继愈先生的学生在他的教诲之下，都能树立良好、扎实的学风，而这种严谨对于学者来说等同于坐拥治学之宝藏。

浙江大学哲学系教授李明友1978年考入中国社科院攻读硕士，曾受业于任继愈先生。让李明友印象最深刻的，就是先生要求学生从基础开始治学，先生"严谨大气"的高风亮节总是栩栩如生地浮现在门生学子的脑海中。

李明友说，任继愈先生要求学生一本本地阅读先秦诸子的原著，读完一本就写读书报告，并且由他亲自批改。批完之后，他还要找学生一个个

① 《我们心中的任继愈》编委会：《我们心中的任继愈·方广锠：任继愈先生是怎样培养学生的》，中华书局，2010年4月版，第138页。
② 《我们心中的任继愈》编委会：《我们心中的任继愈·方广锠：任继愈先生是怎样培养学生的》，中华书局，2010年4月版，第139页。

面谈，要求之严、之高，让人望之生畏：

> 如果没有好好读原著，想瞒过他是不可能的，他一两个问题一问，就知道你有没有认真读书。开始个别同学还有应付的，但看任先生如此严肃认真，大家都脚踏实地地一本本研究原著。[1]

北大哲学系教授许抗生在追忆恩师时说："任先生的博大精深的学问，我没能学到，但任先生教导我的严谨的治学态度与方法，虽然我也没有做好，但可以把它讲出来与大家分享。"[2]

许抗生教授清楚地记得："任先生知道我学习佛教，他与汤老一样，要我从学习中国佛教的原著开始，首先要我读懂佛教的原著，把握中国佛教的第一手资料。当时和以后在我与任先生的交往中，他经常告诫我，做学问要首先下功夫读书，要下得了决心，多读古代的原著，打好扎实的基本功，不要浮躁，不要忙着发表文章，坐不下来。"[3]

许抗生教授在任继愈先生的指导下，自己动手做古代经典的注释和今译，他在原著上下笨功夫，一字一句地读，不读懂绝不跳过去，以此累积尺寸之功、跬步之进，老老实实地做学问，老老实实地做人，终有所成。

正如许教授回忆的那般，任继愈先生总是要求学生打好基础，勤奋刻苦，认真对待学问，他也这样要求自己。多年以来，先生总是认真严谨地对待自己的工作。不管承担多重的责任和职务，忙到何种程度，作为老

---

① 陈桔：《任先生'三不'规矩，音犹在耳》，[N].钱江晚报，2009-7-14。

② 《我们心中的任继愈》编委会：《我们心中的任继愈·许抗生：任先生教我做学问》，中华书局，2010 年 4 月版，第 35 页。

③ 《我们心中的任继愈》编委会：《我们心中的任继愈·许抗生：任先生教我做学问》，中华书局，2010 年 4 月版，第 40 页。

师，他都一丝不苟地批改学生的作业。有一次，一位学生交了一篇关于伊斯兰教的论文，任继愈先生不仅连夜看完，还耐心地加上批注，一丝错漏都不放过，细致到连标点的错误都一一指正。

李申教授曾回忆说："我们那一期挂在他（任继愈先生）名下的每一个学生，都会记得先生的负责和认真。他一个人教我们3门课程，每门课每周3个小时。他是当时研究生院公认的最认真负责的导师。"

因着任继愈先生自身的一丝不苟，因着先生严要求、高标准，在艰苦的战争中、在共和国成立的初创阶段、在"文革"的动荡中，他所教授的学生都能成才。因为用心育人，因为身正为范，所以"惟吾德馨"，先生的美好品德在学生中得到继承和发扬光大。

2. 坐抄钻功

古语有云，学问需三功：坐功、抄功、钻功。任继愈先生教育学生也是这样要求的。先生很赞赏范文澜先生"板凳要坐十年冷，文章不写一句空"的态度，凡是在他门下的学子都能沉得住气，静得下心，耐得住寂寞，守得住初心。

学问之成，最先看如何打基础，最终看如何钻研。

哲学、宗教作为上层建筑的学科，本就枯涩难懂，想弄懂就要有一股勤于常人的钻劲。古人云："读书如行路，历险毋惶惑。"治学艰难，惟一的办法是"钻"，而培养学生分析的能力和钻研的精神需有妙法——

学问根基坚如磐石是好事，但光打基础，只能重复前人已经弄清的问题，学会思考、分析、提升，形成新识、探索未知才是治学之本。任继愈先生常因势利导地教学生做学问之法。

北大哲学系的研究生韩敬在回忆任继愈先生的文章里记录了一件小

事，那就是先生如何一步一步地指导他写研究生论文。

韩敬根据自己的所学和所长，将扬雄的《法言》作为论文主题。任继愈先生首先提出一个要求，那就是不能随大流地写一篇只讲义理的文章了事，而是要对《法言》的原著进行认真的校勘和研究。为此，先生为韩敬做了细致的规划和要求：首先，查阅历代书目中关于《法言》的著录，以了解《法言》历代的流传和评价情况。于是，韩敬在北京图书馆柏林寺古籍书库查了两三个月，把馆中所藏的书目从头到尾查了一个遍，摘录了所有关于《法言》的著录。

其次，任继愈先生要韩敬查阅各个图书馆的版本书目，特别是善本书目，了解《法言》的版本演变和现存版本状况，并在此基础上选择底本和参教本对《法言》进行校勘。为此，韩敬频繁出入北大图书馆、首都图书馆，特别是北京图书馆，他利用馆藏善本对《法言》进行了详细的校勘。

再次，等校勘完成了，任继愈先生要求韩敬考究标点。困难在于当时各种版本的《法言》没有标点本，各种注本也没有标点本。于是韩敬就买了一部汪荣宝的《法言义疏》，不仅对《法言》正文，而且对李轨的注释、汪氏的义疏都从头到尾进行了一丝不苟的标点。

最后，任继愈先生要求韩敬对汉代的社会、扬雄个人的家世生平等情况有深入了解，前人对扬雄及其《法言》的研究也应尽可能地加以收集。于是，在没有互联网的时代里，韩敬通过对有关书目和论文索引的查阅，将关于扬雄及其《法言》的研究论著基本收集齐全。

正是因为基本功打得扎实，且能循序渐进地钻研，韩敬通过自己的梳理、提炼、思考，产生了对扬雄及《法言》的独到见解，厚积薄发地培养了研究的能力。

台湾佛光大学哲学研究所客座教授金春峰在为恩师写挽联时说任继愈

先生对学生"耳提面命，亲手把教，激励前进"，他每每想起恩师教诲的场景都不由泪下。

任继愈先生不遗余力"亲手把教"学生，但从不越俎代庖，他主张学生要靠自己学习、研究，他带研究生，就是要求他们阅读指定的书，写读书笔记，然后定期进行检查。先生一向反对灌注式教育，他认为一个具备独立学术能力的研究生无须上很多课，因为上课只是启发思路而已。至于博士生，更应该培养拔新领异的能力，因为思维是智慧的源泉，是进步的动力。

方广锠在博士学习阶段，任继愈先生精心为他指点了方向，然后定下学习的规划，每两周到三里河寓所去汇报一次。每次方广锠去汇报，先生都会认真倾听、思考，然后针对学习相关事宜，事无巨细、扎扎实实地询问：这两周，看了哪些书，研究了多少敦煌遗书，有什么收获、心得？有什么困难、问题？

在三里河寓所的修竹影中，师生论答，融洽无间，目交心通。先生总是不厌其烦地根据方广锠的学习水平和进度给予量身定制的指导。尤其是在编纂北图敦煌遗书图录、目录的指导思想方面，先生高瞻远瞩地给予很多具体的指导。他多次指出：做工具书，一定要详尽、扎实、正确。不但要让使用者信得过，而且要让人家用得方便。要方广锠在这方面多动动脑子。

回忆起这些埋头耕耘的学习和研究历程，方广锠说："这些年，我们的图录、目录编纂工作就是在先生的上述指导思想下展开的。北图的敦煌遗书，哪怕一些很小的残片，乃至背面揭下的古代裱补纸，只要有文字，一律收入图录。北图的敦煌遗书目录，将遗书上各种信息，依照文物、文献、文字三个方面，尽量予以著录。就文献而言，我们尽力对遗书上的每一行字都有所交代，以尽可能为研究者提供有关信息。"①

任继愈先生就这样带领着学生，如最朴素的耕耘者、最踏实的行脚僧，不厌其烦，埋头劳作，最终收获累累的硕果。

3. 自成一体

左丘明作《国语》云："民性于三，事之如一。父生之，师教之，君食之。"范晔《后汉书》载："臣闻明王圣主，莫不尊师贵道。"师者因其教导造化之功而位列"天地君亲"之后，足见其尊。

中国的老师自孔子始，历来以博学严肃的形象示人，但偏偏有这样一个大师云集的时代，这样一个战乱中的临时大学，师长们信奉自由，不拘小节，各美其美——他们，就是联大的大先生们。

刘文典先生上课常常迟到半小时，半篇《海赋》硬是讲了半年，讲得兴起就一边抽烟一边骂，学生却听得入神。

唐兰先生教宋词选读，他捧一本词集，给学生们朗读，每当念到心悦时，就大呼一句"真好"！然后接着读，接着叫好，学生很觉他亲切。

闻一多先生讲《楚辞》专等黄昏时分，在教室外，点个香炉，拿个烟斗，然后开始念《楚辞》。念到悲痛处，自己先潸然泪下。

……

任继愈先生联大毕业后留校任教，在哲学系开设选修课"宋明理学"，主要讲朱熹和王阳明的哲学思想。在一群熠熠生辉的大师中为师，实在是需要些真才学的。先生上课自成一体——他从图书馆借来书，发给听课的学生，上课时，他选书中的某段语录，由学生来念，然后师生进行讨论。

---

① 《我们心中的任继愈》编委会：《我们心中的任继愈·方广锠：任继愈先生是怎样培养学生的》，中华书局，2010 年 4 月版，第 140-141 页。

这样看似简单又随意的"书院式"教育方法，其实在中国历史上颇有渊源，许多老师都钟爱此种教学方式，比如心学大儒王阳明，比如汤用彤先生。

王阳明讲学时，令人想起杏坛说经的孔子。他讲课不肯正襟危坐面授，总是行走踱步、坐卧不羁、饮宴游乐之态皆有，因着群贤毕至，集思广益，这种书院教育真是"讲习有真乐，谈笑无俗流"。

为人率真不羁的王阳明对学生也无规矩要求，以至于课堂上投壶、弹琴、赋诗、泛舟，无所不有。先生启发点拨，学生畅所欲言，师生亲密互动。王阳明对门生解释道："昔者孔子在陈，思鲁之狂士、世之学者，没溺于富贵声利之场，如拘如囚，而莫之省脱。及闻孔子之教，始知一切俗缘，皆非性体，乃豁然脱落。但得此意，不加实践，以入于精微，则渐有轻灭世故、阔略伦物之病，虽比世之庸庸碌碌者不同，其为未得于道一也。诸君讲学，但患未得此意，今幸见此，正好精诣力造，以求至于道，无以一见自足，而终止于狂也。"

这种流传于孔子杏坛讲学的传统方式，注重的是独立思考和钻研探究，所以王阳明说："改课讲题非我事，研几悟道是何人。"

汤用彤先生在联大为学生们讲"魏晋玄学"，也颇好此道。他不惯程式化教学，喜欢把一连串的重大哲学命题抛给学生，然后引导学生自己去比较思考。如汤先生曾讲过玄学中的"有""无"之辩，即所谓"崇无贵有"，他认为这个"无"就是无规定性，并启发学生和古代希腊哲学提出的 apeiron 相类比；他让学生去研读老子，因为中国最早"贵无"的是老子，他说"天下万物生于有，有生于无"，"无"就是老师所说的"道"，所以贵无一派都是从《老子》中找到根据……

没有专注且精深的学术研究，也就谈不上真正意义上的思想创造。曾经上过汤用彤先生课的汪子嵩说："汤先生用这种方法引导我们学生讨论和领会玄学中的基本命题，我们感到这样的学习方式很有趣，受益良多。汤先生出生于一个著名的国学传统世家，又是我国第一批到国外去专门学习西方哲学的学者，他学贯中西，既接受由巴门尼德提出的区别'真'和'假'的真理标准，又熟悉中国传统的考据方法，所以由他们提倡的'书院式'教学方法，是将西方传统和中国传统结合的一种科学的哲学方法。"①

红学家吴世昌先生说过："不教之教比任何教导都有效，要养成自问自答自己钻研的习惯。"

任继愈先生幼时接受的也是老师那种协同探讨、不教而教的方式，所以他亦有同好。他教书绝不照本宣科，而是鼓励学生独立思考，探讨学问，寻求哲理，增长智慧，形成新见。

此"不教"非彼"不教"，教育中重要的理论是"授人以渔"之论，但书院式教育更似给了学生一根鱼竿，让学生自己去揣摩钓鱼之法，实践钓鱼之道。这样的学问得之于心，因此更具有思维的深度和思想的广度，这也就是王阳明说的"学贵自得"的"贵"处了。

书院式教育之所以有效，可能就在于其非功利性。自隋唐科举取士以来，正统教育就和科举密切关联，培养人才是为朝廷服务的。而书院教育是以求学问道、增长才识为重。朱熹曾说，"熹窃观古昔圣贤所以教人为学之意，莫非使之讲明义理，以修其身，然后推以及人，非徒欲其务记览、为辞章，以钓声名取利禄而已也"，说的便是这个道理。

上课时，任继愈先生重视学生的独立思考，探究中，他更看重在学和

---

① 《我们心中的任继愈》编委会：《我们心中的任继愈·汪子嵩：我心中的任继愈先生》，中华书局，2010年4月版，第18-19页。

思的基础上所产生的"贵于远"的见识——那种特立独行看问题、另辟蹊径做学问的能力和勇气。因为学生善学，则师逸而功倍，先生深谙此理。

任继愈先生对宋明理学有过深入研究，他在《理学探源》等研究的基础上形成了"儒教是宗教"的惊天之论，但学生们对宋明理学有独树一帜、与他不同的看法时，他非但不以为忤，反而鼓励学生畅所欲言。

金春峰曾为任继愈先生的《中国哲学发展史》做编辑，他对朱熹的哲学有自己的看法，认为朱熹思想固然是理学为本，但在心性关系上却暗中契合心学，王阳明因此得惠，构筑了冠绝有明一代的阳明学。任继愈先生听了金春峰的观点，十分赞成，说："王阳明是拾朱熹的余唾。"金春峰进一步问先生"余唾"究竟是被抛弃的东西，还是吃剩下的东西。先生沉思许久，答道："你给大学生讲课，就讲前面那种观点，给研究生可讲后面这种观点。"① 显然，这句意味深长的教诲不是学术上的摇摆，也不是思想上的取舍，而是"对于思考的思考"。

陈寅恪曾说过："我的徒弟都要有自由思想、独立精神……从我之说即是我的学生，否则就不是。"这种"自由思想、独立精神"是任继愈先生所追求的学术品格；熊十力先生说过："做学者要做一流的学者"，这种潜思精研、踏实求索是任继愈先生所践行的为学之法。先生不仅具有深厚的学术涵养和诲人不倦的名师气象，更注重培养学生学贵于专、思贵于重、见贵于远的高才绝学，让学生能在潜移默化中培养起坚持思考、探索真理、不获真知灼见绝不罢休的坚韧学风和雄健精神。为此，先生立信于学林，见誉于四方，成为被学生"长怀感激负恩多"的恩师。

---

① 《我们心中的任继愈》编委会：《我们心中的任继愈·金春峰：怀念任继愈先生》，中华书局，2010年4月版，第43页。

（二）人师难求

教也者，长善而救其失者也。

——《礼记·学记》

凡学之道，严师为难。

——《礼记·学记》

师也者，教之以事而喻诸德者也。

——《礼记·文王世子》

《周书·列传》中记载了许多儒林贤达的故事，得一贤儒就能"得至理于千载"，因此帝王求贤若渴。《北史·卢诞传》中就有这样的记述：

魏帝诏曰："经师易求，人师难得。朕诸儿稍长，欲令卿为师。"于是亲幸晋王第，敕晋王以下，皆拜之于帝前。因赐名曰诞。加征东将军、散骑常侍。太祖又以诞儒宗学府，为当世所推，乃拜国子祭酒。

魏帝隆宠礼遇卢诞，不但因为他博学有词彩，更因为他敦笃仁义、智勇诚信——找一个传授经学的老师容易，找一个像卢诞那样能正其身、喻其德、垂其范的老师却殊为不易。

"人师"是对出类拔萃的老师的要求。用一生去传递中国古典文化之美的学者叶嘉莹学成于辅仁大学国文系，因战乱动荡，决意随丈夫南下台湾。她的老师顾随殷切嘱托说："不佞之望于足下者，在于不佞法外，别有开发，能自建树，成为南岳下之马祖，而不愿足下成为孔门之曾参也。"

老师的叮咛如明月皎皎，如清泉淙淙，如梅香幽幽，让叶嘉莹终生难忘，她说："我之所以在半生流离辗转的生活中，一直把我当年听先生讲课时的笔记始终随身携带，唯恐或失的缘故，就因为我深知先生所传述的精华妙义，是我在其他书本中所决然无法获得的一种无价之宝。古人有言'经师易得，人师难求'，先生所予人的乃是心灵的启迪与人格的提升。"

1. 春风化雨

丰子恺先生在回忆他的老师李叔同时，讲述过一件小事："有一次他到我家。我请他藤椅子里坐。他把藤椅子轻轻摇动，然后慢慢地坐下去。起先我不敢问。后来看他每次都如此，我就启问。法师回答我说：'这椅子里头，两根藤之间，也许有小虫伏着。突然坐下去，要把它们压死，所以先摇动一下，慢慢地坐下去，好让它们走避。'"

丰子恺崇拜他的老师，大概就是因着这种菩萨低眉的慈爱，所以他给恩师画了《护生画集》。

任继愈先生将学生视作亲子，其慈爱如阳光，似春雨，不啻于李叔同恐"藤间有虫伏"的细致温和。

程静宇曾就读于北大哲学系，他与任继愈先生的师生之缘从一杯水开始。一次课间休息时，程静宇感到口渴，不巧的是学生水箱里没水了。正在这时，一位穿着深蓝色长衫、温文儒雅的先生微笑着对他说："我这儿有开水，可到我这儿来喝。"于是，懵懂的程静宇进了老师的休息室，喝了水。当时，他对这位先生心生仰慕，因为这位深蓝长衫的先生这样温和、这样细致，让人如沐春风。后来，程静宇才知道，这位和颜悦色、心细如发的就是任继愈先生。

《论语》中记载弟子论孔子，说他"仰之弥高，钻之弥坚，瞻之在前，忽焉在后，夫子循循然善诱人：博我以文，约我以礼"。

对于任继愈先生，学生们敬仰有加，爱戴有加，因为先生对学生的关心和爱护有口皆碑。凡遇到经济困难的学生，他和冯钟芸先生会毫不犹豫地倾己所有，以至于先生一生都过得极其清贫简朴。

李申在其《承担重荷的大师走了》里这样写道：

我们这些研究生的同学们，也有不少得到过他形式不同的资助。至于他究竟资助过多少学生，自己恐怕都难以说得清楚。以致我的有些如今已为人师的同学，也经常以不同形式资助自己的学生，因为他的老师就是这么对他的。

先生以火热的心肠对待青年一代，而自己的生活则俭朴到了刻苦的程度。我从读研究生时候起就发现，他的许多文稿都是写在一种我至今也叫不出名的、非常粗糙的草纸上。或者是废旧信封的背面，有些甚至呈不规则形。同事朋友间往来，用的都是旧信封。那些需要翻新的，许多时候都是自己动手。当时，他已经是六七十岁的高龄。

方广锠教授在回忆任继愈先生时也说了同样的话：

硕士三年级下学期，由于某些原因，我经济比较紧张，每月伙食费，必须控制在11元以内。而正在这时，又发现肝功不正常。任先生知道后，要我注意身体，并给我寄来10元钱，说：以后每月补贴我 10 元生活费，加强营养。10 元钱，当时对我来说，是个不小的数字。我非常为难，受之有愧；退回去，又怕伤了先生的心。我托任远转告先生，我是带薪上学，经济还可以。最近的困难是暂时的，请先生务必不要再寄。任远说：可以转达，但我管不了我爸的事。此后任先生的钱，还是每月寄来。三个月之后，在我再三苦辞之下，先生才停止寄款。①

任继愈先生不仅对学问负责，对学生耐心，而且对学生的宽厚仁善无人能出其右，受惠的学生寸草承春晖，感激之情无以言表。这些学生中尤以李申为最。

李申原是 1965 年哈尔滨军事工程学院的学生，学的是原子物理，但是受"文革"影响，他几乎没有正式读过大学课程；不但如此，他在部队时受伤十分严重，以致毁容。

1977 年，研究生制度恢复，已经 30 多岁的李申面临十分尴尬的处境，为了重新学习求知，也为了能找到工作，他报考了社科院的研究生，因为他听说考任继愈先生的研究生不需考外语，而且他肚里还有一点先生主编的《中国哲学史简编》和《中国哲学史》打底。

到北京复试时，不知是因为紧张还是基础并不牢固，李申引用"正其义不谋其利，明其道不计其功"时，说这是孟子的话。此时，旁边一位瘦瘦的老先生纠正说，这是董仲舒说的。这位清瘦寡言、诚恳平易的先生就是任继愈先生。

就在社科院招考之时，中央机关也到考场上来挑人。李申本是军人、

---

① 《我们心中的任继愈》编委会：《我们心中的任继愈·方广锠：任继愈先生是怎样培养学生的》，中华书局，2010 年 4 月版，第 137 页。

共产党员，考得还可以，所以研究所把他推荐给中央机关。不料工作人员看到李申面部烧伤后，怕吓到领导。此时，任继愈先生在旁温和地说："我不怕。"

就这样，一句淡然却肯定的"我不怕"，将李申留在了宗教研究所，开始了他与任继愈先生长达几十年的师生情谊，每每回想起这些琐碎却暖心的细节，李申都动容不已，他说："我常常觉得自己不是考上的，而是先生收留了我。"这种"收留"不仅是给年轻学子一个学习的机会或容身之所，更重要的是给予他们被接纳、被关爱的归属感。因此，任继愈先生泰山其颓后，李申只觉得"终日不成章，涕泣零如雨"。

君子爱人以德，许多学生都感佩于任继愈先生的慈父心肠，所以觉得奉行中国文化传统里的"事师之犹事父也"是分所应当之事。

方广锠最初的研究方向是印度佛教，任继愈先生就事论事地分析了他语言不精的缺憾，希望他能改专业为佛教文献学。先生虽如此想，但却不专断。方广锠回忆当时的情景说：

> 任先生让我回去好好考虑，说：你考虑以后，愿意改专业，告诉我；不愿意改，也告诉我。愿意改以后，如果反悔了，不愿意改了，也可以；开始不愿意改，想想又愿意改，也可以。允许反复。然后给我讲了一段王阳明的故事：王艮去与王阳明辩论，辩输了，拜王阳明为师。回去以后，想想不服气，回过头来再辩，又输了，重新拜师。如此反复。王阳明的其他弟子很不耐烦，说这个人怎么这样反复无常。王阳明说：这个人能够独立思考，很好。现在，在专业方向问题上，我也允许你反复。

> 回顾我做敦煌遗书研究 25 年，每一步都有先生的全力支持。

如果不是先生发现我、不拘一格地接受我、严格地要求我、爱护我，从各方面提供条件培养我，不会有我今天的成果。我能够潜心工作，完全是大树底下好乘凉；我能够做出一点成绩，完全离不开先生为我提供的条件。[①]

任继愈先生真诚的帮助、温和的引导，让方广锠找到了方向，终于成就了一个出类拔萃的敦煌学学者。

20世纪50年代初，欧阳中石就读北大哲学系，师从任继愈先生。先生甫一和同学们接触，他那文质彬彬的气质、温善柔和的言谈、正直坦荡的君子之风就让学生们折服。学生们见他，一方面是亲切，一方面是尊重，都亲切地称他为"咱们的任先生"。

有件小事始终萦绕在欧阳中石心中，让他感激而又感动。欧阳中石毕业后，在人民大会堂团拜会上，师生两个碰了面，任继愈先生难得打破自己的温文端肃，用极高兴的语气连连对他说："你得了书法博士点，我早就说过，早该如此，祝贺了。"师生远隔，先生却始终关心着学生的发展和成就，因为在他眼里，学术上的成就最让他宽慰。

许多学生从任继愈先生那里感受到父子般的温馨，看到研究生基础薄弱，先生专门鼓励说年轻人只要努力就一定赶得上；学生想要出国留学，先生为他做申请推荐人；学生想要考研究生，先生就联系人为他寄招生简章；学生眼睛有疾，先生托人将自己的药寄给他；学生的孩子读书，先生殷切叮嘱教育要从小抓起；学生的家属病了，先生亲力亲为去寻药方；看到学生一家三口吃饭，就为他们多添几个热菜……

---

① 《我们心中的任继愈》编委会：《我们心中的任继愈·方广锠：任继愈先生是怎样培养学生的》，中华书局，2010年4月版，第141页。

这样的事情太多太多，任继愈先生对待学生出于至诚至善，不管学生年龄、性格、学识、出处、专业如何，他都竭力教导，做到长者视之，少者辅之，弱者服之，善者与之，不善者诫之。

正如先生的关门弟子宋立道所言，任继愈先生具有"传统儒者那样的入世情怀"，是个谦谦君子。宋立道总是记着先生微笑的样子，因为那笑"就像是一缕阳光从面前掠过，眼前一亮，也就有了些微的温暖……"①

2. 乐善好助

任继愈先生待己严，对人宽，他不仅以慈父挚爱去关心学生，在提携晚生后辈方面更是不遗余力，无论多么琐碎繁难，他都一一为学生想到做到，点点滴滴都渗透着这位学者对晚辈的助力关心。

任继愈先生关心学生从来不做空中楼阁式的许诺，他关心的是学生最实际的困难，一见面，先生总是会先问上一句：你的职称解决了没有？需要我做什么？——他总是尽自己所能积极帮助学生解决在工作中遇到的难题。

"文革"期间，汪国训被打成右派，程静宇受到牵连，被下放到辽宁盘锦的农村，任继愈先生同情他们的遭遇，怜惜两个年轻人无端遭难，丢掉了学习的机会，吃尽了苦头，所以专门为他们奔走联系工作。先生写信给两个年轻人，说东北三省高校凡专业对口的，他都可以己之名予以推荐。当得知两个学生都是南方人，愿意回南方，他又写信将两个爱徒推荐到武汉大学。这样的再造之恩，学生怎能忘怀？！

其实，在人鬼不分的"文革"斗争中，任继愈先生自己的境遇也岌岌

---

① 《我们心中的任继愈》编委会：《我们心中的任继愈·宋立道：缅怀我的恩师任继愈先生》，中华书局，2010年4月版，第179页。

可危，由于政治运动不断，由于在反右斗争中的坚持己见，先生被划成右派。但只要先生为师一天，他就殚精竭虑地帮助学生一天。

当时很多学生因为种种荒唐不堪的理由被划作右派，失去求学和工作的机会。在拨乱反正时，任继愈先生倾尽其力，或将学生调回身边，或写信推荐，或帮忙寻找工作。余敦康就是其中之一，他在北大读研究生时被错划为右派，后下放到湖北。先生竭尽己力，将他从湖北调入宗教所，后来成为著名的哲学家、教育家。

郭瑞祥教授曾在社科院世界宗教研究所就读，学业并非任继愈先生亲授，但先生在宗教所任所长，就是学生们的"总导师"。郭瑞祥毕业不久后，赶上全国工资普调，因学历问题，他被排除在外。任继愈先生自己视金钱若无物，数量可观的稿费从不私用，而是存在办公室用以应付各种不时之需。当先生知道郭瑞祥在调工资时吃了亏，少了钱，很是不平，他一改往日的温文，拄着拐杖、追着相关负责人愤然说，小郭是最困难的，为什么不给他调？

任继愈先生对于治学既严厉又严谨，从来一丝不肯放松，谁想偷工减料都是不可能的，但是他曾悄悄为一个论文没有完成的学生"放水"，努力让他毕业。

何光沪教授曾是任继愈先生的博士生。他在先生门下学习了3年，但因极其特殊的原因和生活的重大变故使他在毕业时只完成了三分之二的论文。任继愈先生得知何光沪遇到重大困难，想方设法为他提出"缺席答辩"的方法，换而言之，先生要给这个未完成论文的学生争取毕业的机会，让他如常被授予学位。幸好，何光沪当时尽全力回到北京，递交了最后一部分的毕业论文，顺利参加答辩，完成学业。

虽是有惊无险，但何光沪回忆起任继愈先生为他操心、替他争取时说："人人都知道，任先生在学术上要求学生甚严，更不会做任何有违规章有悖情理的事情；不仅如此，这也远远不只是一个老师深知其学生在学术上够格，所以在特殊情况下'不拘一格'或'不泥成规'；更不只是一个长者对后生在生活、事业、前途方面的关怀帮助。"① 师恩如山，让人铭记终生。

武汉大学教授郭齐勇是任继愈先生的徒孙。他们这一辈的年轻学者也受到先生无微不至的帮助，只要对青年学者有助益的事，任继愈先生总是不遗余力地去做。郭齐勇教授说：

> 任先生对我们武大几代人都很关心、提携，对我等晚辈后生关怀备至。1984 年春，为了解熊十力先生并搜集、整理熊先生的资料，在撰写有关熊先生的硕士论文前，我曾到北京拜访了任先生与任夫人，他们热情接待，跟我谈了很多趣闻、掌故，谈到抗战时熊先生在北碚与后来在北大的行迹，他指导我应如何研究熊十力哲学……1990 年，我的博士论文《熊十力思想研究》写成后，萧师让寄任先生审查。任先生亲笔写了评阅书。1990 年 9 月我通过了博士论文答辩。后遵照任先生等专家们的批评与指教，修改完善，于 1993 年正式出版了《熊十力思想研究》……承蒙任先生、萧先生、方先生与其他先生的提携，推举我为中国哲学史学会的副会长。②

---

① 《我们心中的任继愈》编委会：《我们心中的任继愈·何光沪：三件小事见师心》，中华书局，2010 年 4 月版，第 185 页。
② 郭齐勇：《深切怀念太老师——任继愈先生》，[N].光明日报，2009-7-20。

整理资料、指导论文、提携成长，这一切的帮助都出自任继愈先生的无私。而无私是极高尚的道德表现，它需要一个人拥有卓越的眼界、深刻的共情、慈悲的胸怀，才能像先生一样做到忘我、无欲、宽宏。

宋立道生性跳脱，在 20 世纪 80 年代末，他几处谋职，数度碰壁。他和先生提出谋生之难，想要南下去碰碰运气，先生为他半道荒废研究感到可惜，说可以在他家安一张床，为宋立道提供食宿，让他再看看、再等等、再寻寻……

宋立道到了南方，依旧百般不顺，任继愈先生总是心挂这个学生，如老父亲记挂幺儿，常常给他打电话或写信，了解近况。后来，仰先生之力，宋立道回到北京，不管他是做研究员还是做生意人，任继愈先生从不对他的选择指手画脚，只是秉着尊重的原则，关心惦念，鼓励鞭策，热心相助，从无难色。

任继愈先生为人深沉，少言寡语，但他内心情感深挚，对学生"俯首甘为孺子牛"。他扶持后生晚辈总是默然伸手，不遗余力，待到功成便悄然隐退，实有静水流深之范！

3. 师以正礼

《荀子》有云："礼者，所以正身也；师者，所以正礼也。"师者执礼苛、待人严是对学生的学业和品德负责的表现。

王阳明作为杰出的教育家，有一套严格的师道与学理，他在《传习录》中曰："古之教者，莫难严师。师道尊严，教乃可施。严师唯何？庄严自持，外内合一，匪徒威仪。施教之道，在胜己私，孰义孰利，辨析毫厘。源之不洁，厥流孔而。勿忽其细，慎独谨微；勿事于言，以身先之。教不由诚，曰惟自欺；施不以序，孰云匪愚？庶余知新，患在好为。凡我师士，宜鉴于兹。"

任继愈先生生性温和、内敛深沉，但看到学生出了问题却总是严格相待，绝不姑息放任。

宋立道对任继愈先生有极深的感情，他说："在我的眼中先生在好多年间都是严肃、威重的。这令我想起孔夫子。我当然没有见过孔圣的真容，但直到今天我仍然觉得，如果夫子再世，也就是先生的这个模样吧。《论语》里面有几句话，每当读到这里，眼前浮现的就是先生——'子温而厉'。的确，先生通常样子都是严肃的，但严肃不是摆出绷紧的面孔，而是一种平静。这就是夫子那样的神情了：'威而不猛，恭而安。'要按照儒门的说法'君子不重则不威''君子正其衣冠，尊其瞻视，俨然人望而畏之，斯不亦威而不猛乎！'。"[①]

有件小事让宋立道印象极深：他曾上过任继愈先生的《〈资治通鉴〉阅读》，功课便是用白话译出书中的段落。有一次，宋立道的作业得了先生的旁批，说也"五帝"的"五"写得像"王"，而且说："如果知道此字的笔画顺序，你就不会写成这个样子了。"不过是随手潦草地写了一个字，得到先生算不上批评的批评，但先生当面问他"五"字写法弄清了没，这个马虎潦草的学生"脸色臊得通红，背心都汗湿"。多年后提起此事，宋立道仍觉得很丢脸。究其原因，大概先生"威而不猛"的批评不是用言语来让人受教，而是以极其认真严肃、一丝不苟的治学态度让人自醒自悟自惭吧。先生对人对事，极少动容动色，他批评学生只需寥寥数语，便能让人羞愧得汗流浃背。

任继愈先生是宗教所伊斯兰教研究室主任秦惠彬的研究生导师。当时

[①] 《我们心中的任继愈》编委会：《我们心中的任继愈·宋立道：缅怀我的恩师任继愈先生》，中华书局，2010年4月版，第180页。

的秦慧彬年轻气盛，颇有点自傲。先生就批评他说是好吵架，骄傲了。即便是先生对学生的为人处世已经有了微词，但他批评人时最重的话不过是"你是我的学生"！先生未尽之言大概是"是我的学生，便要有一个学者的气度和胸怀，便要有容人的雅量，便要有沉潜得下去的静气"！

如此种种，任继愈先生并未诉诸于语言，也未再做针砭指责，他觉得那样一句批评的话，分量已重逾千钧了吧。倔强傲气的秦惠彬在忆及恩师的那句话时，仍深觉愧疚，常怀违训之憾。

任继愈先生不但在治学中严格对待学生，在人品方面更是近乎严苛地要求学生，对德行的错失，先生几乎到了吹毛求疵的地步。他对学生的欲望不放纵，对学生的惰怠不袒护，对学生的流俗不宽宥，套用《礼记》的话，大概就是"师严"然后"道尊"，"道尊"然后学生知道"敬学"吧。

任继愈先生的学生都知道跟从先生做研究，事情做不好，或者未达到先生的标准，他不会有任何疾辞或厉色，反而会更加细致入微地予以帮助。但如果先生发现学生德行有亏，大节不护，那他一定是嫉恶如仇的。

方广锠是任继愈先生的高足，是颇有建树的敦煌学学者。但他曾两次受到任先生义正词严的批评。

任继愈先生在宗教所招收研究生立足于新中国宗教研究的规划和发展，他对研究生要求和期望都很高，他和学生约法三章，让他们须集中精力攻读学习，静下心来研究积淀，为了避免学生急功近利，研究生三年之内不许发表文章，因为先生觉得学问做不透彻，即便是发表了文章也是无根之木、无源之水，没有学术的价值，还会助长浮躁冒进之风。

方广锠当时应学友之请，写了一本《印度文化概论》做北大中国文化书院函授之用。虽有先生的规矩在前，但稿费开得高，人情也不能推，所以方广锠就匆匆完成此稿。先生知道此事变了脸色，斥责他贪恋名利，不务正业，方广锠无以辩驳，后悔莫及——先生这样的批评，足以让学生牢记一辈子。

后来，任继愈先生误会方广锠抛开团队合作，以个人之名随便发表北图敦煌遗书资料，当听说方广锠甚至将这些资料私下送给了日本学者，先生罕见地动了真怒。先生写信，严厉批评方广锠的个人主义，斥责他"为什么搞这些东西"？

后来，方广锠解释详情，消除误会，先生闻言释然，那种怒其不争的火气也云消雾散。这些书信往来的原稿被方广锠细细收藏，每每翻看，都如先生端肃磊落的面容、光风霁月的情怀恰在眼前。

《增广贤文》有云："道吾好者是吾贼，道吾恶者是吾师。"这句话的大意是，以优点长处夸耀我的人，是我的敌人；能够直言不讳指出我的缺点的人，才是我真正的老师。因为正视错误、严于改过，才能在进学修德的道路上博学而不穷，笃行而不倦，成就忠信之美。

身为世范，任继愈先生可当得此赞！

（三）天下教育

善政不如善教之得民也。善政，民畏之；善教，民爱之。善政得民财，善教得民心。

——《孟子·尽心上》

没有自由思想，没有独立精神，即不能发扬真理，即不能研究学术，一切都是小事，唯此是大事。中国自今以后，即使能忠实输入北美或东欧思想，其结局当亦等于玄奘唯识之学，在吾国思想上既不能居最高之地位，且亦终归于歇绝者。华夏之文化，历数千载之演进，后渐衰微，终必复振。

——陈寅恪

《礼记·学记》以高度概括的语言阐述了教育的社会功能："建国君民，教学为先。"其大意为：建设一个伟大的国家，统治众多的百姓，教育是最优先、最重要的事情。

教育之重人所共识，因为人的天赋和天性犹如玉石，教育能起到琢磨雕刻、使之精美粲然的功效。好的教育不但可以为国家培养各类优秀人才，还可以提高人的修养，所以治国安邦、稳固国家、兴盛民族都要以教育为头等大事。

任继愈先生对教育一向十分关注，他认为抓教育是国家建设的"当务之急"，而且只要有机会对教育建言献策，他就会大声疾呼"我有话说"！

任继愈先生认为，教育的最终目的在于育人。人是社会的成员，社会培养他成长，成长后就能为社会奉献。对社会有用的人，不光要有丰富的知识，还要关心国家大事，要熟悉祖国的历史，要培养对艺术的欣赏，要能辨别美丑善恶。

诚哉斯言！

1. 当务之急

鲁迅先生曾大声疾呼"救救孩子"，因为他看到在那个不见天日的社会中，中国人所受之摧残戕害自孩子起。因此，想要挽救民族危亡，想要实现民族复兴，都需重视"小"孩子的教育，也就是基础教育。

任继愈先生认为，中小学教育十分重要，小学学知识，中学学做人。一个人的道德品质、人生观形成都在十二三岁之前，基本技能的培养也在这个时期，劳动习惯的培养、文字语言的训练都要在青少年时期完成的。

所以，任继愈先生认为一定要抓好基础教育工作，在小学和中学阶段学好基础知识并学会做人，进入大学便可以真正开始学习专业知识了。换言之，只有抓好义务教育，以后的教育才有希望和远景，因此，先生对于青少年教育极为重视，哪里需要他，他都全力以赴。

任继愈先生研究的是依托于中国传统文化的哲学和宗教，他在其中皓首穷经了大半个世纪，深知传统文化之厚重精深。对于中华民族五千年的历史、底蕴深厚的华夏文化，先生恨不能呕心沥血将之发扬传播，所以他将做好文化传承工作视为己任。他说："文化的特点是必须有继承性，文化不能白手起家，不能像炒股票那样一晚上翻个身成百万富翁。文化没有暴发户，只能在旧的基础上继续前进……如佛教从印度传入中国，就是一种移植，经过融合改造，成为中国化了的佛教，甚至佛教文化的活力和影响大大超过了印度次大陆佛教发源地。"①

为此，任继愈先生独出心裁创造了"史普"一词，他说：

> 中国的历史比任何一个国家都长，都完整。有的国家有辉煌
> 灿烂的历史，但有古无今；也有的国家现在很神气，但说不清过
> 去。从古到今不间断地发展前进的只有中国一家，虽然中国在历
> 史上多次朝代更替，但文化发展始终是沿着同一个方向前进的。
> 中华文化持续前进，历久不衰，是人类历史上的奇迹。这样光辉
> 的历史，应该让现代人和后代人清楚，这是爱国主义的基础，不
> 能抽象地讲爱国……总之，知道得越多，了解得越具体，对全国人
> 民越有益处。一百五十年来，中华民族集中力量办一件大事——
> 把中国引向现代化。无数爱国志士，一代接一代地为这一目标而
> 努力。了解了这些，可以增强民族凝聚力提高实现民族现代化的
> 自信心。②

既然有明确的目标，那么该如何让历史知识教育以青少年喜闻乐见的
形式展开呢？

任继愈先生借助的还是我们老祖宗的智慧——诗书兴，礼乐成。给孩
子们的教育要面目生动，活泼有趣，所以要以讲故事、吸引孩子们的兴趣为
主，先生举例说中国历史故事很多，克服困难的、少年有为的、创造发明
的，还有济困扶危的、自强不息的、尊老爱幼的、不畏强暴的等等，要让
小孩子在一种轻松有趣的氛围下掌握历史内容，历史教育的技巧相当重要。

---

① 叶稚珊：《为万世不朽的基业添砖加瓦——访任继愈先生》，[J]．群言，1999 年第 5 期。
② 叶稚珊：《为万世不朽的基业添砖加瓦——访任继愈先生》，[J]．群言，1999 年第 5 期。

举个妇孺皆知的例子：程门立雪。程氏兄弟喜欢讲"涵养须用敬，进学在致知"，他们兴办书院，于是乎四方学子云集程门，"讲易学、授理学"。但任继愈先生反对去讲程颐、程颢的教学方式和理学真精神，因为这些不是孩子门喜欢的。在先生看来，讲一讲天上的鹅毛大雪，讲讲杨时和游酢的肃穆神态，讲讲尊师重道的重要，更有利于孩子们的终身教育。

任继愈先生一直慧眼独具，实心用事，只要对传统文化的传承与弘扬有意义，不管那件事是伟大还是微末，他都不计时间、精力地欣然赴命，哪怕为孩子们殚精竭虑所做的一切鲜为人知，他还是不遗余力。

任继愈先生曾经主编过一套《中国文化史知识丛书》，这套书涉及考古、史地、经济、军事、思想、文化、教育、文艺、体育、科技10个门类，包含100个专题，有百册之多。这套百科全书册子极小，但每一本都由该领域的一流学者撰写，深入浅出地向孩子们介绍中国传统文化的方方面面：里面有翰墨飘香的文房四宝、有独具特色的古代服饰、有其味无穷的饮食文化、有气壮山河的名山大川等等。这套书兼顾知识性和趣味性，属于真正的大家小书，是一套带着孩子们了解中国历史文化基本面貌的优秀读物。

当时的编辑室负责人任雪芳对任继愈先生认真做"小"事的精神十分钦佩，任继愈先生的认真给他留下深刻印象，丛书组约的112个书稿，他亲自确定作者；聘请各方面专家担任编委；作者的书稿他一一过目，自己熟悉的专业，他提出中肯的意见，请作者修改；自己不熟悉的专业书稿，他建议有关编委审稿。先生还自己捉笔写了《墨子与墨家》，他不觉自己大材小用，一旦写到墨家的一些工艺，还专门请了他学工科的弟弟写。8万字的小册子，由两个大学者写成，足见任继愈先生之认真。

经典的东西最有价值，最经得起推敲，这些传统文化精华需要一代又一代努力地传承下去，先生编的这套"小"丛书就包含着这样一个无形却伟大的理念。

先生这样做是因为看到整个国家教育面临着问题，出于对下一代的关心，他夙兴夜寐，上下求索，付出了自己的最大努力。

20世纪90年代，《新读写》杂志社准备为中小学生编写《中华传统文化读本》，编辑部的陈刚找到任继愈先生，先生击节叹赏说："为青少年编写传统文化读本，我完全赞成。世界四大古文明，唯有自尧舜禹汤以来的五千年的中华文明没有中断过，至今在世界上显示其无穷的魅力。在新加坡和我国香港，都有为中小学生编写的国学课本。遗憾的是，中国内地却没有这样的教材，你们做的是一件功德无量的好事，我举双手赞成。"①

陈刚邀请任继愈先生担任读本的总顾问，先生没有马上允诺，但他热情地对这套书提出了不少真知灼见。后来，陈刚把《读懂中国》概念本送到先生家，先生捧着样本，一页页翻阅，对其质量和内容大加赞赏，很爽快地同意了担任此书的总顾问。

那时的任继愈先生已届高龄，而且是七亿多字的鸿篇巨典《中华大典》的总编纂，但他仍争分夺秒挤出时间参与《读懂中国》的编写。可见，先生将对孩子的教育看得和大藏大典一样重，他将两者都看成中华传统文化不断层的希望。

看着《读懂中国》封面上遒劲的题字，陈刚说：

> 看着任老潇洒自如的题字，回望他走过的近一个世纪的生命历程，不由得想起了一位作家对大树的深刻比喻。他说："一棵大

---

① 陈刚：《任继愈和〈读懂中国〉》，［N］.新民晚报，2009-8-20。

树，那就是人的亲人和老师，而且可以毫不夸张地说，它就是伟大、高贵和智慧。"我觉得，任老就是一棵充满生机、郁郁葱葱的大树。他把自己的根深深扎于中华大地，已历经近百年的风雨，依然绿叶飒飒，直耸云天。从枝叶到花果，任老把自己的一切奉献于祖国的文化事业。[①]

任继愈先生对我们民族的文化一直抱有浓厚的情感。先生虽然年纪老迈、沉疴缠身，但仍然充满自豪感，只要谈及就激动溢于言表，心之所向，九死不悔。

2007 年，台湾正中书局出版了《中国文化基本教材》，内容是《四书》选编。"四书"的内容是儒家的经典，对于修身立命有很好的教化作用，能给孩子们提供立身行世的基本价值观，属于中华民族的伦理共识。任继愈先生觉得这套教材很适合大陆的学生学习，特别是对语文教育如何继承传统文化很有借鉴价值。

任继愈先生赞赏这套教材，觉得新加坡和台湾的传统文化传承得比我们好，值得学习借鉴。于是，当得知有人找大陆出版社将引进此书，但过程不顺利，先生多次表态"如果找不到出版社来出，我凑一份钱，我们自己来出"。

一年后，台湾版《中国文化基本教材》由新华出版社引进出版，改名为《国学基本教材》。这是 1949 年后第一次从台湾引进中学国文教材，任继愈先生非常宽慰，欣然命笔，为此书作序。

任继愈先生是文史哲的大家，是德高望重的学者，是苦心孤诣的文化

---

① 陈刚：《任继愈和〈读懂中国〉》，[N].新民晚报，2009-8-20。

布道者，作为大学问家，他愿意俯身去做"小"事，编"小"书，这种对于教育的重视、对于国家前途命运的关切委实难能可贵。

2. 我有话说

任继愈先生一直提倡大兴教育，说我们要"重视知识，珍惜人才"。因为在先生心里，只有教育才能强民，才能兴国。除了对基础教育极其重视，他对高等教育也寄予厚望，为了教育事业能长足发展，他一直勇为急先锋。

先生对教育事业的一片赤诚之心人所共见，人所共感。中央电视台曾采访他，原定他题，但先生主动提出说："关于教育，我有话要说。"可见教育的现状让先生如鲠在喉，到了不得不大声疾呼的地步。

任继愈先生一直坚信不疑"人才的选拔和成长，是国家当务之急"。在访谈节目中，面对我国当前的高等教育现状，先生忧心忡忡地说"教育的路子走得不大对"。这种"不大对"的忧思是建立在先生的长期观察和思考上的，他认为博士生论文质量下滑等教育问题十分突出，这也说明，注重考知识的僵化教育，使得学生的素质在下降，和过去高学历人才相比逊色很多。

当被问及现代知识分子精神风貌时，任继愈先生直言不讳地表示当代的知识分子精神比较贫乏，形成了一个断层。当代知识分子缺乏天下兴亡匹夫有责的观念，只顾闭门造车写论文、孜孜营营评职称、觥筹交错搞应酬，有一些老师还逼着学生早熟，将成人世界的问题和答案硬套在孩子头上。这些细枝末节的瑕疵不会让这个社会立刻发生变化，但寒冰微纹，想根治也是十分困难的。

高等教育质量滑坡，是教育出现严重问题的征兆，任继愈先生对这种现状一直焦思苦虑。20世纪90年代初，先生参加博士生毕业论文答辩后回到北图，就以极感慨的语气对同事说："现在的博士生，水平只相当于当年的硕士生。"先生治学一向严谨，看到这样的现状如鲠在喉，不吐不快。他不放过任何机会，总是大声疾呼："我得先说说教育。"因为科教才能兴国，兴国才能让像先生这样从贫穷落后、战火动荡的旧中国中走出来的知识分子安心定神。

教育是固本建国之计，任继愈先生的看法可以说是每一个有远见、有良知的知识分子的共识，先生期许全民族文化水平提高，因为这是民族文化的根基所系，万万忽视不得。

那我们的教育为什么会出问题呢？任继愈先生也有话说。

人才在于培养，培养在于教育，而教育最怕的就是短见和盲从。我国的教育把重点放在大学，大学的重点又放在科技，因为科技能立竿见影。任继愈先生觉得这个重点没摆对，这些年大学的硕士生、博士生水平显著下降，就是明证。"科技兴国"和"科教兴国"一字之差，失之毫厘，谬以千里！

《群言》记者叶稚珊20世纪末采访任继愈先生时，先生说：

在这种时候以"科教兴国"为主要内容展开讨论很有意义。进入20世纪后半期和紧接着到来的21世纪，人们的社会生活、政治生活中科教所占的分量越来越重。近年来我们常在讲综合国力，讲资源的开发、利用，这里讲的资源就包含了自然资源和智力资源……我国有13亿人口，从消费看是个包袱，但如能充分开发智力，这个资源是无限的。我对中华民族的前景是乐观的，但只有这种美好的愿望还远远不够，小平同志提出的"科教兴国"，就是把亿万人民对中华民族未来的美好憧憬落在实处，机遇不会等我们，要自己去创造。①

时代和科技如同高速行车，但教育是一件务本的事，不应该是一味赶进度，追速度，比成就，而应该以获得真知、造福社会为己任。对于这个甚为重大的问题，任继愈先生如是说：

> 社会科学研究的对象是社会，是活动着的人。社会现象比自然现象要复杂得多，社会是发展的、动态的，研究社会、研究历史，研究者不能站在社会之外来观察，更无法使历史重演以供研究。……研究者只能作为社会成员参与社会生活，从中考察、认识、体验、改造。但研究者所处的社会地位不同，观察的角度不同，再加上研究者个人的局限性和利害关系、研究者群体利益驱动，都不能不影响研究的客观性、真实性，导致结论的倾向性。面对同一社会现象，却难取得共识，仁者见仁、智者见智。这些因素都增加了社会科学研究的难度。②

社会科学和人文学科的复杂性注定了教育很难立竿见影，那么我们应该如何应对已经出现的教育问题呢？

任继愈先生说，自西方世界工业革命以来，各国对自然科学研究投入的力度都很大，当然回报也很丰厚，这就更加鼓励了人们的追求和探索。我们对社会科学的研究相对薄弱，人一条腿长一条腿短，那么走起路来必

---

① 叶稚珊：《为万世不朽的基业添砖加瓦——访任继愈先生》，[J].群言，1999 年第 5 期。
② 叶稚珊：《为万世不朽的基业添砖加瓦——访任继愈先生》，[J].群言，1999 年第 5 期。

定是一瘸一拐的。真正面对新的世纪和瞬息万变的挑战，这种一长一短、一软一硬的"残疾"局面要改变，这就需要教育起作用，利用教化之功使受教育者的文化、科学，尤其是品格修养都得到全面的提高。

科教兴国是符合中国国情的战略步骤，不能因为短视和偏狭而重文轻理。在任继愈先生看来，科学教育和人文教育平衡发展很重要。这就好比一个国家的重工业和轻工业一样，一定要平衡发展，否则一定会导致畸形发展。

当然，教育是制度，是规律，但受教育的是人，是独立的、鲜活的、各异的，对于人的教育既要讲制度、规律，又要讲尊重和解放。任继愈先生举例子说，"研究生应该以自学为主，听课主要是为了受启发，所以要给研究生足够的自学时间和充分的自学机会"。

如果回顾任继愈先生做研究生导师的经历，我们就知道，导师严要求、高标准地引导学生进行研究，端正学风是治学之本。先生自己就是在这样一条路上踏踏实实走过来的。而且，先生在指导学生时，在他的学科领域本色当行，因此能给予学生最前沿、最全面、最远见的指导。

任继愈先生总是遥想当年的西南联大，那时学生数量虽少，但超尘拔俗的人才却济济一堂，西南联大存续的 8 年里输送了 3882 名毕业生，为中国培养出一大批优秀的人才，其中包括两位诺贝尔奖得主，这个问题值得对比反思。

当然，一味责怪年轻人的理想境界不高也有失公允。培养高等教育人才需全社会共创良好的学习氛围和目标，任继愈先生说："不要只是想着考上研究生就可以找个好工作，将来有个好出路，要想能为国家作什么贡献，这是第一位的。研究生要有志气，爱国是动力，不要以工资为动力。"试看陈寅恪、汤用彤等大家名士的著述，都是言语清通、材料扎实、见地振聋发聩的——真功夫才是浮躁教育乱象的最大克星。

任继愈先生以冯友兰先生举例，冯先生即便学问已经非常精深，还是说他只能带一个学生，带两个就很费劲。先生也是如此，他说自己最多的时候带了4个博士，方向是一样的，而且是把他们送走以后再招新的，不能太多，因为教育不是流水线上的产品，让教育这门手工业一下出产大量的产品，非有废品不可。

产生在高等教育界内的弊端和实情，先生一清二楚，他从不掩耳盗铃，也不会为了"顾全大局"而刻意隐瞒。现状如此，只不过鼠目寸光的人看不到，看到的人事不关己不肯说，更有人裹挟在利益里头不愿说，但先生仗义执言，针砭时弊，从不虚伪矫饰——这大概就是任继愈先生血液里最纯正的知识分子的正直和忧患意识使然吧！

3. 恢复科举

"我们可以考虑'恢复'科举！"

一般人若听到这样的惊天之论可能会大呼荒唐！科举是随着历史的发展已被一棒子打死的东西，怎能允许它死灰复燃？！

如果说这个观点是任继愈先生提出的，我们是否会多费一番思量来考虑，先生为什么提出这样的观点，我们是否被概念所拘围？

追根究底去看，任继愈先生并不是想要恢复"科举"这个制度，而是想为中国的人才选拔寻找一条新路。先生对中国古代文化研究非常透彻，能从历史现象中挖掘出一般人所看不到、想不到的本质。所以，他对科举制度的起源产生、发展变化、作用弊端以及其最后的凋敝消亡都有很清晰的了解与认识。为此，任继愈先生曾于2005年专门写过一篇文章，题目是《古代中国科举考试制度值得借鉴》①。

在这篇文章中，任继愈先生细致地分析了古代科举制度产生的背景、缘由、利与弊。从先生的分析中，我们可以看到从世袭制、门阀制到举荐制，人才选拔有了巨大进步。但从本质上来说，举荐制还是盘根错节的政治势力之间的相互角逐和援引，阶层固化使得受教育者不能人尽其才。

到了南北朝时期，王朝更替频繁，建立多民族的统一国家成为历史的必然趋势。强大的中央集权国家需要培养和选拔更多人才，因此，寻找新的人才选拔机制成为导引——科举制应运而生。

科举制诞生之初有其积极意义，科举考试可以获得大量各类人才。这种不问家族出身、只问真实才学的人才选拔制度给国家带来巨大的新鲜能量，群贤毕至，必能使国家运行有序、治理有方。因此，从唐代开始，上至宰相，下至九品芝麻官，大多是科举出身。此种制度稳定延续，行之有效，历宋、元、明、清，一直沿用。

对于科举制的优点，总括任继愈先生的观点大约如下：首先，选拔人才的范围扩大到全国包括边远省区；其次，定期考试，不忧人才匮乏；再次，国家规定《四书》《五经》为教材，知识分子有了明确应举的途径，提高了知识分子参与政治的热情；最后，考试立法详明，考取"功名"即可得到社会共同的、巨大的尊重和认同。

后来，科举制因其生命力和实用性漂洋过海，移植到他国，大家普遍认为英国的"文官制度"是受到中国的科举制影响的。

科举制度实行了千余年，科举及第是一件荣耀其身、光耀宗族的大事。这种巨大的荣誉感和社会认同感是皇帝也羡慕不来的。隋炀帝自夸，

---

① 任继愈：《古代中国科举考试制度值得借鉴》，［J］. 书摘，2011 年第 2 期。

他如参加考试也会成为第一名进士；唐末宣宗羡慕进士的头衔，在禁中殿柱上题"乡贡进士李某"自我安慰，这些言行徒惹人笑，但却能彰显科举制的巨大影响力和权威性。

科举制度的公开性、权威性，已被中国社会和历史认可。但一切事物都有其两面性。科举制度历经千年，逐渐僵化。首先，八股取士三年一考，其考题出自儒家经典的"四书"，内容受到极大限制。任继愈先生举例说：

> 《红楼梦》第 81 回讲到贾宝玉第二次入家塾读书，老师出应试科举三道题，其中一个题目为"则归墨"，这是《孟子》中"今天下之言不归杨则归墨"一句完整的句子，截去上半句"今天下之言不归杨"，"则归墨"是下半句，题目就不通，偏要教应考者"代圣贤立言"写出有条理、讲出道理来的文章，岂不荒唐！

> 明末清初思想家吕留良曾写过一篇《真进士歌颂黄九烟》，指斥明朝三百年来科举取士的弊端："……进士尔何能，能作八股耳，其中并多不能者，一行作吏无须此。三百年，几十科，科数百人印累累，如今知有几人名？大约尽作蝼蚁死，人言蝼蚁可怜虫，吾言凶恶过虎兕，谨具江山再拜上，崇祯夫妇伴缄贶。（自注：崇祯末，有人书一仪状云：谨具大明江山一座，崇祯夫妇二人，奉申赞敬晚生文八股顿首拜。亦愤时嫉俗之言也，贴于朝堂。）"[1]

其次，从明朝始，规定以朱熹的《四书集注》为标准答案，不允许应

---

[1]　任继愈：《古代中国科举考试制度值得借鉴》，[J]．书摘，2011 年第 2 期。

试者有自己的独立见解，这样，"代圣贤立言"的弊端显露，读书人的思维受到禁锢，思想力和创造力逐渐僵死。

八股文虽有罪，但科举制度并不负全责。

任继愈先生认为，中国拥有三四亿青少年，不可能没有青年才俊，但目前只有高考一种狭窄的途径，教育体制过于强调统一性，只能收获大量规格整齐的中等人才，很多青年学子失去了凭借一己之长脱颖而出的通道。

社会在发展，对人才的多样性有了巨大的需求，但统一考试让杰出人才的缺口越来越大，"所以从一定程度上来看，教育改革比医改、房改更难，任务更艰巨，可逆性也更小，一刀下去便会影响整整一代人。但既然已看到这样大一统教育模式所存在的明显缺陷，不利于各种类型青年才俊的成长，教育界的改革开放也就必然成为一种时代的召唤，我们的教育界必须迈出这一步"。[1] 任继愈先生的分析鞭辟入里，使我们能从客观的角度看待科举的利与弊，并对具体怎么应用"新科举"的问题进行细致的考察和分析。

任继愈先生的话直白浅显又深刻睿智，直切要害，提出恢复"科举"，设立"国家博士"的构想——

> 国家博士，要经过全国公开选拔，分初试及复试两级考试。初试不分专业（文、史、哲、经、数、理、化、工程技术）都要考政治、历史、文学、国文、外文。总之，考试范围应当具有现在一个高等知识分子应具备的文化素养。初试不及格，不得参加

---

[1] 任继愈：《古代中国科举考试制度值得借鉴》，[J]．书摘，2011 年第 2 期。

复试。复试考包括广义的专业知识和狭义的专业知识，有的专业还要加试动手操作能力。这样选拔出来的人才，将是金字塔型的，而不是细竹竿型的专家。

这个考试制度类同于科举考试，不受年龄、性别、民族和国籍的限制，有一定的学术基础、工作经验或专家推荐都可参考。这个制度最优越灵活的地方是一次不中，下回再考。这种考试制度公平而宽和，使得每一个有理想的青年人都有无数成才的可能和机会。

措施灵活、对象广泛、操作简便，这样的"科举制"可以避免千军万马共挤一座独木桥的现象，也不会一考定终身，对国家人才的培养是有利无弊的。

值得强调的是，任继愈先生所开的这个"药方"是对现行应试教育体制的补充，有了它，创造性的人才自然大量涌现出来。"国家博士"的措施拓展了自学成才之路，把传统选才的科举制度充实到现代化的新内容中，使之焕发新生机。

任继愈先生寄希望于大刀阔斧的教育改革，切中肯綮，显现了先生的胆识。北京师范大学的王丽曾对先生进行访谈，和他探讨了书院制度、恢复科举等问题，谈话的最后，有一段发人深省的对答，也许能让我们窥见先生急切改革教育的另一个原因：

王：我最近出差去了一趟长沙，去看了岳麓书院。我发现其实当时的讲学是质疑问难，带有研讨性质。书院请了各地一些著名学者来讲学，也是互相切磋交流。

任：科举制度很隆重，很严格的。凡舞弊，有腰斩的，有充军的。鲁迅的父亲就是因为受考试舞弊案的牵连，搞得倾家荡产。清朝已经腐败了，但教育还是抓得很严。现在我们这个舞弊无孔不入。你看看，从上到下，没法说。我在北大多年，胡适的孩子考了三次没考取，其实要是说一句话不就考上了嘛。蒋梦麟带着他女儿看榜，西南联大没有，没有就没有了呗。……我眼看着北大滑坡的。现在什么争创一流，那时联大就是一流。

看，任继愈先生直言不讳，"北大滑坡了"。说这话，是需要勇气的，但先生毫无顾忌地说了！

之所以赞颂任继愈先生的勇气，大概是他所提倡的恢复科举、改革教育是一种将公平和机会最大化的制度改革，他希望人人可以不设门槛地被赏识任用，这种以人为本的民本主义思想是对个体生命的最高尊重，是"本理则国固"的坚实基础。这既是先生的一片仁者侠义，又是他赤心爱国的真实见证。

"吾尝闻大勇于夫子"，一个人以家国天下为己任，敢于挺身而出、勇担社会重责，先生之勇，庶几近之！

九

"郁郁修竹"
带来多少的慰藉?

独坐幽篁里，弹琴复长啸。深林人不知，明月来相照。

——王维

不用裁为鸣凤管，不须截作钓鱼竿。千花百草凋零后，留向纷纷雪里看。

——白居易

人怜直节生来瘦，自许高材老更刚。曾与蒿藜同雨露，终随松柏到冰霜。

——王安石

中国人爱竹，爱它清瘦有姿，爱它刚直有节，爱它弥老愈刚强，爱它傲然胜冰霜。竹，不求知音，正节挺立，孤芳自赏，这，大概是中国文人与竹结缘的原因吧。

1977 年，任继愈先生从北大中关园搬到三里河。搬家时，轻车简从，先生不舍北大旧屋窗前那丛修竹，抱着一试的心态，移了几竿到南沙沟，栽在窗前。竹子生命力极强，先生并未刻意照顾，但它们餐风饮露，姿态笔挺地长满了院子，并大喇喇地蔓延滋长，延伸至邻居的庭院，形成一片郁郁的浓荫。

任继愈先生与竹情谊深厚，哪怕离开联大和昆明再远再久，那段生活的印记永远鲜明，先生回忆西南联大时，住在靛花巷，窗外也有一丛竹子，修竹苍翠与楼齐平，看书倦了，看看那亲切的竹子也得一点慰藉。

来到南沙沟，任继愈先生的竹子又焕发新的生机。修竹茂密，更显幽静，这抱节君让左右雅邻都生欢喜，先生更是赞不绝口——每当视物昏花、目力交瘁之时，抬头看看郁郁修竹，绿色漫入眼帘，一种清凉陡然而生。

除了实用性，任继愈先生还大赞竹子的摇曳灵动之姿："冬天，树叶子脱落了，竹影斜映到窗子玻璃上，颇像水墨画。水墨画不会动，婆娑摇曳的竹影，往往能启发一点灵感，停滞的思路又活了。"原来这几竿修竹不仅有入画入诗的绰约风姿，更有入心入情的助学功效。

竹影映窗，竹子成了任继愈先生"天天见面的朋友"。为了这位朋友，先生将随笔集名之以"竹影"之名，恰与妻子冯钟芸的《芸叶集》相呼应。竹影掩映中，哲学家回归到家庭中，他是泰山北斗，亦是一个有血有肉、有温度的普通人。

（一）伉俪情深

"这个人怎么不会献殷勤。"

——冯友兰

士先器识而后文章。

——任继愈

他（任继愈）总先看一个人品性好不好，再看人能不能干什么事。说句玩笑话，他是"怕老婆的用，对老婆不忠的坚决不用"。他是冯友兰的侄女婿，他和夫人的感情一辈子都很好。

特别谨慎的人，往往给人感觉比较冰冷。但他可贵之处就在于，谨慎的同时，对身边的人满怀深情。

——白化文

任继愈先生晚年自述生平，厚厚一本《念旧企新》有二十余万字，纪念师长、回忆学友，满怀深情，款款动人，而他写到自己的爱情和婚姻却只有薄薄一页纸，不足千言。但正是这纸短情长的缘分，让任继愈先生伉俪相伴白头。

任继愈先生和妻子冯钟芸皆沉厚寡言，"不苟訾，不苟笑"，任何言语在他们深沉而内敛的感情面前都苍白无力——一页足矣。

1934 年，任继愈先生 18 岁，他满怀喜悦和憧憬步入梦想中的北大，天地广阔，世界簇新，这个年轻人欲待振翅高飞，实现自己的鸿鹄之志。

山东人重视家庭，喜欢早婚，任继愈先生的父母待他 18 岁读完高中，就为他订婚。在父母心中，18岁已是成年，高中毕业也算学业小有所成，男大当婚，女大当嫁，一切都在情理之中。这门婚事虽属封建包办婚姻，但门当户对，父母之命、媒妁之言的婚姻形式更显牢固。在那个时代，盲婚哑嫁能白头到老的夫妻不计其数，而自由恋爱反倒是天方夜谭——在父母眼里，这门亲事顺理成章。

任谁都没有想到，性格温和、循规蹈矩的任继愈先生坚持不肯跟这个素未谋面的姑娘结婚，写去了"果断明觉，不拖泥带水"的退婚书，为此不惜同家里决裂。事实证明，先生既然走出了平原，走进了北大，那命运一定自有它的安排，良缘早就天注定——

1. 良缘天定

在西南联大，任继愈先生与冯友兰先生的侄女冯钟芸相识相恋，结为伉俪。虽被冯友兰先生叹息作"不会献殷勤"，但先生与妻子携手一生，互敬互爱，志同道合。他们整整60年的婚姻中没有波澜起伏的故事，没有喧嚣尘上的热闹，只有平淡相守，同心白头，恩爱情浓，羡煞他人。

冯钟芸，1919年4月20日生于唐河，是我国著名地质学家冯景兰的长女。冯家是南阳著名的书香世家，冯钟芸的祖父冯台异是清末进士。但与一般仕宦之家不同，冯台异曾协助"晚清中兴四大名臣"之一的张之洞兴办"洋务"，曾被派勘察粤汉、川汉铁路，以实业救国，在当时属于"中体西用"的洋务派。

冯景兰幼时曾随父参观中国最早的钢铁厂，立志要使国家富强，不再受列强欺侮。在家庭氛围的熏陶中，在新兴进步思想的推动下，冯景兰于1916年考入北京大学预科。20岁时，冯景兰赴美深造，在科罗拉多矿业学院求学，后在哥伦比亚大学获得硕士学位。冯景兰是那个时代极少数接受中西方教育的青年人之一，也是极少数立志于"科技报国"的青年人之一。

归国后，冯景兰一边在河南大学、清华大学任教，一边脚踏实地、不知疲倦地找矿、采矿。20世纪20年代初，冯景兰在广东粤北诸县考察时，发现红黄色矿质岩经风化后形成的特殊地质现象，惊喜万分的他将这种现象命名为"丹霞地貌"——这一命名一直为国际地质学界所沿用，因此，冯景兰当之无愧成为我国地质学创始人之一和地质学界的丰碑。

冯家不仅出了冯景兰这样的地质学家，冯景兰的长兄冯友兰更是赫赫有名的哲学家，他的《中国哲学史》《中国哲学史新编》《贞元六书》等是20世纪中国人文社科的重要著作，对中国现当代学界乃至国外学界影响深远。

冯景兰的妹妹冯沅君是我国著名的文学史家，她虽从小被缠足，但奋发求学，由三寸金莲的旧女性到中国第一位女研究生、巴黎大学女博士、新中国第一位女性一级教授，其成就不可谓不巨。鲁迅盛赞她是与庐隐、凌叔华、冰心齐名的"五四才女"。

冯友兰、冯景兰、冯沅君以"三冯"之名享誉学术界，在各自的领域都成为中流砥柱式的人物。

冯家不仅父辈成就卓然，子侄辈中亦是人才辈出。冯钟芸和她的兄弟姐妹都是超群绝伦的专家人才。冯钟芸的长兄冯钟豫是台湾著名水利专家；冯钟广、冯钟燕子承父业，成为研究地质矿床的地质学家；冯钟潜和冯钟潮分别成为高能物理所、中科院金属研究所的研究员；冯钟芸的堂妹冯钟璞是我国著名的女作家……

据不完全统计，这个显赫的学术世家，三代人中，在科技、文化界教授级的人物有30多人，很多都是该领域的巨擘。

　　冯钟芸出生在这样一个学人之家,后来成长为我国著名的古代文学史专家和 20 世纪中国语文教学第一人。

　　冯钟芸出生时,父亲正在美国求学,因此她自幼随祖母吴清芝生活。祖母并不识字,但热爱读书,丈夫在给孩子们讲学时,她悉心旁听,和孩子们一起自学,日积月累,学问渐增。吴清芝常常在睡前和小孙女一起读小说,并讨论谈话,寒夜里,祖孙俩依偎读书的场景成为冯钟芸最温暖的回忆。

　　吴清芝为人勤劳,她自己说:"我没有别的能耐,就是能吃苦耐劳,遇事认真对待,认准的事,就应该力争,就应该竭尽全力去做。"[①] 这个旧时代的女性颇有胆识,尤其重视家中女子的教育,为此倾尽全力。祖母对冯钟芸影响深远,使她终身具有温和默言但坚忍不拔的精神品质。

　　父亲归国后,冯钟芸随父母及祖母在开封、天津、北平等地辗转生活,父母给了冯钟芸更深厚的学养熏陶,她的父亲腹有诗书、温文尔雅,矢志弘毅,这让少年时的冯钟芸比同时代的女性幸运许多,她比之他人有了更高更远的视野和勤于思考探究的品质。

　　当然,学校教育是塑造人的最主要因素之一,冯钟芸于北平师大女附中等校完成小学和中学学业。在中学时,她十分幸运,遇到一个好老师,这位老师讲课最善于画龙点睛,讲出要害,深入浅出,异常生动,而且这位老师情感丰富,每每上课时都讲得声情并茂,全身心地投入文海辞章,师生皆沉醉其间。这位老师还自己编选教材,每讲一篇课文,就会举一反三地增加相仿的篇目让孩子们拓宽思路,在文学素养的提高和写作阅读训练上对孩子们的帮助很大。这样可爱且认真的老师不仅引导孩子们喜欢语

---

① 冯钟芸著:《芸叶集》,新世界出版社,2002 年 1 月版,第 172 页。

文课，更引发了冯钟芸终生学习的兴趣，为她的求学之路打下了坚实的基础。

中学毕业，冯钟芸准备升入高等学府，北大对于酷爱文学的她来说自是首选，但时局纷乱，一个女子想要求学，万分艰难。

1937年，长沙临大迁往昆明，冯钟芸却错过了这次西行——因着家庭变故，母亲心力交瘁，猝然病倒，长兄冯钟豫学的是水利工程，此时清华接受山东省济宁县委托，画全县的地形图，冯钟豫在外实习。七七事变猝然爆发，穿过激烈冲突和对抗的战区变得异常困难，冯宗豫只能先取道至长沙，寻求暂时的安稳。没有父母和长兄的庇护，长姐如母，冯钟芸肩负起家庭的重责，悉心照顾弟妹。第二年，冯母病愈，冯钟芸找了一个伙伴，才动身前往昆明。

侵华日军如同失控的野兽，四处肆虐，硝烟弥漫，阻挡前行的道路，陆地交通完全处于停滞状态。但一切困难都无法阻碍像冯钟芸这样的进步青年朝圣般去往昆明。她先乘海船从北京到香港，再从香港绕道至越南，再辗转从越南前往昆明——在那里，她度过了人生中最丰富、最美好的一段岁月。

1938年，冯钟芸到达昆明，就读于联大中文系，直接受教于朱自清、闻一多、陈寅恪、罗常培等名师。三年时光倏忽即逝，在联大，冯钟芸如饥似渴地学习，埋头于浩瀚书海，于1941年毕业。

毕业后，冯钟芸在联大附中担任语文老师，这个工作对于文静内敛、热爱文学的女孩子来说是最佳选择，深厚的文学底蕴和这段教学生涯的实践为冯钟芸日后成为我国著名的语文教育家奠定了良好的基础。

1941年到1943年，冯钟芸做了两年的中学老师，她教书认真，极其耐心，深受孩子们的喜爱。无心插柳柳成荫，她还意外地收获了命定的姻缘。

此时，联大附中来了一个代课老师，他温文尔雅、博闻多识，虽没有教过小孩子，但很有孩子缘。他还和冯钟芸的大伯冯友兰先生有很深厚的渊源，他，就是后来同冯钟芸相伴一生、恩爱白首的任继愈先生。

2. 珠联璧合

冯友兰先生和任继愈先生不仅有师生之谊，细数他们的渊源，发端要早得多。

1932 年，任继愈先生在北平大学附属高中读书，当时国文老师讲课选了不少辅助教材，其中就有几个大家如胡适、梁启超、张煦、冯友兰等关于老子年代的学术争论。正是在这一众大儒的熏陶感染下，任继愈毅然选定了北大哲学系，把哲学研究作为自己的终生理想。

对冯友兰先生，年轻的任继愈是敬爱甚至崇拜的，他反复揣摩冯友兰先生每一次演讲的内容，初入北大就拜读了冯先生的《朱子的理和气》，他清楚地记得《新理学》扉页上"鲁鱼亥豕君休笑，此是当前国难图"的题诗；他坚定地站在冯先生这边支持"中国有哲学"的论点；岳麓山下的临大，冯先生开设《朱子哲学》，先生毫不犹豫地去选课。在学习的过程中，他对于冯友兰先生"以简驭繁、高度概括"的学习方法和"深思笃学、逻辑缜密"的治学态度钦佩不已。当然，此时的任继愈先生做梦都没有想到，会在万千人中恰好遇到冯钟芸，也没有想到月老早为他俩悄悄牵好了红线。

1941 年，任继愈先生在西南联大担任讲师，生性淳厚的他受到很多同事的喜爱。哲学系副教授王维澄的妻子在联大附中教书，不巧生病请假，王维澄便请老友代为授课。

虽说这个青年讲师学富五车，但教小孩子还是让任继愈先生觉得为难，学哲学的人去教语文，总让人有点惴惴。教就教吧，且试试看。任继愈先生做梦都没有想到，他的助人为乐之举，竟成就了自己一生的良缘。

其时，冯钟芸所带的班就在隔壁，同是教语文，任继愈先生时常向冯钟芸请教问题，一来二去，两人就熟识起来。稍一攀谈，先生得知她是冯友兰先生的侄女，亲切之感油然而生。

月老喜见佳缘，竭力牵线玉成。1943年，冯钟芸被聘到联大中文系当助教，成为西南联大第一位女教师，她与任继愈先生的接触愈加频繁。两个年轻人俱是性格沉静端厚之人，一部《四部丛刊》悄然将他们的距离拉近。

联大匆匆迁至昆明，大量古籍善本无法随校迁行，寻找资料十分艰难，任继愈先生研究中国哲学史，《四部丛刊》十分有用，常去借阅。正巧，冯钟芸备课也常跑去借书。图书馆里、古籍丛中，两个熟识已久的年轻人，越发生出好感，志同道合的他们，由衷地添了一份对彼此的欣赏。

任继愈先生常去冯友兰先生那里探讨哲学问题，两个年轻人不期而遇的机会越发多了。先生讷言，自述"我不大说让人听了喜欢的话，冯先生说'这个人怎么不会献殷勤'。直来直去，与别人不大一样"。[1]

冯友兰先生很为他们终身大事操心，而且，替任继愈先生和冯钟芸着急的大有人在。

联大中文系系主任罗常培先生对这个潜心向学的年轻人印象非常好，冯钟芸又正好在罗常培先生这里当助教，她性格温婉，学识丰富，罗先生亦很喜欢，因比，他对两个年轻人的婚事很是用心。

---

[1] 任继愈著：《念日企新·爱情与婚姻》，人民日报出版社，2011年1月版，第219页。

任继愈先生的导师汤用彤先生看到良缘得配很是欢喜，想尽早促成这门婚事。于是汤罗两位大儒兴致勃勃做起了红娘，努力为年轻人制造机会。

汤用彤先生家里时时有客人到访，每到这种热闹的时候，他便赶紧邀请任继愈先生和冯钟芸两人去吃饭，这样就避免了刻意撮合的尴尬；罗常培先生则有空就请他们逛昆明滇池公园。

昆明是有名的花都春城，滇池温润，鸟禽相嬉；平湖沿堤，垂柳拂面；水中沙渚，茂林掩映，每至黄昏，湖畔即可见情侣漫步絮语。任继愈先生和冯钟芸就在这个最自由、浪漫的地方拉近了心与心的距离。

两位老先生的良苦用心，任继愈先生和冯钟芸心里十分感激。回想当时情景，先生一生难忘，他说："那时老师对学生很关心，流亡时期，国破家亡的时候，师生之情很重。"[①]

两个年轻人性情相近，情愫暗生，见面无所不谈，感情越来越好。

任继愈先生希望和心上人早结良缘，可 1943 年春天，先生的母亲去世，他既要为母亲守孝服丧，又觉得"家里没人"，无人替自己明媒正娶地商谈婚事，颇为踌躇。这时，汤用彤先生以家长身份去冯家提亲，促成了这段大好姻缘。"汤先生提亲很郑重，那时都穿长衫，他（汤先生）还加了一件马褂，很有诚意，跑到冯家去。"[②] 于是，任继愈和冯钟芸的天作之合终于落定。在汤用彤和罗常培先生的主持下，他们举行了一个简朴的订婚仪式，证婚人就是罗常培先生。

1945 年 8 月 15 日，日本无条件投降！李白诗云"国耻未雪，何由成名"，十四年抗战，举国同心驱除夷寇，现在国耻已雪，九州同春，任继

---

① 任继愈著：《念旧企新·爱情与婚姻》，人民日报出版社，2011 年 1 月版，第 219 页。
② 任继愈著：《念旧企新·爱情与婚姻》，人民日报出版社，2011 年 1 月版，第 219 页。

愈先生和冯钟芸终于在这个举国欢庆的日子里缔结良缘。

1946 年，西南联大完成历史使命，恢复原清华、北大、南开三校建制，汤用彤先生任西南联大常委会代理主席兼北大文学院院长，负责北大复校、选聘教师等事务，由他签名盖章的聘任继愈等人为讲师的文件至今仍完好保存在北大档案馆，卷宗号 BD1946048-1。任继愈先生和冯钟芸双双回到北大工作。

从此，任继愈先生和冯钟芸投身到学术中去，伉俪齐驱，如星月双辉，互生光华。

3. 相濡以沫

熟悉任继愈先生的人都知道，他一生很少记录自己的事情，但却有一本《竹影集》衣稀可窥见他生命的印记。何以命名为《竹影集》呢？一则任继愈先生爱竹，在北京南沙沟的家中栽植着郁郁翠竹，那婆娑的竹影常常邀来他写作的灵感；二则妻子冯钟芸女士有一名为"芸叶"的文集，"芸叶"对"竹影"，相映成趣，聊表情思。

任继愈先生夫妻情深，琴瑟和谐，事业上，他们深有默契，共同进步；生活上，彼此照顾，相互陪伴。只要回忆起任继愈先生，许多人都会不约而同地想到冯钟芸，他们似乎是须臾不可分的。

冯钟芸为人师表，桃李遍天下。她的学生对她的印象十分深刻。"1958 年她为中文系本科生开讲隋唐五代文学史，我当辅导老师，对象是1955 级的学生，冯先生以其亲切和蔼的风格，简明朴实的语言赢得了他们的赞扬。"袁行霈在《八挽录》里这样回忆老师。

袁行霈受教于冯钟芸，后任教北大中文系，回忆恩师，过去温暖的时光历历在目，"（她）毫无教授的架子，我们对她有一种格外的亲切感"。

谈到冯钟芸为人时,他说:"冯钟芸先生是冯友兰的侄女,任继愈的夫人,北大资深教授。她治学严谨,上课时不苟言笑。然而在我们的毕业照中,她却面带微笑,和蔼亲切。我似乎有所体会。对冯先生来说,上课是治学,而照相则是生活。"

冯钟芸不但对学生认真负责,而且对人也很热心,袁行霈跟随恩师多年,能更深刻地了解她内柔外默的性格。她表面上总是跟人保持一点距离,不很热情,但朝夕相处就能看见她的赤诚之心。袁行霈的姐姐生重病没钱医治,冯钟芸主动拿出 300 元借给他,以解燃眉之急。"她将钱递给我时表情很平淡,既没有多余的话也没有一丝怜悯,好像是一件平常不过的小事。"正是这种雪中送炭的热心肠,让学生们久久怀念。

除了为人善良和治学严谨,冯钟芸的学生常能收获意外之喜——任继愈先生从无架子,不求任何回报地同妻子一起帮助着这些年轻人。

中国人民大学教授刘天寿与任继愈先生及冯钟芸相交 60 年,在他的记忆中,两位长者一般善良,一般慈和。

抗战胜利后,年轻的刘天寿作为马来西亚华侨倍感振奋,他毅然辞别父母,只身回到祖国。和当时那些经济状况较好、带着骄矜之气的华侨学生不同,刘天寿家境不佳,不但出不了风头,连生活也难以维持。1950年,他考取清华大学中文系,当时冯钟芸是他的班主任兼写作实习课老师,冯钟芸和任继愈先生看他为人忠厚老实却手头拮据,常常接济他。

1951 年,刘天寿得了很严重的肺病。当时这种病无药可治,医院不愿意接收。在冯钟芸再三恳求下,医院考虑到他是归侨,在国内举目无亲,勉强同意接诊。孤身一人的刘天寿在医院一躺就是 8 个月,期间得到了任继愈夫妇无微不至的照顾——他们不但给这个举目无亲的年轻人垫付医药费用,还承担了护理的重担。在两位长者的精心照料下,他竟奇迹般地活了过来。

刘天寿和夫人余钟惠将任继愈夫妇视作"一辈子的导师"，在他们眼里任继愈先生和冯钟芸一样，都是值得敬爱一生的长者。

刘天寿家里能做"十香菜"，这是江苏民间过年才做的一种佳肴，工序十分繁杂，味道也很可口。任继愈先生从来不喜学生后辈给他送礼，哪怕是茶叶之类也要拒绝，但先生很喜欢吃这"十香菜"，刘天寿就用最朴实的方式表达自己的感恩，每年都让老伴做这菜，而且每次做出来，就先给先生送去。

只要是冯钟芸的学生，任继愈先生都视作子侄，他不仅在生活上和妻子一起照顾学生，在学业上也给予关键性的指点。

中国人民大学教授张国风也是冯钟芸的学生，任继愈先生爱屋及乌，对他从来不吝教诲。

张国风在硕士生阶段跟随冯钟芸学习，师生相处甚洽。后报考了吴组缃先生的博士生。冯钟芸非常支持他的选择，送他一套人民文学出版社的《金瓶梅词话》，任继愈先生对他的专业学习还专门进行指导："你虽然改为攻读小说了，平时还是要读读唐诗宋词，去俗。"①

对此，张国风深有感悟："我想是这个道理。明清小说多写酒色财气，多写世俗的生活，而诗歌的秘密在于提炼优美的形象，与世俗离得比较远。我也由此联想到，天长日久，研究对象对于研究者有潜移默化的作用。"②既求美，又去俗，这样的良言对张国风的治学影响十分深远。

张国风完成博士论文《〈儒林外史〉及其时代》后，任继愈先生提议他写一篇八股文找找感觉，说八股文也是一种智力测验。张国风曾将王弼

---

① 张国风：《任继愈先生漫谈录》．［2016-4-15］.https://www.tsinghua.org.cn/info/1951/20749.htm
② 张国风：《任继愈先生漫谈录》．［2016-4-15］.https://www.tsinghua.org.cn/info/1951/20749.htm

的《老子指略》翻译成现代汉语,任继愈先生在细细翻阅和思考后说:"翻译古代哲学家的著作,要弄清他使用的主要的概念,它的内涵和外延。光用古汉语的方法是不够的。古人抽象思维的水平,无法与今人相比,他们所用的概念,不能达到今人所达到的高度抽象的水准。"[①]

每一句嘱咐、每一次教诲都历历在目,冯钟芸的学生大多受过任继愈先生的教诲,也许是三言两语,也许是精心指点,总之,任继愈先生将妻子的学生视作自己的子弟,从不藏私,于是乎,冯钟芸的学生都得到两位硕儒为师,实乃大幸!

学生、同事和朋友眼中的任继愈先生和妻子是恩爱夫妻的典范,他们生活朴素,始终相伴相守。

任继愈先生曾治学于墨子,因着这项研究,先生和墨学研究专家张知寒结缘,二人书信往来,互通有无,彼此器重,引为同调。

张知寒教授去世后,任继愈先生和冯钟芸深切怀念旧友,给予他的遗属许多帮助和安慰。有人邀请任继愈去作讲座,他以年老婉拒,但被劝说可以顺便去看一下"张师母",先生就欣然应允。85岁的任继愈先生一只眼睛已经失明,为了看望好友之妻,他拄着拐棍,和冯钟芸"手牵着手到济南"看望张师母。那种由爱情升华而来的亲情、那种不离不弃的陪伴、那种时光不老的相携,让人铭感于内。

宗教研究所的黄陵渝跟冯仲芸女士接触不多,但任继愈先生与夫人相濡以沫的夫妻之情深深打动这个晚辈——他们的感情因为平凡更显感人。

黄陵渝记录过一件非常微不足道的事情:宗教研究所曾让她陪任继愈先生演讲,到了饭点儿,先生热情地邀请她到家里去吃饭。冯钟芸没有想

---

① 张国风:《任继愈先生漫谈录》.[2016-4-15].https://www.tsinghua.org.cn/info/1951/20749.htm

到有小友来家，只能把准备好的米饭和空心菜炒肉丝端上桌。冯钟芸亲切称呼她为"小黄"，她和先生不断地给"小黄"夹菜，结果有限的肉丝都被"小黄"吃了，两位老人吃了素。每每回想到这件小事，冯钟芸的温柔平易、二老的朴素勤俭都让黄陵渝叹服良久。

2004 年，黄陵渝去立陶宛调研犹太教历史与宗教文化，一回到国内，她就迫不及待地向任继愈先生汇报。先生去上班了，冯钟芸接了电话，殷切嘱咐说："小黄，任先生现在上班去了。你中午一定要来电话，给他好好讲讲，他可爱听这些事了……你一定要来电话啊！他爱听！"①

后来，在电话中，黄陵渝足足和任继愈先生汇报了快两个小时才打住。但任继愈先生还没听过瘾，开怀地笑道："小黄，欢迎你继续汇报！"果然，如冯钟芸先生所言的"他爱听"。妻子对丈夫知之甚深，这也是一种高山流水遇知音的小确幸，难怪任继愈先生难得置评他人家事时说了一句很朴实的话："半路过的怎么也不如原配的好。你说呢？"说这句大实话和大俗话的时候，先生不忘得意地转身去问自己的老妻，冯钟芸斩钉截铁地说："对！夫妻还是原配的好！"

这是观点，是默契，也是誓言。

4. 白首之约

任继愈先生家的书架上并排放着两张照片，一张是 1958 年在中关园拍的黑白照，一家四口其乐融融；一张是 1985 年在中山公园拍的彩色照，任继愈先生和冯钟芸并排坐在紫藤萝架下。这两张照片展示了一对普通夫妻几十年的时光，最后，子女离巢，留下他们共续白首之约。

---

① 黄陵渝：《有情有义的任继愈先生》．［2010-8-11］．http://iwr.cass.cn/zj/zjxz/hly/zxwz/201003/t20100331_3106250.shtml

任继愈夫妇相守六十余年，他们享受的是平凡夫妻的生活，谱写的是平凡夫妻的恩爱，但这种挚爱深情尤为刻骨铭心。

2005年1月，冯钟芸因心疾溘然长逝。外人很难察觉到任继愈先生的悲恸，他仿佛沉默依旧，但他的学生杜继文记录了先生当时的真实心境：

> 当时他就跟我们讲，他老伴走了以后，他很放心。为什么？他老伴晚年以后有点痴呆，他说如果他要走在老伴的前面，谁照顾她？而今，任老现在亲眼看着，并把老伴送走了，这样任老就解脱了，就觉得不会再有负担了。他们的感情非常深，非常深。①

梧桐半死清霜后，头白鸳鸯失伴飞，爱侣离别让人思之无穷，恸之无穷。

任继愈先生对妻子的关爱一直是细心的，在纪念熊十力先生的文章中，任继愈先生打趣熊先生"吃了一生没有味道的饭"，恰巧，冯钟芸上得了厅堂，却不擅进厨房。为此，家务中做饭这一项通常由先生来承担。虽然"君子远庖厨"，但生活如涓涓细流，亲手为妻子做饭，饮食亦成为生活百味中最重要的一味。

任继愈先生是著名学者，更是一位平凡的丈夫，他对妻子极其尊重，从无骄人之态，他们在工作上相互扶持，在生活中相敬如宾，尊重彼此的空间。先生说："对方对你的工作应该了解，了解它的重要性，了解它的意义，这个很要紧。不了解的话，不好办。"

任继愈先生声名卓著，家里经常会有学生、朋友、记者往来。人来人

---

① 李娟：《任继愈：热风冷雨过来人》，[N].济南时报，2009-7-18。

往时，先生必是耐心相待，但为了不打扰妻子的私人空间，将更多的宁静留给妻子，他会婉拒外人进入书房、卧室的要求，因为那是他与妻子生活的地方，而不是他荣誉上的勋章，他所守护的是他安宁恬淡的生活和他温柔体贴的妻子。

一位国图的工作人员曾这样叙述二老的生活细节——任继愈先生的视网膜曾经脱落，因医治不及时视力不好，养成了早睡早起、清晨工作的习惯。而冯钟芸却喜欢熬夜，常常深宵笔耕。二老就相互尊重，求大同而存小异。先生工作时，冯钟芸从不随便打扰，实在有事，就悄悄地走到先生身边，柔声细语地说。有一次，还曾因此发生过有趣的小误会。

那天，那位工作人员坐在任继愈先生对面，在电脑前录入文稿，冯钟芸有事来找丈夫，走近任继愈先生说："宝宝，我……"工作人员抬起头，略显惊讶，然后暗暗一笑，没有作声。

事后闲聊时，那个工作人员问冯钟芸："……哎，那天您找任先生说事儿，怎么叫他来着？哈哈，是不是叫'宝宝'？"

冯钟芸闻言一愣，一头雾水，随即立刻明白了，不由开心地笑着回答："哪里啊，我是随着孩子叫他爸（bǎ）爸（ba）呢。"

一个"爸"字的发音，竟闹出这样的误会！工作人员笑了半天，后来还把这个误会说给任继愈先生的女儿任远听。任远说，哈，他们才没有那么浪漫呢！

其实，任继愈先生夫妇之间的感情是深沉而不乏浪漫的。他们的相册中保留着一张色泽已有些斑驳的老照片——长堤上，绿荫下，一对恋人手拉手、面对面，年轻的身影十分浪漫，不就是夫妇二人么！

晚年的冯钟芸患了脑软化，记忆力不好，几次晕倒。任继愈先生发现妻子特别健忘，忍不住和学生李申倾诉，说这话的时候，先生的神情特别痛苦。从冯钟芸生病开始，家里的角色就倒过来了，先生不厌其烦地看护妻子，不通庶务的他特地跑到前门外的同仁堂药店买来治疗仪，只要有空，就亲自摆弄，为妻子做理疗。冯钟芸患了牙病，先生会亲自挂号，陪同她去医院；冯钟芸不舒服，先生顶着烈日，在40度的高温下，拄着拐杖走了四站路去买药……

总之，不管在何种场合，朋友、学生们能忆起的就是任继愈先生和冯钟芸"在一起"的场景。2004年，林庚先生九十五岁华诞，在祝寿会上，任继愈先生夫妻双双出席，学生袁行霈见冯钟芸的双眼添了一圈黑晕，两颊也陷了下来，显得苍老了许多，显然病得厉害。

2005年5月30日，冯钟芸晨练后觉得有点累便躺下休息，这一躺竟成永诀。

虽然"生则乐生，死则乐死"，安时处顺是极豁达的人生态度，但生离死别之痛如此之巨，让任继愈先生这样"沉思无言貌肃庄"的老人亦哀痛不已。

黄陵渝闻讯写了《悼钟芸先生》的挽诗，念给任继愈先生听。没想到先生听完，悲从中来，泪流满面。先生向来不动声色，严格控制情感外露，即使在他生气愤怒时，也只是脸上的肌肉稍稍扯动一下，而此时，先生脸上热泪纵横，可见失去爱侣刻骨铭心。

任继愈先生的儿女在《永远珍藏的记忆》中写道："1946年，（父母）二人在北京举行了婚礼。从那时起一直到晚年，二人相濡以沫，再也没有分开过。2005年妈妈不幸去世。爸爸在送别卡上这样写：'钟芸，你暂时离开了，可是我们永远在一起，永不分离。'妈妈告别仪式那天，爸爸早晨3点多就起来了，仔细地洗头、洗澡、剃须、穿上干净的白衬衫。在遗体告别仪式的两个多小时内，他身后椅子也不曾坐一下。仪式结尾，家属做最后的告别时，爸爸走到妈妈旁边，伸出手去，轻轻地、轻轻地摸了一下她的头发和脸庞，好像怕惊醒她的睡眠。眼泪顺着爸爸的脸流下来。"①

执子之手，与子偕老，任继愈先生和冯钟芸的爱情、他们相濡以沫的时光、他们相携享受的岁月都值得被温暖追忆。

① 《我们心中的任继愈》编委会：《我们心中的任继愈·任远、任重：永远珍藏的记忆》，中华书局，2010 年 4 月版，第 384 页。

（二）父子情浓

> 曾子曰："士不可以不弘毅，任重而道远。仁以为己任，不亦重乎？死而后已，不亦远乎？"
>
> ——《论语·泰伯》
>
> 爱子心无尽，归家喜及辰。寒衣针线密，家信墨痕新。见面怜清瘦，呼儿问苦辛。低徊愧人子，不敢叹风尘。
>
> ——蒋士铨《岁末到家》

作为儒家的弟子，曾子生活在天下大乱、礼崩乐坏的春秋末期，他以高度的历史使命感和社会责任感，认定"士"就应兼济天下，以天道为法、以万民安生为己任，把实现"仁"的理想作为自己的责任。惜乎尧舜不再，有志之士筚路蓝缕以行，才能实现理想。

任继愈先生以"任远""任重"为孩子取名，寄托的是深重的理想。

导演张曼菱因为《西南联大行思录》与任继愈先生结缘，先生走后，她欲写一些纪念文字，任重说："写我家老爷子，尽管你文笔极好，思想深刻，估计也不会太吸引读者。和季先生（季羡林先生）比，他太简单了，没故事。"①

"没有故事"体现的是任重对父亲的敬爱，因为在他眼中，父亲如同一座山，静默坚实，先生的慈祥智慧与儿子的尊敬追随构造了一份恒久的父

---

① 张曼菱：《谁令骑马客京华》．［2023-7-20］.https://www.aisixiang.com/data/144638.html

子情。

任继愈先生和冯钟芸育有两个孩子，1950年女儿任远出生，6年后，又得小儿任重，儿女双全是父母之喜，但从孩子们的名字就可以看出先生"士不可以不弘毅，任重而道远"的寄托，惟愿一双子女乘风破浪前行，践行"仁"者理想。

任继愈先生的一生文无妄作，人不虚生，是对子女最好的教育。虽然没有得到父亲最多的时间、最大的关注，但在任远、任重心中，父亲是极其了不起的一个人，这种孺慕之情溢于言表："我们的父亲的一生经历过军阀混战、抗日战争、国共内战，经历了诸多政治运动。他这一辈子，不畏疾病，不畏逆境，不惧压力，尽自己最大的努力，为中国文化作出了一份贡献。各种磨炼使他的意志更加坚强，思维更加敏捷、锐利，看问题更加深刻、有远见；无论做人，做学问，都是我们学习的榜样。"[①]

1. 润物无声

父母爱子出于舐犊天性，但教子是个千古难题。大诗人陶渊明年过不惑，因5个儿子皆不成器，以幽默和自嘲的口气写下《责子》：

> 白发被两鬓，肌肤不复实。
>
> 虽有五男儿，总不好纸笔。
>
> 阿舒已二八，懒惰故无匹。
>
> 阿宣行志学，而不爱文术。
>
> 雍端年十三，不识六与七。

---

① 任重、任远：《一份谈话记录和半个世纪的演绎》，[N].中华读书报，2016-4-6。

通子垂九龄，但觅梨与栗。

天运苟如此，且进杯中物。

陶渊明虽责子愚顽不灵，语气好气又好笑，但字里行间流露出的骨肉之情大约和苏轼的"惟愿孩儿愚且鲁，无灾无难到公卿"仿佛吧。

《聊斋志异》中有故事说富户谭有利欠人四十千钱未还。他中年得子，孩子常常生病，早早夭折，谭有利一算，这个孩子正好花去他四十千钱，分毫不差。也就是俗话常说生子不肖形同讨债，教子不严遗祸无穷。

古人讲"父母爱子则为之计长远"，真正有远见的父母一定是"爱子，教之以义方"的，因为教之道，德为先，父母对孩子要以立德为先，不施溺爱，不以宽纵，不利欲求，努力培养孩子正确的价值观。反之，"爱之不以道，适所以害之也"，所以有"溺子如弑子"的警言。

任继愈先生生性宽和笃厚，"内养"达到了举重若轻的境界。他在教子时从不高声张扬，亦不批评打压，他最重身教，总是淡淡的、轻言细语地让孩子自我觉悟，因此，任远、任重身上毫无纨绔骄矜之气，只有朴实率真之风，实属难能可贵。

在孩子们童年的记忆里，也许母亲冯钟芸的形象更鲜明、温暖些。虽是北大的老师，但冯钟芸一直亲自教养孩子，时时将他们带在身边。那时，孩子们尚小，晚饭过后，金色的夕阳里，文史楼前，梧桐树密密的树荫下，冯钟芸带着一双儿女给学生们辅导功课，她毫无教授架子，一边亲切地为学生们答疑解惑，一边用关切的眼光照拂着孩子。

此情此景如诗如画，写满温柔。

如果说母亲承担起孩子们生命最初阶段的温暖，那父亲给孩子们更多的是生活的方向和人格的指引。在任继愈先生眼中，教育是十分重要的命题，教育可以医愚，教育可以创新，因此他总是用润物细无声的方式教育子女。

任继愈先生的墓前有一块形状自然、不加雕琢的碑，碑上有一行字——"生而有涯，学无止境"，这同时也是任远的座右铭。任远说，父亲看重学习，但从不看重成绩，"重要的是你努力去学了，感觉学到东西了"。任重小学时曾兴奋地拿着"双百"的成绩单向父亲"报喜"，让年幼的他失望的是，父亲对此基本不作评价。当然，有利有弊，孩子们成绩差的时候"他也不会批评"。任重说起幼年之事，嘴角噙着笑，仿佛回到那温馨的时光中。

也许是自小被父亲放养的缘故，任继愈先生自己做了父亲后，对孩子也从不拘束，是个慈父，他对带孩子们去"玩"十分上心。他会和"儿女们一起做游戏，一起种花草，一起制作点心，还会亲自用瓜子仁在点心上摆成一朵小花。在北京大学工作期间，还常常带孩子们去颐和园划船"①。

任继愈先生自己不庆生，但孩子们的生日他牢记在心。他会亲手在贺卡上画圆脸大眼睛的猫，还配"小黄猫，两个眼睛大又圆，早睡早起精神好"的儿童诗。不仅如此，先生还颇费思量地指引孩子们到床底下去找生日惊喜，又在床底留下纸条说在书架上，接着又在书架上贴着纸条提示孩子们去某柜子几层里找。当孩子们经过一系列寻宝之旅找到贺卡时，顿时欢呼雀跃。这种独特的童年记忆让孩子们终身铭记。

任重说自己的童年回忆十分愉悦，父亲常带他们亲近自然，去公园玩时，鸟鸣花香，空气清新，在自然天地间，任继愈先生教孩子们细细辨识各种花鸟昆虫，观察它们的习性。有一次，先生和小任重捡到了别人扔掉

---

① 李申著：《任继愈传》，河北人民出版社，2016年9月版，第340页。

的一把马莲，父子二人一起将它种在自家院子里，夏天到了，院子里开出一丛丛浅蓝淡紫的花儿，很是漂亮，父子俱是欢喜。

"父亲也非常重视实践的作用"，任重说。任继愈先生让任重制作半导体收音机，做出来后，父子俩稍加改造便投入使用，这个"自力更生"牌收音机在家里用了很久，先生常常听它以消闲愁。

在困难时期，任继愈先生得了一本大挂历，用完了，觉得弃之可惜，就带着两个孩子将日期一一剪下，再按照新的一年的日历重新粘贴，这样一贴就是一整天，这不仅是挂历的"整旧如新"，也是一种动手实践和亲子陪伴。

任继愈先生对孩子的慈爱宽和是否出于科学的育儿经验很难说，不过，亲近自然、探索自然，让孩子们获得丰富的知识经验，提升他们的认知能力，激发创造力和想象力，十分重要。当然对于任继愈先生来说，享受亲密的亲子时光也许更重要。

这一点可以从汪曾祺先生处得到印证。汪曾祺先生的父亲心灵手巧，整天带着孩子们做各种玩意儿：元宵节，他以通草为瓣，用西洋红染出深浅做荷花灯；清明节，他用药店里称麝香用的小戥子戳蜈蚣须，做蜈蚣风筝；夏天，他给孩子们糊透明的盒子，让孩子们看到金铃子吃梨的生动画面……

种种美好汇成汪曾祺的回忆和文字，他在回忆文章中写道："我想念我的父亲，我现在还常常梦见他，想念我的童年，虽然我现在是72岁，皤然一老了。"闻者无不唏嘘。

慈爱的父亲是孩子们所乐见的。当然，勤奋严肃的父亲更是孩子们所敬佩的。

任远、任重的孩童时期正好是任继愈先生学术研究的最好时期。新中国给了知识分子自由、和平、活跃的学术研究沃土，北大民主奋发的学术空气深深鼓舞着像先生这样的知识分子，此时正是这一辈四十不惑的学人奋发自强、以学术报国之大好时光。

搬入中关园之后，任继愈先生将自己的书斋命为"中关虚舍"，以惕惕然之态警诫自己只争朝夕。"笃志而体，君子也；齐明而不竭，圣人也"，任继愈先生大概就是以这样的勤勉来迎接自己的学术春天。

此时的任继愈先生正当年，白天，他在北大任教，那时的北大群英荟萃，名师如云。浦江清讲宋词元曲，季羡林讲东方文学，冯至讲德国文学……任继愈先生亦尽情发挥所长。未名湖的波光、华表的柱石、博雅塔的檐砖皆能见证他废寝忘食地上课、开会、学习、工作；无数寒夜里，先生赶回家，匆匆吃一口饭，还来不及抱一抱孩子，就以灯光为伴，在自己设计的小炕桌上，用小被盖脚，拉来一个灯泡，彻夜不眠地撰写讲义提纲，完成了很多学术专著。

斗室狭仄，小炉取暖，灯光如豆，奋笔疾书的父亲给孩子们留下深刻的印象，父亲治学严谨、谦虚低调、为人勤勉的品质给予任远、任重终生的动力。

作为学者，任继愈先生深刻明白少年易学、光阴不可轻的重要性，他自然希望儿女成为栋梁之材，但先生从不对孩子们的成绩或学业有任何强制性的要求。在任远和任重很小的时候，任继愈先生就经常给他们列书单，让他们多读书。先生让孩子自由发展，以自学为主，按照自己的兴趣去寻找人生的道路。他极其反对按照固定标准、把孩子放到流水线上去教育培养，因为这样会损伤孩子自由的天性。

不过，自由发展不等于放任自流，读书可以自由，写作可以自主，但像乘法表和汉语拼音之类的基础知识就必须在父母监督之下牢记；更要紧的是，对着圆明园的断壁残垣和英法联军侵华的史实，任继愈先生常常给孩子们讲历史的大是大非，他不希望儿女淡忘国耻，因为这是他亲身经历的痛苦。

宋人刘过《书院》诗云："力学如力耕，勤惰尔自知。但使书种多，会有岁稔时。"任远和任重学习的黄金时期被"文革"打断，但在父亲的督促下，动乱一结束，他们就振奋精神，重整旗鼓。

任继愈先生以微笑和赞许来奖励儿女们的好成绩；但当困难挫折降临，先生总是温言相劝，鼓励儿女坚持努力，克服困难，继续前行。

任重在恢复高考的第二年想重回大学深造，但连着两年考试失利。任继愈先生没有给儿子任何压力，而是百般宽慰，鼓励他自学，后来，任重不负老父所望，考入北大。

王蒙先生在回忆老大哥任继愈先生时曾说过一件小事，他去加拿大讲学时，曾替在加拿大读博的任远带去中药、肉块豆腐和干炸酱，那是"她的老爹带给她的"——众人眼中的哲学大家，在女儿面前，不过"老爹"而已。

1995年，任远已过不惑，离家日久，做博士论文又遇到极大的困难，这个时候，她得到最温暖、最坚韧的鼓励还是来自父亲："进取心，使人振奋；安于现状，使人沉沦。你在插队时，那么艰苦，全靠一股不安于现状的心气儿，才走出了一条路，这股劲儿松懈不得！一滑坡，很容易滑到坡底，收不住脚。我这些年，身体并不好，境遇也不大顺当，我就是仗着不服输的劲儿，走过来了，还有很多工作等着我去做。"[1]看着父亲的手书，任远释然。

---

① 《我们心中的任继愈》编委会：《我们心中的任继愈·任远、任重：永远珍藏的记忆》，中华书局，2010年4月版，第382页。

正如晚唐诗人曹邺在《北郭闲思》中所说："每思骨肉在天畔，来看野翁怜子孙。"任继愈先生惦念远在天边的女儿，频繁地给她写信鼓励，告诉她"跑完这万米长跑的最后一圈，就是胜利"[1]。

除鼓励的话，先生给孩子更多还是絮语和温情，他在信中闲话家常，比如"窗外的野猫，猫妈妈生了4只小猫，整天在我院子里跑"，还有"今天又见到谁了，他给了你一套邮票"等琐碎小事。此时，我们看到的不再是一个博学多识的智者，而是一个唠唠叨叨、普普通通的老父亲。远在异国的任远看到这些，温暖从心头升起："我能真切地感受到父亲的良苦用心、真情鼓励。"[2]

作为知名学者，任继愈先生从不在自己和儿女身上增添任何光环，关于儿女未来的发展，他始终抱着顺其自然的尊重。

在父亲的影响、陪伴和教育下，任远、任重皆有所成，他们的成功看似得来全不费工夫，但其中灌注了任继愈先生的无尽心血，既有学者"润物无声"式的睿智，亦有普通慈爱老父的苦心。

2. 诚恳做人

《史记》有云："其身正，不令而行；其身不正，虽令不从。"

父母是孩子的第一任老师，是孩子终生学习的榜样，言传身教、端正己身就能给孩子讲好人生第一课。真正智慧的父母教育子女无须三迁之累，只需身体力行；无须画荻之教，只需端正坦荡；无须曾子杀彘，只需春风化雨。

---

[1] 《我们心中的任继愈》编委会:《我们心中的任继愈·任远、任重：永远珍藏的记忆》，中华书局，2010年4月版，第382页。
[2] 《我们心中的任继愈》编委会:《我们心中的任继愈·任远、任重：永远珍藏的记忆》，中华书局，2010年4月版，第382页。

就是在没有压力的学习中，任远、任重皆有所成：任远师从季羡林，后在加拿大任教，从事宗教文化教学及研究，努力传播中国儒、释、道的传统文化；任重毕业于北大，就职于北大，学术上也颇有成就。说到自己获得成功的原因，任远和任重都归因于"父亲要求我们诚恳做人"这一点上。

任继愈先生在教子方面首先是以身作则的。谈起父亲，任重和任远不约而同地说，父亲从不要求他们什么，唯一的要求就是要有良好的品质。对于父亲的每一句话，任远和任重都铭记于心，并且在未来的人生中努力践行。任继愈先生曾在给女儿的家书中这样写道："要相信我们有能力，也有责任对中华文明有所奉献，即使不为目前，也要为后世；即使今天用不上，只要看到日后对社会有用，就值得去干。"[1]

任继愈先生十分重视历史，尊重传统文化，他认为其他古国比如古埃及、古巴比伦，因为文化没有保存好，文明亦冰释瓦解，因此了解历史，尊重历史，以史为鉴十分重要。为此，任继愈先生给远在海外的女儿写信道："读点历史，使人懂得'风物长宜放眼量'，不能用一时的行时或冷落来评量学术上的是非。有了这样的认识，心胸可以放得开一些，不至于追逐时尚，陷于庸俗。"[2]他还多次嘱咐正在读大学的孙子任苛学习历史，他说：因为中国人连自己的历史都不知道，国家是无法发展的。

在任远、任重看来，父亲是一个非常有责任心的人。他的责任心不仅体现在家庭内部，更体现在对社会、对家国的责任感上。

任继愈先生工作从未中辍一日，在北大、在宗教研究所、在国图，他

---

[1]　邢宇皓：《把知识奉献给人民》．［2009-7-17］．https://www.gmw.cn/01gmrb/2009-07/17/content_949796.htm

[2]　邢宇皓：《把知识奉献给人民》．［2009-7-17］．https://www.gmw.cn/01gmrb/2009-07/17/content_949796.htm

都夙兴夜寐，不辞劳苦，还自我解嘲说要"学习王阳明，一边做官，一边搞学问"。[①] 退休之后，先生也未曾懈怠一日，虽一只眼睛失明，虽夕阳将至，但他皓首穷经，始终埋头于书山辞海中。

作为和任继愈先生朝夕生活的人，任重对父亲异于常人的勤奋最有发言权。任重说父亲多年来坚持每日四点起床工作，进医院前还在进行《中华大典》的编纂以及《中华大藏经》的续编工作。此外，还有"佛教思想史"和"哲学史"等著作的编纂工作没有完成。

任重眼见父亲春诵夏弦，无时无刻不倾心于思考和学习，虽然理解，但亦惋惜："我父亲平时很勤奋，自己的事情却考虑得很少，他对于自己的工作都是有打算的。比如说他想要修订《中国哲学史》，但他觉得还是有必要把资料整理和积累这些事情先做完，认为这个做起来更难。他有很多想法都还没有做。他在上一代中未必是非常典型的学者，但跟下一代学者相比，我父亲这样的人已经很少了。"

任继愈先生弦断知音少。任远曾说过，父母晚年最常讲的一个词就是"寂寞"，这是一种"同道者稀"的感喟，子女们看在眼里，忧在心里。

《荀子·修身》里的这段话是任继愈先生一生最好的写照："劳苦之事则争先，饶乐之事则能让，端悫诚信，拘守而详，横行天下，虽困四夷，人莫不任。"

3. 清白做人

任继愈先生一生不为外物所役，不为荣辱所扰，从不急躁发火，也少有慷慨激昂，对名利都看得极淡，实是"不以物喜，不以己悲"的典范。

---

① 张国风：《任继愈先生点滴》．〔2019-1-25〕.https://www.tsinghua.org.cn/info/1023/33336.htm

先生对金钱极其淡泊,冯钟芸也对学生晚辈慷慨解囊,他们对人的大方仁慈、对己的克己廉洁实在是到了常人不可想象的地步。

宗教研究所的张伟达对任继愈先生的收入有一笔清楚的账,他在科研处工作时,先生将自己的稿费和讲课费都交给他代管,因为宗研所常年有很多没法报销的项目费用,先生就用自己的收入来填补这些账目。

另一位同事金宜久回忆说,他到加拿大参加国际宗教史协会大会,任继愈先生自己出资400加元,让他们为所里采购一架可以拍摄资料的相机。回所后,金宜久把相机和剩余的钱都交给了科研处。每一笔钱,进来是因为任继愈先生,出去是因为宗研所,先生从未计较个人得失,对金钱的态度极其淡泊。

作为一名高级学者和研究人员,任继愈先生的收入颇丰,先生被破格提升一级工资,他就觉得占了党和国家的便宜,立刻拿出来全交了党费,这党费比全所党费的总额还多。

"文革"后,知识分子的待遇得到提高,任继愈先生的工资收入高了不少,但他依旧没攒下什么私蓄,因为他发现有很多学者做了一辈子研究,很有学术价值,但由于太冷门、太专业无法出版。出于对这些学者和他们研究成果的保护,任继愈先生时常积极联系出版社,瞒着作者,自己出钱来请出版社出版。这些事,他总是默默地做,从不宣之于口,即便是子女,也是在他驾鹤后才知晓。

任继愈先生主编的书很多,他却把稿费全部分到编纂者身上,二十几年一贯如此。后来经费充足,办公室给先生每月8000元的主编费,他依旧分文不取,办公室同志拗不过先生,只好把这些钱存了起来。最后,这笔钱终于用到了先生自己身上——为他买下一方宁静的墓地。

此情此景,让人泪目。

任继愈先生就是这样公而忘私，就是这样慷慨到对金钱完全失去了概念，因此，他的个人生活极其简朴，布衣蔬食、粗茶淡饭就是他全部的享受。

因为疏于理财，勤于散财，任远和任重从未享受过著名学者子女的风光待遇，他们同父亲一样谨行俭用。李申曾和任重谈起过此事，他回忆说："先生对待钱财的问题上，我一直觉得先生很亏欠家里。有一次我问任远，怎么看这件事。任远淡淡地说，我们都有自己的工资，本来就没指望爸爸的钱。"①

作为子女，任远、任重知道父亲"对钱另有看法"，这种看法使得子女没有沾过父亲的光，那么，作为子女，他们到底作何感想呢？答案大概就在他们的行动中。

冯钟芸去世后，一向沉毅默言的任继愈先生数度落泪，任重怕父亲夜深人静时悲伤过度，于是整夜不眠守在父亲卧室门口，慈乌反哺，依依不舍。

任继愈先生病重时，任远和几个子侄守在先生病榻旁，但任重始终没有出现，原来他也因癌症动了手术，可是子女们缄口不言，生怕走漏了一点消息，惹得老父心忧。

这两件小事足见任继愈先生和子女感情之深厚。任远和任重没有从先生处继承多少遗产，如果真的要说有，那大概就是先生的至诚无私了。

任继愈先生离开后，他留下的最大财富就是那汗牛充栋的图书，这些书涵盖了人文社会科学的各个领域，数量众多，非常珍贵，对于学者成长和学术发展具有极其重要的意义。任远、任重毅然把父母的藏书捐赠给清

---

① 李申著：《任继愈传》，河北人民出版社，2016年9月版，第333页。

华大学,可见先生的淡泊名利已经成为家风,在子女身上得以传承发扬。

当然,不敛财货能彰显任继愈先生的高风,不慕虚名更昭示先生的亮节。

有人说在任继愈先生的诸多经历中,最受关注的不是哲学、宗教学的研究,而是毛泽东对他的高度赞许。然而那次风口浪尖的会谈详情却几乎无人知晓,因为先生对此三缄其口。

作为最亲密的人,任重最早对此一无所知,他只记得有一辆车来接父亲去开会,因为汽车稀罕,他才隐约有了印象。后来,任重问过父亲他和毛泽东会谈的感受,任先生一句也不提自己所受到的肯定和褒奖,而是实事求是地说作为政治领袖,毛泽东博览群书,无论哲学、宗教、文学都有深入阅读,主席能准确引经据典来高屋建瓴地发表观点,那次谈话"轻松而且深刻"。

任重对父亲的缄口不言很能理解,因为他熟知自己的父亲是个怎样的人:"父亲一辈子学哲学,教哲学,研究哲学,对个人荣辱之类的事物看得比较透,比较淡。他看不上有的人借着领袖的威望树立自己形象。"① 因此,关于父亲同毛泽东会面这件事,子女们态度明确,"我们完全遵循他的一贯态度,他自己不说的,我们也不多讲。"②

大概在父亲离开后,任重才更明白自家窗前修竹的意义,他回忆说:"以前住平房,后来住楼房一层,他都会在自己窗前种上竹子,长到最茂盛的时候有几百棵,俨然是个小竹林,晚上群鸟栖息,白天阳光透过竹林照进窗户,室内一片淡绿。"③

---

① 任重、任远:《一份谈话记录和半个世纪的演绎》,[N].中华读书报,2016-4-6。
② 任重、任远:《一份谈话记录和半个世纪的演绎》,[N].中华读书报,2016-4-6。
③ 任重、任远:《一份谈话记录和半个世纪的演绎》,[N].中华读书报,2016-4-6。

苍劲挺拔的竹子如同君子一般清高正直，直立空心的茎象征着淡泊的风骨，因此任继愈先生犹竹，"未出土时先有节"。任继愈先生爱竹，先生去世后，那郁郁修竹竟开花、枯萎，大概冥冥之中自有天意吧！

"文化大革命"前后，任继愈先生都受到了批判，有时因为"右"，有时因为"左"。其实"右"也好，"左"也好，都是政治的风向标，在那场瞬间让人变得疯狂的"革命"中，先生不偏不倚，中正挺直。任重很明白，父亲作为一个把"气节"看得很重的知识分子，根本也不屑随波逐流。

"文革"中任重无学可上，就学着做半导体收音机，他别出心裁地给一个简易电唱机装了放大线路和喇叭，任继愈先生买了一张《国际歌》的唱片，那红色塑料膜的封面让任重印象深刻，父亲反复地听，并喃喃自语说："《东方红》多了，《国际歌》少了……"当时，年轻的任重并不明白其意，大概到了与父亲诀别后，他才恍然大悟吧——

"父亲一生遭遇到的各种工作上、生活上的逆境和困难，和国家发展遇到的情况同步。但是他从不怨天尤人，从不见他消极悲观，而是冷静思考，从中发现了更深层次的重大问题。"[1]

在任继愈先生的眼中，所谓财富、所谓名望只是生命的负累，只有将生命的光和热全部贡献出来，这辈子才算真正活过。举重若轻，不慕虚华，正是任继愈先生学者的本色，也是他作为父亲的深刻智慧。

---

[1] 《我们心中的任继愈》编委会：《我们心中的任继愈·任远、任重：永远珍藏的记忆》，中华书局，2010年4月版，第374-375页。

（三）兄弟情笃

孝弟（悌）也者，其为仁之本与！

——《论语》

使布立教于四方，父义母慈，兄友弟恭，子孝，内平外成。

——《史记·五帝本纪》

人在造化中，死死生生，化入化出，本是常态。像我这样的耄耋老人，早已看惯了，想通了，自以为解脱了。但是二哥的去世，却受到了考验。

——任继周《怀念继愈二哥》

"孝悌"是中国传统伦理的基本构成要素，《论语》第一篇就说"其为人也孝弟（悌），而好犯上者，鲜矣"，意思就是说，孝顺父母、友爱兄弟的人，很少会忤逆不道，孝与悌，是相生相伴的传统文化伦理准则。

"悌"指兄弟之间的友爱与恭敬，即家庭中兄长友爱并教养弟弟，弟弟恭敬与善侍兄长，家庭成员间有孝悌之心，即葆有赤诚之意，即固守仁爱之心。

胡惟庸案是明初的大案，东窗事发后，浙江郑家被举报与胡惟庸交往甚密，郑家面临灭顶绝族之灾。郑湜主动投案认罪，只求不牵涉，不株连，保一家老小。他的兄长郑濂听说后，申诉于官府说："吾家长，当任罪。"郑湜争辩说："兄老，吾当服辜。"郑湜兄弟争狱，朱元璋听闻后自有决断，他说："我知郑门无是，入诬之耳。"于是朱元璋将其兄弟二人"俱召入，劳而宥之，诏赐酒食，擢湜为福建参议"。

"宜兄宜弟，而后可以教国人"，家庭是社会的基本单位，也是社会情感、文化价值传递的起点。兄弟情笃家庭就会和睦，家族兴盛利于国家诚信良善风气的培育。为此，朱元璋笃信郑氏兄弟的人格德行，并大力褒奖以扬其嘉言懿行。

1. 兄弟怡怡

任继愈先生去世后，家中肃穆的灵堂里挂着四弟任继周的挽联：

教我学话 教我写字 教我直道宽容 虔敬入世 亦兄亦父 骨肉连理 何堪天人遽睽违

学您冶学 学您从业 学您坦对坎坷 沉潜励志 是师是友 意气交融 愿随穹宇常遨游

"亦兄亦父""是师是友"，是弟弟对哥哥的高度评价，也是对哥哥的深切怀念。即便已年过耄耋，垂垂老矣，但85岁的任继周先生痛失兄长依旧悲不自胜，他说："像我这样的耄耋老人，早已看惯了，想通了，自以为解脱了。但是二哥的去世，却受到了考验。"[1]

任继愈先生总共兄弟4人，大哥早逝，先生行二，三弟继亮，四弟继周。兄弟皆年幼之时，父亲任箫亭在外从军，不能兼顾家庭，母亲宋国芳要操持一家老小的生活，还要在战乱中艰难谋生，并不能时时细致地陪伴照顾孩子，十二三岁时，兄弟中最大的任继愈先生就身代亲职，承担起照

---

① 《我们心中的任继愈》编委会:《我们心中的任继愈·任继周：童心、朴实、宽容、进取——怀念继愈二哥》，中华书局，2010年4月版，第386页。

顾幼弟的责任。

"二哥的童心突出"，任继周记得很清楚，一个大孩子照顾两个小孩子，除了玩儿还是玩儿，任继愈先生是孩子头，点子很多，很有巧思。

儿童的视角十分独特，据两个弟弟回忆，有时候哥哥会带着他们蹲在墙角看蚂蚁打群架，有时又会仰头看房梁蜘蛛捕蝇，有时哥哥拿小镜把院中的太阳光"捉进"堂屋的大镜子上叫弟弟追逐，总而言之，花样百出，热闹非凡。

任继愈先生幼时和所有孩子一样喜爱玩耍，他心灵手巧，能自己制作弹弓、弓箭，甚至制造弩机。他喜欢养宠物，和弟弟们养过猫狗，还组织猫狗和弟弟们赛跑，这样特殊的运动会上鸡飞狗跳、猫叫狗吠，还兼着几个孩子的欢呼呐喊，整个小院一片欢腾热闹。

更受孩子们喜爱的是一对鸽子。它们羽毛洁白，玲珑可爱，不负众望生下好多鸽蛋，还从别的鸽群中拐回新的鸽子，任家鸽群的队伍日趋庞大，再加上鸽子身上的鸽哨起伏鸣响，热闹得犹如一场空中音乐会，给孩子们带来无穷乐趣。

任继愈先生初中时住校，每逢周末或者节假日才能回家，两个弟弟盼星星盼月亮般盼望兄长回家，因为二哥回家，整个家快乐得就像在过节。

"那时候他非常会玩儿，能玩儿出很多花样。"年过古稀的任继周回忆起儿时的淘气和兄长的照顾，露出笑容，一如当年，"因为有了这样'会玩儿'的哥哥，我的童年可以说非常美好。"

任继周说那时家里贫穷，没钱买玩具，二哥把两个圆顶帽中间充上棉花缝起来，与兄弟们一起打手工"排球"。二哥还买回来折扇，让弟弟们题上歪歪斜斜的字，然后随身携带，小小的任继周写了"朝辞白帝彩云间"，并且为自己的"书法作品"得到哥哥的珍爱满心自豪。

任继愈先生在北平大学附属高中读了3年，在自己经济也不宽裕的情况下，还常常往家里捎带东西，而且都是帽子、书包之类弟弟们用得到的实用品。

作为一个有责任感的哥哥，任继愈先生不仅陪着弟弟们玩耍，更重视弟弟们的学习。任继周刚开蒙时，经常会认读家中张贴的对联，认不得几个字的蒙童自然读得磕磕绊绊。任继愈先生自己也是个半大不小的孩子，但他每天放学后就教弟弟发音、识字，态度认真，全不似平日游戏时那般随性。

夏夜，任继愈先生还常带着弟弟抬头仰望天空中的星座，在璀璨的星光和碧蓝的夜空下，他给弟弟们讲嫦娥奔月、后羿射日、夸父逐日等故事，这些优美奇幻的故事让孩子们的想象力和好奇心被大大激发，他们后来都成为勤于求知、勇于探索之人。

任继愈先生不管在哪里读书学习，在学校学到新鲜知识都会第一时间讲给弟弟们听，让他们开阔眼界。从初中开始，他订了很多报刊给弟弟们读，如《儿童世界》《晨报》《大公报》等。为了开阔弟弟们的眼界，那些新文学的书籍，如冰心的《寄小读者》一出版，先生就赶紧买了寄给弟弟。不但如此，为了让读书更有仪式感，任继愈先生还在家里做了一个百宝箱，将杂志都放到箱里，这个小小角落俨然成了一个小型图书馆。

除了注重读书，任继愈先生还重视对弟弟们的生命教育。他和弟弟们养鸽子的时候，就专门教弟弟写观察日志，仔细记录鸽子的生活和习性。有一次，家里的小猫死了，他便领着两个弟弟给小猫送葬，还专门写了纪念的碑文。

这些有温度的游戏和教育，在两个弟弟心里埋下了科学和探索的种子，四弟任继周最终选择畜牧兽医作为自己的专业，成为我国现代草原科学第一人。

任继愈先生从西南联大哲学系毕业后，在四川南溪李庄的中央研究院历史语言研究所攻读研究生。四弟任继周在四川江津德感坝国立九中读初中，南溪和德感坝都在长江边上，相距不远，但烽火连三月，家书抵万金。兄弟二人频繁书信往来，先生百般关心弟弟的学习生活，任继周也不断向哥哥汇报生活，请教疑难。

此时抗战正在胶着状态，烽火连天，饥荒遍地，物资贫乏，生活困难，任继愈先生爱惜幼弟，有一次冒着战火乘船去看望弟弟。在德感坝"鸡鸣早看天"的小店里，忍受着臭虫的叮咬，住了三天两夜。当看到经济困难、身体不好的弟弟骨瘦如柴，体重只有40多公斤，先生大感心疼，当即决定送弟弟去大后方最好的重庆南开中学就读，并为他包揽学费和生活费。

此时，联大的很多资深教授学者都无法养家糊口，闻一多先生靠刻章补贴家用。任继愈先生刚刚研究生毕业，作为一个青年讲师，工资微薄，弟弟一年的学费几乎是他十个月的工资。任继周难以想象二哥是如何拿出那些钱来资助自己、照顾三哥，同时维持生活的。

在哥哥的全力支援和鼓励下，任继周既内疚又感恩，发誓不辜负哥哥的期望。他拼命学习，除了高二课程，还自学高三课程，提前一年考上大学，并听取哥哥的建议，走上了研究农学、用科技强健国人体魄的治学之路。

岁月如梭，皤然白首的任继周回忆说："他严谨的治学态度，坚持进取的精神，宽容坦然的心态一直影响着我。直到他去世后，我仍然感觉他似乎天天在我身边，默默地、审慎地看着我的一举一动，时不时给予我指导，时不时给予我鼓励……"

1938年，任继愈先生的三弟任继亮读完高一匆匆考入北平朝阳大学法律系，就读一年后，任继愈果断劝说任继亮回去读完高中，打扎实根基再考好一点的大学。任继亮很信服二哥，从大学退学到高二学习，因为哥哥向他力陈学习根底要扎实的道理。

两年后，任继亮考取了西南联大经济系。多年后，任继亮说起这件事情，感慨万千："可以说，二哥帮我做了此生最重要的决定。"任继亮后来成为中国经贸大学教授。

任继愈先生在生活上无微不至地照顾弟弟们，在学业和人生规划上给弟弟们高屋建瓴的指导，让他们成长的每一步都踏实而稳健，深受弟弟们的敬重。

任继周在任继愈去世后黯然神伤，只要想起二哥就湿润了眼眶，他说："静静想来，我怀念二哥，不仅仅因为我们有手足的血缘关系，更因为，他按照他的理想哺育了我。我也按照他的要求不断塑造着自己。在我的生命历程中，一天一天，刻画着我们兄弟之间的共同刻度，这是我们生命的'公约数'。"[1]

曾国藩曾在家书中说："愿诸弟发奋立志，念念有恒。"任继愈先生自小立志，努力求识，做事有恒，诸弟受他教诲，各自均有建树。

2. 伯仲之间

任氏兄弟幼时相处极睦，兄弟三人逐渐成年后，也情重姜肱，让人羡慕。

任父晚年由兄弟三人共同奉养。那时，任继周因为工作和科研的原

---

[1] 《我们心中的任继愈》编委会：《我们心中的任继愈·任继周：童心、朴实、宽容、进取——怀念继愈二哥》，中华书局，2010年4月版，第395页。

因，安家在草原，经济困难，任继愈一如既往地慷慨解囊，替他支付父亲的奉养费，从不和他争长论短。

因着几十年的兄弟情深，每年春节，两个弟弟无论多忙，都要到任继愈先生家里聚会，他们从不去酒楼饭店，就是自己做几个菜，围着哥哥吃一顿简简单单的团圆饭，这是家庭不可或缺的仪式感。

任继愈先生书法很好，但从不以此牟利，亦很少为私人题字。任远曾多次向父亲求字，有一次，先生兴致勃勃写了一幅字，端详许久却说了一句："给你三叔吧！"任远最终没有得到父亲的墨宝，却为他们的兄弟之谊而感动。

除了关心弟弟的生活学习，任继愈先生还关注弟弟们的立言立行，因为他，家里多了两个有用之才，社会上多了两个栋梁之柱，兄弟匹敌，真正做到伯仲之间。

《礼记·大学》说："君子不出家而成教于国。"意思是说，君子把家庭治理好，可以让家族成员同心从善，从家而至于国，孕育和谐的社会风气。"齐家"的核心是"孝悌"，即孝敬父母，友爱兄弟。所以，兄长友爱其弟是家族兴旺的重要原因，也是构筑良性社会的根基。任继愈先生孝养父母，友爱兄弟，使父母有亲，长幼有序，兄弟三人发奋图强，读书明志，分别成为我国著名的哲学家、经济学家、畜牧学家。

任继周极幼时，任继愈先生就陪他认字，教他文化，兄长是他心里既温和友爱又博学多识的"神仙一样"的人。任继周上初中头一天，任继愈亲自送幼弟上学，让他定下"立志高远，心无旁骛，计划引领，分秒必争"的志向。

任继愈先生一生勤学，从无一日懈怠，他深知学习需要内驱力，需要学会自我管理，他教弟弟要每天写日记，不能间断。虽然时日漫长，但任继周记得很清楚，哥哥常说，懒为万恶之源，救懒之道，是对社会常怀感恩之心，焚膏继晷，勤奋进取。

正是在这样的耳提面命之下，任继周无时无刻不勤奋学习，学成后无时无刻不想着报效祖国，他与"草"结缘，与牛羊同居，与鹿豕同游，一辈子信守"草原在哪里，我就在哪里"的承诺，克服千难万险，终于成就自己"牧草比肩看稻粮，畜群如云接天外"的梦想。

任继周的书房里一直挂着任继愈先生为弟弟题写的对联："涵养动中静，虚怀有若无。"上联是一个慈爱的二哥在提醒他，不管外界环境多么纷繁复杂，人的内心都要安静恬淡；下联是一个严肃的二哥在告诫他，不管贡献多大，都要虚怀若谷，不可追名逐利。这副对联，成了任继周先生晚年的定海神针，他能在耄耋之年登台授课、著作等身，是因为有哥哥的精气神在为他做精神的支柱，让他老当益壮，焕发生机。

对于幼弟，任继愈先生不仅是送了一副对联以为教诲，任继周回忆兄长时满面沉肃地表示"他的话我都听"。因为"都听"兄长的教诲，任继周的一生从未虚度，除了因言获罪的"文革"时期，他每天都写日记记录自己的得失；在学习和科研方面，他一一制订计划，时时更新检查，生怕虚度光阴，对不起兄长的培养和期望。

作为我国草业科学奠基人、中国工程院院士，著作等身的任继周先生仍住在北京城西的一栋普通居民楼里，家中一应陈设皆朴实无华。如果说任继周家里还有什么引人注目的东西，那就是各式各样的钟表，书房里，"滴滴答答"的钟表声此起彼伏，似乎在提醒这个老人要分秒必争地去学习。任继周曾笑着向来访的记者说："这个年龄我能做多少就做多少，我要爱惜、珍惜我借来的三竿又三竿的时间。"

任继愈先生在婉拒无意义的采访时曾说："我一年比一年衰弱，就好像银行的存款,你们的存折上还有 100 元,我的存折上只有 5 元了。我的任务很重,还有一些项目没完成。我要集中精力,把这些项目做完。"

兄弟二人的言语何其相似!他们磨穿铁砚的勤奋也何其相似!

任继周先生爱草,因为这小小的绿色生命见缝插针,不与人争,却最为蓬勃而有生机,真正是"野火烧不尽,春风吹又生"。他乐于坐科学的冷板凳,一坐就是几十年,并深情地写道:"'草人'携囊走荒谷,带泥足迹没丛芜。丛芜兴而足迹灭,正是我'草人'的夙愿。"

任继愈先生为了帮年轻学者张立文的《朱熹思想研究》写序,曾放下手头的工作认真看完 50 万字,然后郑重落笔说年轻人"要有坐冷板凳的精神"。这既是对后辈学者的鼓励,也是他从事古籍整理这项"苦差事"、甘做铺路石、甘坐冷板凳治学的真实写照。

兄弟二人的态度何其相似!他们宁静致远的淡泊也何其相似!

1995 年,任继周当选为草业科学领域首位中国工程院院士,北京、南京等地的多所知名高校、科研院所纷纷向他抛来"橄榄枝",提供优厚待遇,任继周都婉拒了,因为他只爱这片草原,哪里都不去,他的根就在中国、在大西北、在大草原。

任继愈先生将"无论是作为一个普通公民,还是作为一名学者,第一位的是要爱国"挂到嘴边当"口头禅"。先生一生治学跨越多个领域,却始终把传承中华文化、关注国家民族的兴衰系于心头,对祖国的挚爱是他始终高擎的人生旗帜。

兄弟二人的追求何其相似,他们热切爱国的赤诚也何其相似!

任继周先生选择草业科学为终身的理想,因为小草身处泥土,却心随朝阳;渺小柔弱,却不屈不挠;而他,亦像小草一样,倔强地学习,无悔地探索,无私地奉献,把强健国人体魄、提高营养水平、让人民有肉吃、有奶喝作为志向和理想。他说："我早已'非我'，所有的东西都是社会的。"

任继愈先生早年参加湘黔滇之旅时，将自己的理想和农村现实、社会大众结合起来，从研究西洋哲学转向研究中国传统文化和传统哲学，为正在苦难中煎熬的中华民族寻找文化振兴的力量。他说："只要看到日后对社会有用，就值得去干。"

兄弟二人的志向何其相似，他们匹夫有责的担当也何其相似！

任继愈先生去世后，四弟任继周做过一个梦。梦中，任继愈先生在病中，不能行动，大家带他逃难，要翻墙、走路、找住处，任继周处处碰壁，急得要命，却见他的二哥坐在墙根底下，围着被子，微笑地看着弟弟，像平常那样平静……

3. 同枝共气

夫妇、父子、兄弟是中国古代儒家伦理最基本的柱石。任继愈先生孝长事亲，竭尽子女之敬；尊重妻子，尊重夫妇之和；友善幼弟，尽到长兄之责，他让这个和睦的大家庭父子有亲，夫妇有别，长幼有序。

大家族的和睦情谊也影响到下一代，一脉相承，亲厚有加。

据任继愈先生的学生李申教授回忆，他们读研究生时，任继愈先生总是随身带着一只玻璃杯，那其实是一个最普通不过的罐头瓶子，外面罩着尼龙绳编织的杯套。先生生性极其简朴，学生们常常见着这个哲学的泰斗、宗教学的大家安之若素地携着这个罐头瓶去上课开会。那个尼龙绳杯套陪伴先生三十几年，最后在医院陪伴他度过最后的日子。

那么，这个罐头杯子有何魔力让任继愈先生爱不释手了一辈子呢？一直到先生走后，大家才得知，杯子外面的杯套是他三弟任继亮的女儿任侱、任仔读小学时的手工作业，当时十分流行这种杯套，两个小侄女就给每个伯伯送了一个。

除了这个杯套，任继愈先生窗前那丛翠绿如玉的竹子也是子侄所种。中华人民共和国成立后，先生和冯钟芸都在北大任教，住在中关园中。当时，政治清明，环境宽松，先生在书斋收录古籍，专心研究。几个小辈们在他窗前种下翠竹，每当清风掠过，竹影轻摇，沙沙合鸣，就如同舒缓的乐曲，抚慰任继愈先生酸涩的眼睛，还给他清亮的世界。

1977 年，国家拨乱反正，任继愈先生从中关园搬到三里河，因不舍竹子修长的身影和盎然的生姿，就移植了几株到新居，竹子生命力顽强，很快在地下根茎相结，在先生书斋窗前长成翠绿的屏障，给了他独特的宁静与雅致。

因为爱屋及乌，因为亲厚子侄，所以任继愈先生看重这些微不足道却充满情谊的礼物。

任继愈先生和侄子、侄女的亲厚之情一直延续，先生罹患癌症日久，他自己几乎从不提起，他人也不以为严重，后来先生病重，任重也因癌症动了手术，没法陪伴左右，任远和先生的侄子们就轮流陪护，细心照顾，直到先生去世。

任海和任佶就是任继愈先生的"几个小辈"中的两个，他们常受到先生的言传身教。

任海对伯父"固守本真，耐得住寂寞，不与世俯仰"的操守深为叹服。他自幼便常去伯父家，家里每件物什都可称为"老古董"——简陋的客厅、斑驳的方桌圆凳、自制的台灯、老旧的沙发、剥釉的餐具，三十几年如一日，安安静静地在那里，无不昭示着主人气定神闲的淡泊襟怀。出入任家的都是任继愈先生的朋友、学生，亦可谓谈笑有鸿儒，往来无白丁，简朴的生活其乐融融，十分充实。

如果说任家有什么富足之处，那就是任继愈先生的书海——只要是伸手可及之处、触目所见之处，全是书，尤其是先生的书房兼卧室，本来就逼仄，但床上、柜上、桌上，甚至地上全是书，看似杂乱，但先生坐拥书城，是这个精神世界的王者。他在这里思接千载，四次做《老子》译注；他在这里披荆斩棘，提出了"儒教是教"；他在这里纵横古今，完成了大藏大典的修订。

借用《陋室铭》的话大概能表达任海的感悟："南阳诸葛庐，西蜀子云亭，孔子云：何陋之有？！"

任海对于伯父淡定平和的生活态度非常理解且佩服，因为他明白，这是世纪老人的通达圆融——任继愈先生生活、成长于国运最为艰难的中国，他的一生亲历了民族的苦难，见证了国家的兴盛，这一代知识分子始终与祖国荣辱与共，因此，个人的享受、得失微不足道，因为一个承担社会责任感和民族使命感的人重视的是社会整体的福祉，而不是小我的存在。

任佶对伯父"但问耕耘，不问收获"的勤奋最为感动。他自幼常随在任继愈先生身侧，谈到伯父对他的影响，他用的词是"终生受益"，因为先生对学问、对学习矢志不渝的执着实非常人所能望其项背。

任继愈先生的一只眼有疾，另一只眼也只有0.6的视力，但先生从不间断学习和工作，每天凌晨4点起床，用仅有的残疾眼睛在灯下写作，坚持工作了30多年。任佶想到伯父那数百万字的学术成果就觉吃惊，他说："每当我看到伯父的新作时，眼前就浮现出一个年迈的老人吃力地眯着眼睛，在灯光下爬格子的形象。"① 任佶觉得疾病似乎摧毁了伯父的健康，又似乎对他毫无威胁。

在生命的最后一段时光里，任继愈先生牢记的仍然是工作。任佶记得，最后的时刻，伯父处于昏迷状态，有时会出现幻觉。"有一次，他突然问，大会谁在发言，讲的什么？为了不让他失望，我们就编了几句，说是哪位老师在发言，讲的是什么。他听了后评价说，讲得好，应该这样去认识问题。他又问我们怎么发言的，我们又编了几句，他听了后不满意，认真地说，书读得太少了。"

如此孜孜不倦的勤奋，如此不记得失的胸怀，如此坚韧不拔的毅力，使任继愈先生成为孩子们心中最为敬佩的人，子侄们从他身上学会进德修业、立人成事，皆如先生窗前的修竹亭亭而立，风吹不倒，蓬勃向上。

---

① 《我们心中的任继愈》编委会：《我们心中的任继愈·任佶：但问耕耘 不问收获》，中华书局，2010 年 4 月版，第 399 页。